STORIE DI CORAGGIO

OSCAR FARINETTI
SHIGERU HAYASHI

STORIE DI CORAGGIO

12 incontri
con i grandi italiani
del vino

MONDADORI

© 2013 Mondadori Electa S.p.A., Milano
Mondadori Libri Illustrati
Tutti i diritti riservati
Prima edizione: settembre 2013
Seconda edizione: ottobre 2013

www.librimondadori.it

Finito di stampare nel mese di settembre 2013
presso Elcograf S.p.A., stabilimento di Cles (Trento)
Stampato in Italia – Printed in Italy

*A mio padre: il Comandante Paolo
della XXI Brigata Matteotti.
In questo libro si parla tanto di padri.
Il mio non c'è più dal 2009.*

*A mia madre, Bianca.
In questo libro si parla
poco di madri ed è un errore.
La mia c'è e quanto c'è!*

Oscar Farinetti

I protagonisti

Oscar Farinetti. Scrivo come parlo
Onnipresente la mia piemontesità, scriverò come parlo. Alla fine
ho deciso così. Non ho le qualità dello scrittore, tutt'al più posso
provare a fare il narratore, ma senza pretendere di stupirvi con
un'arte che non posseggo. Inutile che mi sforzi di scimmiottare
alcuni miei amici che sanno scrivere da Dio e giustamente lo fanno
di mestiere. Dunque seguite i contenuti, quelli sì, meritano.
Ho incontrato gente speciale che ha detto cose speciali.
Le ho scritte come ve le avrei raccontate. Mi sono fatto aiutare
da Simona, pregandola di fare altrettanto. Buona lettura.

Shigeru Hayashi. Una questione mondiale
Da trent'anni studio il vino italiano. È una passione iniziata durante
gli anni di permanenza in Italia e mai sopita. Ho la stessa età di Oscar
e anche i nostri genitori sono nati negli stessi anni. Anche io sono nato
in campagna, in una piccola cittadina sul Monte Fuji. Mio padre ha
fatto il contadino. In questo libro descrivo sessanta vini e ne discuto
con i produttori. Ho scritto le cose che i miei occhi, il mio naso, il mio
palato, la mia mente e il mio cuore hanno visto e sentito. Gli occhi,
il naso, il palato, la mente e il cuore di un giapponese, il quale, per
quanto conosca e abbia studiato l'Italia, resta figlio della sua terra,
della sua cultura, delle sue tradizioni. Ma Oscar, che da sempre ama
il Giappone e la nostra cucina, voleva proprio questo: il vino italiano
raccontato da un giapponese. D'altra parte il vino italiano è
ed è destinato a diventare sempre più una questione mondiale.

Simona Milvo. Sono tornata ricca
Ho passato una settimana straordinaria in giro per l'Italia
in compagnia di Oscar e Shigeru. Ho avuto il piacere di conoscere
uomini e donne che hanno reso grande il vino italiano nel mondo.
Oscar mi ha chiesto di aiutarlo a scrivere le loro storie.
Mi ha chiesto di scrivere in modo semplice e asciutto e così
ho fatto. Lui poi avrebbe tolto e magari aggiunto.
Dopo questo viaggio sono tornata più ricca e consapevole.
Se dopo aver letto questo libro ciò accadrà anche a qualcuno di voi,
ne sarò felice!

Sommario

11 Premessa indispensabile sul coraggio

15 Vino, ti amo

29 Les Crêtes: Costantino Charrère
    "Ricco" figlio di una cultura povera

55 Gaja: Angelo Gaja
    La qualità fatta persona

75 Rinaldi: Beppe Rinaldi
    Beato tra le "femmine"

101 Vigneti Massa: Walter Massa
    Gli occhi che ridono, le braccia che abbracciano

123 Allegrini: Marilisa Allegrini
    A diciotto anni ho detto a mio padre che non poteva contare su di me

147 Gravner: Josko Gravner
    Poco è buono: aveva ragione mio padre

175 Marchesi Antinori: Piero Antinori
    Sono stato fortunato a vivere i quarantacinque anni più belli della storia del vino

199 Sassicaia: Niccolò Incisa della Rocchetta
    Vivo nella speranza di tirare fuori un altro Ribot

225 Villa Bucci: Ampelio Bucci
    Morbido come le sue colline

247 Lungarotti: Teresa e Chiara
    Il miracolo della complementarità

271 Donnafugata: José Rallo
    Il canto del vino

293 Planeta: Francesca e Alessio Planeta
    Nei posti belli si fa il vino buono

315 Riassunto
317 Le cose dette in questo libro. Memorabilia
319 Sei persone che mi aiutano ad avere più coraggio
321 I vini (e le birre) degustati

Premessa indispensabile sul coraggio

Il coraggio non è soltanto superamento delle paure, determinazione nell'agire, forza d'animo. Il coraggio, per come lo vedo io, se non è accompagnato da capacità di analisi, studio attento dello scenario e tenacia, tanta tenacia, non è coraggio. Il coraggio, quello sano e fruttuoso, deve essere accompagnato dalla predisposizione al dubbio. Da tempo rivendico la supremazia del valore del dubbio sulla certezza. Avere dubbi non significa essere insicuri, bensì curiosi, propensi all'ascolto, disposti a comprendere le ragioni degli altri, a cambiare idea quando è il caso. Senza questo tipo di sensibilità il nostro coraggio sarà inconcludente.
Non c'è coraggio senza rispetto, cioè senso civico, cioè volontà di vivere in armonia con la natura e con le persone. Autostima e senso del rispetto possono, anzi devono, convivere.
Non c'è coraggio senza senso di responsabilità: fare e rispondere di ciò che si fa. Quante volte ci sentiamo dire "Non mi prendo la responsabilità...". Che brutta frase! Una comunità di persone che non si prendono le responsabilità è destinata al fallimento.
Non c'è coraggio senza amicizia. Insieme a veri amici è più facile diventare coraggiosi per affrontare un progetto.
Non c'è coraggio senza capacità di semplificazione. Semplificare i problemi, avere il senso delle priorità è la base essenziale per indirizzare il nostro coraggio nella direzione giusta.
Non c'è coraggio senza bontà: essere buoni significa essere giusti. Perché esiste ciò che è giusto e ciò che è ingiusto. La cattiveria è sempre ingiusta. La cattiveria, abbinata al coraggio, è il mix più

distruttivo possibile nella vita personale o di una comunità.
Non c'è coraggio senza matematica: conoscere i numeri
è fondamentale. I numeri sono l'indicatore più preciso in assoluto
dello stato delle cose. Conviene avere sempre in testa numeri che
siano il più possibile giusti, ricordarseli e saper fare quattro conti
semplici con il proprio cervello.
Non c'è coraggio senza il mix equilibrato di onestà e furbizia.
Che possono convivere, anzi devono convivere.
Non c'è coraggio senza orgoglio: attenzione a non confondere
l'orgoglio con l'autostima. La quale è pur importante, ma senza
esagerare. Sto parlando di orgoglio per ciò che si rappresenta,
l'orgoglio per la terra, la fabbrica, il proprio lavoro, anche fosse
il più umile, la famiglia, la Nazione, la storia.
Non c'è coraggio senza ottimismo: il quale, attenzione, non vuol
dire pensare che tutto vada sempre bene, ma che tutto si può
risolvere. Quest'ottimismo proattivo deve essere accompagnato
da quello primordiale, che consiste nel godere di ciò che si ha.
Il coraggio non implica per forza crescere in quantità. A volte ci
vuole coraggio per non crescere. Però sulla qualità, non ho dubbi:
sulla qualità occorre sempre crescere.
Infine non c'è coraggio senza coscienza: quella musica dell'anima
che ti fa distinguere il bene dal male, che ti indica la strada.
Le regole, certo, sono importanti, ma senza coscienza non
si compiono gesti coraggiosi.
Dunque il coraggio può apparire come una cosa complessa

in quanto va abbinato, secondo me, a tutti i valori che
vi ho elencato. Ma non è così.
È facile imparare a diventare coraggiosi. Il metodo migliore
è guardare a storie di coraggio di persone normali che attraverso
il coraggio sono diventate speciali. Come spesso avviene,
l'esperienza, cioè osservare la vita, può servire più che studiare.
E nel caso del coraggio è sicuramente così. Sapete perché?
Perché il coraggio è contagioso.
Non aspettatevi storie eclatanti e gesti clamorosi. Non aspettatevi
solo grinta. C'è leggerezza e armonia nei vignaioli che
ho intervistato. C'è famiglia, c'è impegno, c'è futuro, ma anche
passato, c'è l'amore, c'è l'Italia, il mondo, c'è la politica,
c'è la speranza. Ma c'è soprattutto tanto coraggio, fidatevi.
Fatevi contagiare e poi diventate voi stessi contagiosi.
Questa Italia ha bisogno di coraggio.

Vino, ti amo

Avevo meno di quattro anni. Mio nonno materno, Mario, intingeva il mio ciuccio nel bicchiere di Barbera che perennemente stava sul tavolo di fronte a lui. Tra le urla di protesta della nonna, me lo rimetteva in bocca, curioso della reazione. A dire della nonna, molti anni dopo, la mia espressione era tutt'altro che schifata.
Ecco il mio primo incontro con il vino
Sono nato il 24 settembre, dunque in piena vendemmia. Ad Alba, capitale delle Langhe. Correva l'anno 1954, ottimo millesimo. Mio padre Paolo di Barbaresco, mia madre Bianca di Barolo. Quando si dice destino segnato.
I racconti sul vino hanno accompagnato la mia adolescenza. Storie magiche di contadini che combattevano contro i brutti meteo del dopoguerra e le famigerate malattie che attaccavano la vite. Storie di produttori che incominciavano ad andare in giro per il mondo, liti con i bicchieri in mano sulle vocazioni dei terreni.
Diano d'Alba è il meglio per il Dolcetto, no è migliore la frazione Como, verso il Mango. Per la Barbera il massimo è Govone, ma che dici, non esiste niente di meglio del Monferrato. Alla destra del fiume Tanaro i vini sono migliori, non è vero, anche alla sinistra non sono male. E poi dove si fa il miglior Barolo? I nostri vecchi han sempre detto Serralunga, sì, ma prova quello di Monforte. Non capite niente, il Barolo deve essere di Barolo.
Non so di preciso quando ho incominciato a bere vino con continuità. A partire dai sedici anni ogni fine estate andavo a fare le vendemmie a Fontanafredda, mi pagavano 500 lire l'ora. La sera andavo a imbotti-

gliare ed etichettare in una piccola cantina di Alba che esportava nel Regno Unito, altre 500 lire. Quei quattrini servivano per pagarmi le cene con gli amici che, a partire dai diciotto anni, hanno incominciato a segnare le serate più belle della mia vita.

Avrei voluto fare la Scuola Enologica, visto che ad Alba ne abbiamo una tra le migliori. Ma a quel tempo sembrava riduttivo, quindi scelsi il liceo classico. Fortunatamente a quelle cene c'erano alcuni miei amici che frequentavano l'Enologica. Il vino era l'argomento principale, naturalmente dopo quello scontato dei maschi ventenni con gli ormoni a palla.

Siamo ai primi anni settanta e di vino allora se ne faceva tanto e cattivo, ma fortunatamente qualche produttore serio c'era. I miei amici giovani enologi sapevano distinguere e insegnarono pure a me che avevo studiato greco e latino.

Che piombe! La "piomba" è un termine piemontese per indicare una ubriacatura, una sbronza. Ma ho scoperto che si dice pure in Veneto e in Trentino, terre di bevitori. Probabilmente ha radici antiche. Dai romani che incautamente contaminavano il vino con il piombo provocando così effetti collaterali a cui alcuni riconducono addirittura le cause della fine dell'impero. Fortunatamente erano piombe di vino buono e ne sono sopravvissuto.

Già da allora mi sarebbe piaciuto lavorare nel mondo del vino. Purtroppo i miei genitori non possedevano terre e poi i casi della vita mi portarono da tutt'altra parte. Prima l'università (non finita) e poi al lavoro con mio padre, che produceva e vendeva cibo ma non amava il vino. Beveva poco lui, quasi niente. Infine la cotta per gli elettrodomestici, Unieuro e Trony, tutt'altro mestiere.

Ma le cene con gli amici, quelle non ho mai smesso di frequentarle. Sempre gli stessi amici di allora e sempre vini buoni. Anzi, migliorando progressivamente la nostra capacità di spesa, miglioravano anche i vini. A Fulvio, Luciano, Michele e Paolo, gli amici d'infanzia, si erano aggiunti Bruno Fieno, mio socio in Unieuro e Sergio Capaldo, tessera n. 5 di Slowfood, i quali ben più di noi avevano girato l'Italia e il mondo. Spesso uscivamo dalla nostra regione. Ci sono tanti vitigni in Italia e tanto bel vino, anche se ognuno di noi era pronto a giurare che niente batte il Piemonte, ben sapendo in cuor nostro che si trattava di puro spirito di attaccamento alle radici.

E oltre all'Italia c'è la Francia e poi il mondo. Scoprivamo così i ma-

gnifici riesling, non solo di Francia, i pinot neri della Borgogna, i grandi rossi spagnoli. Parlavamo di territori, di vocazioni, di tradizioni. Non c'erano più le grandi piombe, ma ci alzavamo sempre belli allegri. Il vino, l'ho sempre amato anche per questo. Mi mette allegria.
Verso la fine degli anni novanta già meditavo di uscire dall'elettronica. Mi sembrava di aver dato il massimo, non mi divertivo più. Entrai in società nella mia prima cantina, "Cantine del Castello di Santa Vittoria", Arneis, Barbera e Nebbiolo. Fu da lì che incominciai a dire la mia sul vino, da produttore.
Per lo più strafalcioni. Non avevo ancora capito che i cambiamenti nel vino sono una cosa lunga, che servono vendemmie su vendemmie per comprendere quel meraviglioso e magico equilibrio tra la mano dell'uomo, la terra, il sole, i venti, le stagioni. Angelo, il contadino, e Beppe, l'enologo, sopportavano i miei sproloqui per puro rispetto di quanto avevo fino ad allora combinato in altri campi. Ma le loro espressioni denunciavano compassione. Di fronte alle mie affermazioni "per il prossimo anno fatelo più fresco", "troppi gradi, fatelo più leggero", "mettete meno solforosa" eccetera, cercavano di spiegarmi che il vino buono si fa in campagna, che sono processi lenti, che se volevamo cambiare stile ai nostri vini avremmo dovuto incominciare dal lavoro in vigna.
Ma io avevo fretta, come sempre ho avuto nella vita, e mi comportavo con loro come con i miei fornitori di lavatrici, ai quali chiedevo di cambiare i comandi e aumentare le funzioni.
Quel Beppe, enologo, era Caviola, un tipo speciale, bravissimo, che ebbi la lungimiranza di assumere come consulente fin dagli inizi e che ancora oggi segue molte delle mie cantine. Con pazienza mi prese per mano e mi spiegò come girava il mondo nel vino. Girava più lentamente, molto più lentamente.
Nel 2003 vendo Unieuro e decido che da grande (ero un bambino di cinquant'anni) mi sarei occupato di cibo e di vino. Ha inizio la stagione di Eataly.
Nel 2004 compro il 50% della Serafini & Vidotto, una cantina con 20 ettari straordinari di cabernet sauvignon, cabernet franc e merlot, nel Montello, a Nervesa della Battaglia, proprio là, dove il Piave mormorò.
Francesco Serafini è un tipo pazzesco, non solo perché è un enologo formidabile. Lui sa di vigne e di cantina come pochi al mondo ed è

capace di mettere poesia vicino a quello che fa. Mi ha insegnato un sacco di cose belle sul vino. Da più di 180 anni la filossera aveva distrutto i vitigni autoctoni nei suoi territori, quelli francesi avevano trovato un ambiente ideale. I suoi vini tengono bene il confronto con i grandi di Bordeaux e il suo Rosso dell'Abazia da quindici anni ininterrottamente si aggiudica i premi più ambiti. Naturalmente affina tutto in barrique.
Non dimenticherò mai quel giorno intorno alla Pasqua del 2005, quando portai Francesco in Langa per incontrare Bartolo Mascarello a Barolo. Bartolo, che ora purtroppo non c'è più, è stato un partigiano, grande amico di mio padre. Lui ha sempre fatto il vino nella maniera più tradizionale possibile in Langa e cioè con un affinamento in grandi botti di rovere di Slavonia. Non capiva alcuni giovani produttori di Langa che si erano messi ad affinare in barrique. Quel sapore di legno lo faceva inorridire, a tal punto da arrivare a disegnare un'etichetta per il suo Barolo "No Barrique No Berlusconi", abbinando così le sue mai celate idee politiche a quelle sul vino.
Figuriamoci Francesco Serafini il quale, oltre ad arrivare da una regione leghista, usava le barrique. Era a dir poco preoccupato dall'accoglienza di Bartolo. Per tutto il viaggio, tra le curve verso Barolo, l'ho tranquillizzato, assicurandogli che sì, l'avrei presentato come produttore di grandi vini, ma di certo non avrei svelato le sue origini barricadere. Naturalmente, appena entrato nel piccolo ufficio in cui Bartolo riceveva gli ospiti, tra una moltitudine di libri, dissi: "Bartolo, ti presento Francesco Serafini. Lui fa un gran bel vino sulle rive del Piave, usa solo barrique".
Le guance di Francesco presero il colore dei suoi vini, mi fulminò con lo sguardo, stava per svenire, ma Bartolo, per niente scosso, sentenziò: "Là si può anche fare. È qui in Langa che le barrique non c'entrano niente. Adesso gli facciamo assaggiare un po' di Barolo vero".
Alla fine del 2006 compro la San Romano a Dogliani. Una piccola cantina di dolcetto. Dieci ettari, tra cui una meraviglia: la Vigna del Pilone, l'intera punta di una collina, una sorta di panettone che svetta tra le vigne di Dogliani con, al suo colmo, una torretta. Il campanile di una chiesetta che ormai non c'era più. Solo quella torre, chiamata appunto il Pilone, a distinguere inconfondibilmente la collina. Valeva il viaggio anche solo per guardarle, quelle vigne ai quattro venti. E, se poi questo viaggio si faceva alla fine di agosto per assag-

giare gli acini di dolcetto dei quattro versanti e capire così quanto influisce il sole nella maturazione del grappolo, tutto aveva un senso ancora più compiuto.
Invitato dal mio amico Giulio Napoli avevo fatto quel viaggio a Dogliani, nella stagione giusta. Ci volle poco per convincermi a comprare l'azienda che possedeva quella collina. Giulio è un industriale di prima qualità. Si era messo a fare il vino per passione, ma ormai si era stufato di fare il contadino. Mi chiesi se sarebbe successo anche a me e mi risposi di no. No, fare il vino sarebbe stato uno dei principali motivi della mia vita per il resto dei miei giorni.
Ma ancora mancava il Barolo, il vino dei vini dalle nostre parti, il vino che mi piaceva di più, il vino mondiale. Quello per cui Pavese aveva scritto: "Il Barolo è il vino per far l'amore nelle giornate d'inverno, ma sono cose che solo le donne capiscono". Non avrei saputo metterci vicino la poesia di Pavese ma, visto che avevo deciso di fare del vino un motivo di vita, ciò non poteva avvenire senza il Barolo.
A ottobre del 2007 telefona mia mamma: "Tuo padre vuole parlarti". Quando mio padre faceva chiamare dalla mamma era roba importante, un modo per dirmi "vieni subito, è una cosa seria".
Naturalmente mi precipito, ha in mano "La Stampa". "Leggi qui, il Monte dei Paschi compra l'Antonveneta. Ha deciso di mettere in vendita tutte le proprietà non strategiche. Tra queste c'è Fontanafredda, non fartela scappare."
Non fartela scappare, non fartela scappare: quella frase mi ha ronzato nel cervello per tutta la notte. Quando mio padre diceva di fare una cosa, quella cosa andava fatta. Lui era il Comandante Paolo, fin dal tempo della lotta partigiana era abituato a dare ordini, ma lo faceva con dolcezza.
Il fatto è che proprio in quei giorni stavo trattando l'acquisto di Borgogno, a Barolo. Una cantina storica, del 1761. Una specie di monumento del Barolo, con 22 ettari sulle colline dai nomi mitici come Cannubi e Liste, una cantina di oltre 5000 metri quadrati, costruita appunto nel 1761, nel cuore del paese. Nel buio e nella tenue umidità delle sue viscere riposavano oltre 50.000 bottiglie di Barolo storico delle vendemmie tra il 1961 e il 1990.
Al suo cospetto Fontanafredda, che è del 1858, sembrava una ragazzina. Ma che ragazzina! Centoventidue ettari disposti in un anfiteatro naturale senza paragoni al mondo. Un villaggio intero costruito da

Vittorio Emanuele II, tre anni prima dell'unità d'Italia, per consacrare una grande storia d'amore.

Fontanafredda è figlia di una storia d'amore. Tra il re che unì l'Italia e la vera donna della sua vita, la sua amante, la Bella Rosina. Rosa Vercellana vi era venuta ad abitare d'estate con i suoi due figli, Emanuele Alberto e Maria Vittoria, i figli di un re che non potevano diventare principi, tutt'al più conti, i conti di Mirafiore.

Crescendo, Emanuele Alberto si era innamorato del vino e nel 1878, dopo essere stato a Bordeaux, a Reims e in Borgogna a imparare come si fa il vino buono, trasformò Fontanafredda in azienda vinicola. Proprio quell'anno suo padre, il re, era morto. I suoi vini, marchiati "Casa Emanuele di Mirafiore", divennero ben presto famosi in tutto il mondo. Oggi si può dire che Emanuele Alberto fu tra i principali protagonisti della nascita del Barolo e della sua diffusione a livello mondiale. Era un'anima bella, voleva bene ai suoi contadini, fondò il Cral, l'asilo per i bambini, costruì una chiesa e una scuola. A quel tempo a Fontanafredda abitavano 250 persone, un'oasi beata nel cuore delle Langhe dove tutto funzionava a meraviglia. Il vino buono, la vita in campagna senza troppe tribolazioni, buone paghe, i bambini che giocavano, le donne che cucinavano e una vita di comunità serena.

Ma a volte succede che le cose belle durano poco. Nel 1894, a soli quarantatré anni, Emanuele Alberto muore di un male oscuro. Gli succede il figlio Gastone, generoso come il padre, ma che evidentemente non è alla sua altezza ed è pure meno fortunato. Nei primi anni del Novecento arriva la filossera e si mangia le vigne. Nel 1929 la Grande Crisi mondiale si mangia i mercati. Gastone porta i libri in tribunale, la mitica Casa Emanuele di Mirafiore, fondata dal re d'Italia Vittorio Emanuele II, in frazione Fontanafredda di Serralunga d'Alba, va in fallimento.

Arriva il Monte dei Paschi, la Banca più potente del tempo e, nel 1931, se la compra. Compra l'intera proprietà, 140.000 metri quadrati di cantine, palazzine reali e abitazioni. Centoventidue ettari, tra cui le mitiche Vigna La Rosa e Vigna Lazzarito, a Serralunga d'Alba, più altri 4 a Barolo, sulla collina di Paiagallo, la naturale continuazione dei Cannubi. Tutto compra tranne il marchio.

Era troppo importante quel marchio, Mirafiore, perché Gancia, la più ricca famiglia spumantiera di Canelli, se lo facesse sfuggire. Volevano vendere anche i vini fermi, quel marchio era il più forte. All'asta del

Tribunale i Gancia superano ogni logica di prezzo e, per 600.000 lire, una cifra pazzesca per quell'epoca, si aggiudicano il logo Mirafiore. Il Monte dei Paschi si inventa il marchio Fontanafredda, dall'indicazione geografica del luogo, ma per i settantasei anni successivi cerca di ricomprare il marchio storico dai Gancia, senza riuscirvi mai.
A dicembre del 2007 incomincio a negoziare con il Monte dei Paschi insieme al mio socio di Eataly, Luca Baffigo. "Non fartela scappare", la frase di mio padre continuava a risuonarmi nel cervello. In pochi mesi di tira e molla riusciamo a concludere. Incredibile, divento amministratore delegato di Fontanafredda, la stessa cantina dove trentotto anni prima, da studente lavoratore, venivo a vendemmiare per 500 lire l'ora. Ma stavolta il compenso è zero, occorre risparmiare, far fronte ai debiti contratti per comprarcela. Poco dopo ci portiamo a casa anche il marchio Mirafiore, dopo aver convinto finalmente i Gancia a venderlo.
Ma non rinuncio a Borgogno. Mi rendo conto che avrò da fare sacrifici, ma quando mi sarebbe ricapitata un'occasione così in Langa? Qui da noi nessuno vende mai niente.
Praticamente in contemporanea con Fontanafredda acquisisco anche la cantina Giacomo Borgogno e figli di Barolo. Con la speranza di non aver fatto il passo più lungo della gamba. Chiedo a Piero Bagnasco, che da trent'anni lavora con me, di occuparsene. Così dormo più tranquillo.
Si può dire che il 2008 è stato l'anno della mia prima vendemmia completa da vero produttore di vino.
A Barolo i Boschis, gli ex proprietari della Borgogno, mi promettono di continuare a lavorarci per le vendemmie 2008 e 2009. Mio figlio Andrea, il più piccolo dei tre, appena terminata la Scuola Enologica, va a lavorare con loro, un'esperienza molto utile per il suo futuro.
Con lui ce l'avevo fatta, a convincerlo a fare l'Enologica. E Graziella, mia moglie, è stata complice. Per gli altri due, più grandi, non c'era stato verso. Francesco, il primo, liceo classico e poi Scienze della comunicazione; Nicola, liceo scientifico e poi Scienze politiche. Oggi fanno gli amministratori delegati di Eataly, insieme a Luca Baffigo, il nostro giovane socio fin dalle origini. Andrea invece fa il vino, benedette quelle due vendemmie.
A Fontanafredda mi ritrovo un vecchio compagno di scuola del liceo, Gian Minetti, che fa, bene, il direttore generale e tre bei tipi a dirigere

i reparti chiave: Alberto Grasso capo dell'agricoltura, Danilo Drocco capo della cantina e Roberto Bruno capo delle vendite. E poi trovo centoventi persone tra campagna, cantina, stabilimento e uffici, con un enorme attaccamento all'azienda. Li confermo tutti in blocco e incominciamo a lavorare.

Memore delle stupidaggini dette e a volte compiute nelle mie prime cantine, stavolta sono stato molto ad ascoltare, limitandomi a descrivere loro, nel modo più poetico possibile, quello che immaginavo fosse il futuro del vino. Avevo da poco riletto il *Il piccolo principe*, "Se devo spiegarvi come si costruisce una nave non vi dico dove prendere i legni e come piegarli, vi racconto quanto è bello ed emozionante navigare". Non sarà stata proprio così la frase ma, insomma, il senso era quello e rendeva bene l'idea.

Già Fontanafredda produceva vino buono, molto buono. Ci mancava altro con quel po' po' di vigne. Tuttavia sembrava lo sapessimo solo noi, che il vino era così buono. Semplicemente, secondo me, la precedente gestione, durata ben settantasei anni, si era dimenticata di dirlo. A questo avremmo pensato Roberto e io.

Alberto e Danilo avrebbero dovuto impegnarsi nel creare un'identità specifica dello stile dei vini di Fontanafredda. Esisteva un unico campo su cui insistere: la pulizia. Avevamo la fortuna di possedere quest'anfiteatro chiuso di vigne che poteva contare sul fatto di restare incontaminato. Avremmo dovuto eliminare concimi chimici e diserbanti, mettere tra i filari i dissuasori sessuali per i parassiti. Avremmo dovuto smettere di usare lieviti industriali e incominciare a produrre lieviti endogeni della nostra Vigna Lazzarito. Avremmo dovuto, in cantina, abbattere in modo fenomenale l'uso dei solfiti. Avremmo dovuto insomma fare il vino pulito, come una volta, però buono come adesso, anzi più buono. In una parola, più vero.

Ricordo quel giorno del 2008 in cui demmo un nome al nostro progetto: "Riserva Bionaturale di Fontanafredda". Decidemmo insieme che, a risultati raggiunti, avremmo chiamato il nostro vino "Vino Libero". Essere figlio di un partigiano aiuta. La libertà rappresenta il valore principale per cui mio padre ha combattuto. La libertà è il valore assoluto della vita. Perché non cercarla in tutti i campi, compreso quello dei prodotti che nel corso della nostra vita creiamo?

Libero dai concimi chimici, libero dai diserbanti, libero dai solfiti. Il nostro vino sarebbe stato libero. E poi il valore della libertà poteva

ancora continuare. Libero dai packaging inquinanti, libero dai sistemi di distribuzione medievali, libero dalle mode, dai prezzi troppo elevati, dalle analisi sensoriali esagerate. Il futuro per me era e rimane il Vino Libero.
Pensammo che un lustro era il tempo giusto per portare a compimento il progetto. Avevamo davanti cinque anni di duro lavoro ma, con quegli obiettivi così belli, non ci siamo mai sentiti stanchi.
Era anche un modo per me di forzare i tempi e di ribellarmi un po' a questa cappa di lentezza che, seppur indispensabile, a volte è esagerata nel mondo del vino.
Avevo da poco letto il libro della Rothschild, "il vino è un ottimo affare, sono solo i primi duecento anni un po' difficili". Proprio in quei giorni ero stato benedetto da un importante produttore di Langa: "Io ho fatto cinquantasei vendemmie, vedrai che dopo la venticinquesima incomincerai a capire qualcosa". Mi aveva veramente rincuorato, allora avevo cinquantaquattro anni. A sentire quella frase c'era da smettere subito oppure da ribellarsi. L'idea di Vino Libero è stata il mio modo di ribellarmi. Ripeto, essere figlio di un partigiano aiuta.
Da allora sono trascorsi cinque anni, cinque vendemmie. La Riserva Bionaturale di Fontanafredda splende al sole, come pure nelle nebbie, di Serralunga. Migliaia di persone ogni settimana visitano le vigne e il Bosco dei Pensieri. Il progetto Vino Libero è in pieno lancio. Ci abbiamo dato dentro e i risultati si vedono. Abbiamo anche due nuovi amministratori delegati, Roberto Bruno, quarantasei anni, ventidue di Fontanafredda (la continuità) e Andrea Macchione, trentotto anni, nuovo energetico innesto (l'innovazione). Adoro i contrasti apparenti. Io faccio il presidente, godendo come un riccio a navigare tra continuità e innovazione. Meno parlo meglio è.
Nel 2009 con i miei soci e amici di Eataly acquisiamo il 33,3% di Monterossa in Franciacorta e nel 2010 il 50% di Le Vigne di Zamò sui colli orientali del Friuli. Grandi vini, ma ne valeva la pena anche solo per conoscere Emanuele Rabotti e Pierluigi Zamò. Oggi faccio le vacanze con loro ogni agosto in Costa Azzurra. La bella gente fa bei vini.
Sempre in quegli anni non ci facciamo scappare una piccola cantina a La Morra con 9 ettari di nebbiolo da Barolo, dolcetto e barbera condotti ad agricoltura biologica. Insieme a Piero Bagnasco ne acquisiamo l'80%, mantenendo al 20% il fondatore, Carlo Cavagnero, che

ancora oggi gestisce, da contadino evoluto qual è, l'Agricola Brandini in ferreo regime bio e con ottimi risultati.
Siamo arrivati a oggi. Tra intera proprietà e partecipazioni, abbiamo otto cantine, assolutamente indipendenti per coltivazioni, produzioni e stili dei vini, ma con le giuste sinergie sulla ricerca verso la qualità "pulita" e la commercializzazione. Non sto a dirvi i numeri se non uno, quello che mi sta più a cuore. Ci lavorano oltre trecento persone e mi sembra che siano felici di farlo. Tutto questo non sarebbe stato possibile senza l'apporto decisivo dei miei soci storici. Quelli grazie ai quali Unieuro è diventata grande e che poi hanno fondato con me Eataly. Ve li dico in ordine di ingresso nella comitiva, tra il 1970 e il 1999: Mario Barbero, Bruno Fieno, Angelo Mosca, Gigi Marchelli, Piero Bagnasco, Adriano Graneris, Danilo e Fiorella Cottino, Paolo Nocivelli. Sono tutti ancora attivi nelle società del Gruppo e, in molti casi, i loro figli hanno già incominciato a lavorare con i miei: questa cosa mi piace da matti. Ma più di tutti voglio ricordarmi di Dario Dagna e Ilio Fissore, che non ci sono più, ma è come ci fossero perché restano nei nostri cuori. Mio papà mi ha insegnato ad affezionarmi alle persone e non alle cose. Potrei cambiare qualsiasi mestiere, ma sempre con loro al mio fianco.
Ad aprile del 2013 "Wine Spectator" mi dedica la copertina. Angelo Gaja mi scrive: "Complimenti, io c'ho messo cinquant'anni a conquistare quella copertina". Lui per me è un mito. Non cesserò mai di ringraziarlo per avermi accolto nel mondo del vino con un sorriso e un "in bocca al lupo" sincero, senza mai sbattermi in faccia la moltitudine delle sue vendemmie.
La verità è che quella copertina me l'hanno fatta più per Eataly che per i miei vini. Tuttavia aprendo la rivista potete leggerci che Vigna La Rosa 2008 Fontanafredda (il mio primo anno di vendemmia piena) ha preso novantacinque punti e costa meno di 100 dollari, un prezzo decisamente basso in America per un grande Barolo. Che bella soddisfazione, e non avete idea di cos'è Cannubi 2008 di Borgogno, ancora in cantina perché uscirà nel 2014. L'ha fatto mio figlio Andrea, senza neanche troppo mio fiato sul collo.
"C'è una cosa che unisce la terra al cielo, le paure alle speranze, le sconfitte ai successi. C'è una cosa che unisce l'uomo alla sua vita, la scienza alla coscienza, la fiducia alla bontà. C'è una cosa che unisce l'orgoglio all'ironia, l'autorevolezza all'informalità, l'onestà alla furbi-

zia. È il vino. Il vino è vite, la vite è vita. Svegliarsi la mattina presto, aprire la finestra, guardare il cielo e pensare a come sarà il tuo vino. Io amo il vino."

Ho scritto questa cosa l'8 dicembre del 2012, mentre assaggiavo Già 2012. Già è un vino nato nella mia testa tre anni fa. Volevo un vino nuovo, pronto a pochi mesi dalla vendemmia. Ma non un novello. Volevo che fosse un vino già vino, già da bere. Non poteva che chiamarsi così. Già è la sintesi dei tre principali vitigni che fanno il Piemonte: dolcetto, barbera e nebbiolo. Un vino fresco, a bassa gradazione alcolica. Nel naso il profumo del mosto, della cantina in vendemmia, in bocca l'esplosione del frutto fresco, al culmine del sapore della sua giovinezza. Dopo tre anni di tentativi non mal riusciti, ma non certo all'altezza delle mie aspettative, finalmente quel 2012 era perfetto, esattamente come l'avevo immaginato. Inoltre Danilo Drocco me lo aveva fatto senza solfiti aggiunti. Zero, proprio zero. Una meraviglia.

Ho incominciato a ragionare sul rapporto magico che esiste tra l'aspettativa e il risultato finale, ho pensato a gente molto più importante di me nel mondo del vino, a quanti anni hanno passato vivendo tra l'aspettativa e il risultato, compiendo ogni gesto possibile per arrivare a questo equilibrio. Ho pensato a quante vendemmie hanno segnato la loro vita e a quanto essi hanno imparato dalle loro vendemmie. Ho pensato che le esperienze vissute nella moltitudine delle loro vendemmie li hanno segnati, facendoli diventare maestri di vita, oltre che maestri di vino. Ho pensato ai valori che queste persone hanno messo nei loro vini. Ho pensato che in fondo sono dei grandi sofisticatori, dei meravigliosi sofisticatori, perché hanno saputo mettere ben altro, oltre che l'uva, nei loro vini. Hanno messo se stessi.

Ho pensato che, in questa Italia un po' sgangherata, i valori di queste persone ci potrebbero essere d'aiuto se ci venisse voglia di darle una raddrizzata.

Allora ho preso un foglio e ho scritto dodici nomi. Li sarei andati a trovare e mi sarei fatto raccontare delle cose. Le avrei scritte, ne avrei fatto un libro. Ecco quando e come è nata l'idea di *Vino, ti amo*.

Nei miei quarant'anni da bevitore e tredici da produttore ho avuto modo di conoscere tanta bella gente nel mondo del vino. Per la verità sono più numerose le persone che meritavano di essere visitate e inter-

vistate. Ma non avrei potuto incontrarne di più. Mi ero dato una settimana di tempo per girare in lungo e in largo l'Italia. Dodici visite erano il massimo che potevo permettermi.
Allora mi è venuta l'idea di portare con noi quattro vini di altri produttori "sofisticatori", così avremmo potuto parlare anche di loro, degustandone i gioielli. Alla fine avremmo bevuto insieme cinque vini, il quinto a scelta del protagonista e preso direttamente in cantina.
A questo punto serviva un palato formidabile che, ahimè, malgrado i miei decennali allenamenti, io non posseggo. Ecco una cosa che mi fa veramente girare le palle. Studio, ce la metto tutta, mi sforzo di aprire le papille, di gonfiare le narici, ma non c'è verso. La mia capacità degustativa si può definire discreta ma non certo grande.
Con un grande palato si nasce. E il più grande palato che io conosca è nato sul Monte Fuji, in Giappone, in piena campagna, a 150 chilometri da Tokyo, lo stesso anno in cui sono nato io, il 1954.
Lui si chiama Shigeru Hayashi e conosce il vino italiano come pochi italiani. Ora Shigeru è il presidente di Eataly Japan, non me lo sono mica lasciato scappare. L'ho conosciuto nove anni fa, faceva il consulente per i vini italiani in Giappone, gli chiesi di aiutarmi a venderne di più. In questi nove anni siamo diventati amici, mi ha aiutato a capire il Giappone.
Lui per me è il Giappone. È un concentrato di tutto ciò per cui amo il Giappone: senso civico, buona educazione, puntualità, precisione, senso del dovere, rispetto per il prossimo, rispetto per le materie prime, curiosità, voglia di sapere e di crescere. Ma anche dei difetti del Giappone, che non sto qui a elencare perché sono nettamente inferiori ai pregi. Mi limito a uno, eclatante: scarso senso dell'ironia, ma debbo ammettere che, a forza di frequentarmi, Shigeru incomincia timidamente ad accennare battute.
Quindi, nell'aprile 2013 io, Shigeru e Simona Milvo, la mia fedele e bravissima addetta stampa, siamo partiti per fare il giro d'Italia, dalla Valle d'Aosta alla Sicilia. Dodici incontri strepitosi, un'esperienza di vita indimenticabile che ci ha fatto tornare più ricchi e più coraggiosi. Per questo abbiamo deciso di intitolare anche *Storie di coraggio*.
Shigeru degustava i vini insieme al nostro protagonista, mentre io interrompevo i loro dialoghi sul vino con domande e commenti che apparentemente non c'entravano niente. Famiglia, amori, politica,

speranze, visioni, Italia, mondo, insomma la vita. Simona registrava e scriveva. Ha pure fatto lei le foto.
In Valle d'Aosta Costantino Charrère ci ha portato in Paradiso a degustare e a chiacchierare, dolcemente rigoroso come le sue montagne. In Piemonte Angelo Gaja, la qualità fatta persona, ci ha incantato raccontandoci del rapporto con suo padre e con le sue figlie. Con Beppe Rinaldi, detto Citrico, abbiamo parlato di tradizione e politica, di conservazione e di rivoluzione. Walter Massa ha chiamato i suoi amici a cucinare per noi e ci ha accompagnati in "equilibrio sopra la follia". In Veneto Marilisa Allegrini, che passa otto mesi l'anno all'estero a vendere vino, ci ha raccontato i suoi amori, che naturalmente vengono tutti dopo l'Amarone. In Friuli, sul confine con la Slovenia, Josko Gravner ci ha portato per mano nell'essenza della verità: vini veri e persone vere. In Toscana Piero Antinori, nella meraviglia della sua nuova cantina, ci ha raccontato come si passa da 50 a 2000 ettari divertendosi e pensando ancora a cosa fare da grande. Mentre suo cugino Niccolò Incisa della Rocchetta ci ha fatto emozionare raccontandoci, con gli occhi lucidi, le gesta di Ribot, il cavallo dei cavalli... e noi che volevamo parlare del Sassicaia. In Umbria le sorelle Teresa Severini e Chiara Lungarotti ci hanno fatto toccare con mano quanto sia fondamentale la complementarietà per il successo. Nelle Marche il professor Ampelio Bucci si è rivelato magicamente morbido come le colline dei suoi paesaggi. In Sicilia José Rallo ha cantato nella sua barricaia facendoci venire la pelle d'oca. Mentre Francesca e Alessio Planeta, pur giovani, ci hanno dimostrato come si può avere nel sangue le tante vendemmie dei propri avi.
Dalla prossima pagina si parte, in sequenza geografica, incominciando da nord-ovest.
Spero che vi divertirete anche voi. Buona lettura e... mettetevi davanti un buon bicchiere, di vino naturalmente.

Si parte
Da mercoledì 10 a martedì 16 aprile 2013

"Siamo sempre in tre: tre briganti e tre somari", cantava Modugno e anche noi siamo tre. Briganti di certo: scanzonati, irridenti, allegri e ottimisti ("brigante" dalle mie parti si dice ai bambini turbolenti) so-

mari anche, cioè ignoranti verso questi mondi che stiamo per osservare da vicino. E lo dico anche per Shigeru che, saprà tutto sui vini italiani, ma di certo non può immaginare quanto sia complesso ed emozionante il piccolo grande mondo delle famiglie d'impresa italiane. Ne resterà stupito, sono certo. Lui più avanti si dirà "fulminato". Gli ho dovuto spiegare che, per ciò che intendeva, in italiano "folgorato" andava meglio. Tra poco parte il primo incontro che sarà musica, un concerto. Io, langhetto al 100% per parte di padre e di madre, ho inventato Eataly e la sto portando in giro per il mondo. E, nel vero senso della parola, sto portando in giro anche i miei due compagni d'avventura. Ci aspettano 2000 chilometri. Guido io l'auto su cui ci spostiamo per compiere il nostro tour di interviste. Simona Milvo, langhetta al 50% per parte di padre, con me dal primo giorno di Eataly, è la mia addetta stampa ma anche il riferimento giocoso di tutti i bambini delle scuole che vengono a Eataly Lingotto per imparare il cibo. Da noi il doppio lavoro è una prassi. Ha grandi occhi chiari sempre indecisi tra l'ironia e lo stupore. Shigeru Hayashi ci riscatta da ogni accusa di provincialismo, è giapponese al 100%. Di lui vi voglio parlare con molto affetto e ammirazione. In questi giorni sarà sempre presente insieme ai nostri viticoltori, ma non lo sentirete mai intervenire se non per commentare i vini. Immaginatelo intento e concentrato ad annusare, narice per narice, degustare, prendere appunti senza mai trangugiare il vino. Lui lo fa girare in bocca con gli occhi chiusi emettendo suoni sinistri, poi lo sputa. Per me sarebbe una tortura! Ha la mia età ma sembra più giovane di dieci anni, mannaggia a 'sti musi gialli che non invecchiano mai. È minuto e un po' spettinato, con occhi neri molto attenti, la fronte un po' aggrottata, sempre molto concentrato. Tiene le labbra serrate, ci si aspetterebbe, come nei bambini, di vedere spuntare la lingua tra i denti. Simona e io ci divertiamo con la sua pronuncia ma lo facciamo solo per invidia, perché anche noi vorremmo conoscere il giapponese come lui sa l'italiano. Shigeru ha una proprietà della lingua italiana incredibile, anche se non usa l'articolo, "mi piace tuo vino!".
Simona, Oscar, Shigeru: SOS! Vorrà dire qualcosa per i nostri ospiti?

Les Crêtes: Costantino Charrère
"Ricco" figlio di una cultura povera

Intervista in paradiso

Superata da poco Aosta, in direzione Monte Bianco, arriviamo ad Aymavilles. Comune di duemila abitanti all'imbocco della Val di Cogne. Sembra di essere in montagna, ma l'altitudine è 640 metri s.l.m., né più né meno quella di Belvedere Langa e Paroldo, in Alta Langa. Il paesaggio però è un altro. Se alziamo gli occhi vediamo che le nevi perenni delle montagne più alte d'Italia ci circondano per tre quarti. A destra il massiccio del Rosa, a cui sono particolarmente legato, di fronte e a sinistra quello del Bianco. L'aria profuma di primavera, il cielo è azzurro intenso e io mi sento davvero fortunato a essere qui!
Oscar "Shigeru, altro che il Monte Fuji!"
In realtà lo dico solo per provocazione, per sentire la sua risposta che, so bene, potrebbe anche stupirmi.
Shigeru "Sì, Monte Fuji è più basso, ma è vulcano, ha il fuoco dentro. Entro cinquant'anni anni prenderemo da lui tutta l'energia che serve per tornare ad essere potenti."
Touché, benvenuta la dolce utopia.
Incontriamo Costantino Charrère in centro e la prima cosa che ci dice è: "Venite con me? Vi porto a fare una degustazione in paradiso!"
Oscar "Sì, tutta la vita! Caspita, questo sì che è un bell'inizio!"
Costantino si dimostra subito un uomo deciso, come le montagne che lo circondano da tutta una vita. Ha un viso spigoloso, naso a becco, mento volitivo, sguardo profondo e portamento dinoccolato. Ci racconterà di aver fatto molto sport ma il suo corpo di oggi riflet-

te senz'altro anche il suo rigore morale e la sua forza interiore. Sono impressioni che ho appena lo vedo e che capirò essere vere.
Con lui andiamo subito in azienda perché è impaziente di farci conoscere le sue figlie. Ci parla con entusiasmo e spontaneità, senza perdere tempo, mentre siamo in auto, mentre saliamo le scale, mentre entriamo negli uffici. E non ha mai il fiatone.
Costantino "Io abito in frazione Moulin dove la mia famiglia si è insediata nel 1800 arrivando dall'Alta Savoia. La casa in cui abito ancora oggi è il posto del nostro primo frantoio per l'olio di noci e successivamente del mulino per macinare il frumento e la segale."
Ci presenta subito Elena ed Eleonora. Elena è del 1977, laureata in Giurisprudenza e cura la parte commerciale dell'azienda, mentre Eleonora, del 1980, è agronoma e si occupa della cantina. È al quinto mese di gravidanza e darà a Costantino il primo nipote.
Oscar "Sapete già che sarà un maschio?"
Elena, la futura zia, che nelle risposte è sempre la più veloce: "Sì, per la grande gioia del nonno."
Costantino "Sì, perché fino a ora sono stato beato tra le donne."
Elena "Non è vero, dici sempre di essere rassegnato tra le donne."
Oscar "E siete entrambe sposate?"
Elena "No, non siamo sposate. Siamo fidanzate."
Costantino "Eleonora è la prima a dare il buon esempio ma Elena mi ha promesso che farà lo stesso anche lei."
Oscar "E anche lei farà un maschio?"
Costantino "Beh certo! Con la fatica che ho fatto a mettere insieme tutto questo."
Oscar "I fidanzati ti piacciono? Anche loro *muntagnin*?"
Costantino "Uno è valdostano. L'altro è calabrese, però è nato e cresciuto qui."
L'ultima frase di Costantino fa ridere tutti. Il registro è quello dell'ironia e del gioco garbato. Due figlie educate e sensibili come Elena ed Eleonora non potrebbero mai mancare di rispetto al padre. La sensazione che ho è di essere finito in un bella famiglia dove tutti si vogliono bene. Avrò modo di capire che è così. Secondo me già questo valeva il viaggio, così come, lo dico poco umilmente, vale per voi nella lettura di ciò che segue. In fondo questo libro ha un valore prima di tutto per imparare storie vere di varia umanità, dalle quali trarre spunti per migliorare noi stessi. Mettere coraggio.

Oscar "Tua moglie, anche lei è valdostana?"
Costantino "No, lei è di San Marzano Oliveto, provincia di Asti. Il nostro è stato un amore 'Isefino': ci siamo conosciuti all'Isef. Siamo due ex insegnanti di educazione fisica."
Oscar "Ragazze, come ve la cavate in azienda? Vendete?"
È sempre Elena la più esuberante, ma Eleonora la segue a ruota e dicono la stessa cosa: "Sì, malgrado questo momento di crisi."
Oscar "E all'estero anche? Che percentuale fate all'estero?"
Elena (o Eleonora, che poi è lo stesso) "Facciamo il 30%."
Oscar "Il futuro è crescere all'estero. Ogni mattina che vi svegliate ricordatevi questo numero: 0,83. Gli italiani nel mondo sono solo lo 0,83%! C'è un 99,17 là fuori che ci aspetta, che vuole mangiare e bere italiano. E se ragionate in questo modo ci sarà ancora tanto da fare per i vostri figli e per i figli dei vostri figli."
Elena "Noi facciamo 200.000 bottiglie e le vendiamo tutte. Vogliamo continuare a posizionarci nella giusta fascia."
Oscar "Certo, giusto!"
Penso che i vini di Les Crêtes non costano poco. Ma si vede che le due sono ambiziose e cresceranno ancora.
Prima di salutare Elena ed Eleonora e salire in "paradiso", Costantino, classe 1947, ci fa vedere le foto dei genitori, dei suoi nonni e dei bisnonni. Si occupavano di agroalimentare, producendo olio di noci e sidro. In famiglia fanno vino solo da tre generazioni, si fa per dire. Ed è sempre camminando verso l'auto che ci porterà in "paradiso" che Costantino ci racconta la storia delle coccinelle. Venivano cercate nei prati di montagna per poi essere liberate nelle vigne dove avrebbero compiuto la loro opera benefica divorando gli acari nocivi all'uva. Un miracolo di conservazione della biodiversità e del ciclo naturale della natura, solo appena poeticamente forzato dall'intervento di mani umane: la raccolta delle coccinelle. Se ci avesse pensato uno come De André come minimo ci avrebbe fatto una canzone. Le coccinelle stanno volentieri nei posti sani.
Il paradiso si fa sempre un po' attendere. Per questo Costantino, che si muove con la sicurezza di un perfetto anfitrione, ci porta ancora a vedere la struttura produttiva dell'azienda recentemente completata con la nuova barriquerie sotterranea, la sala di degustazione "emozionale" ancora in corso d'opera e il "rifugio del vino" dove faranno "cultura della propositività", un modo per riportare il vino in una

dimensione culturale di consumo giornaliero. Oggi l'azienda di Costantino fa 50% di bianco e 50% di rosso.
Costantino "Adesso ti porto in un posto dove si capisce cosa intendo per degustazione 'emozionale'. Lì non bevi solo il vino ma bevi anche il paesaggio e il territorio in cui è nato quel vino. La sensazione gusto-olfattiva in questo modo ti rimane per sempre stampata nella mente. Il vino ti prende per mano, ti porta dentro il suo territorio e tu fai un viaggio fantastico."
Non abbiamo parole. A Shigeru esce un quasi vergognoso "glazie". Fuori dalla cantina rimaniamo accecati dalla luce incredibile della giornata. E poi ancora montagne, da tutte le parti. Costantino, quando esce di casa al mattino, vede uno spettacolo incredibile. Se uno ha un po' di testa e di cuore, in un posto così, è obbligato a fare un vino speciale.
Costantino continua a raccontare. Non si ferma mai. Il suo modo di parlare è quasi musicale perché le sue parole si rincorrono come le note di uno spartito. Suona per noi la sua opera più bella che è il racconto della sua vita e lo fa portandoci nel posto più alto in senso estetico: la collina di Côteau La Tour, un vero capolavoro della natura. Siamo nel bel mezzo dei suoi vigneti, tra filare e filare. L'auto ci passa appena ma Costantino guida sicuro e non smette di parlare. Mentre Shigeru e Simona restano a bocca aperta vedendo dove ci vuole portare, "sì, andiamo lassù in cima", io gli ricordo di guidare con prudenza. "Non ti è mai capitato di scivolare?" e osservo se Shigeru fa qualche gesto scaramantico. Un italiano lo avrebbe fatto, ma lui niente. Il popolo giapponese mi piace anche per questo. È gente che si fida.
Eccoci giunti in cima al "paradiso". Le uve di questa collina vedono il ghiaccio tutto l'anno, non male come vista. Se il mare porta lo iodio e il salmastro, anche il ghiaccio porterà i suoi benefici. Il luogo della nostra degustazione è il piano alto della torre medievale che domina la collina, simbolo del territorio. Una torre di guardia dell'antica via francigena che da Augusta Praetoria, Aosta, proseguiva verso la Francia. Oggi la torre di guardia è una piccola foresteria indipendente, spartana ma accogliente, con letti, stufa a legna, bagno e al primo piano, una saletta rotonda e ben finestrata per "degustare" il paesaggio. Restiamo tutti a bocca aperta. Ci sistemiamo tirando fuori le nostre quattro bottiglie mentre Costantino aggiunge la sua. Shigeru

inizia a occuparsi di bottiglie, bicchieri e, armato di cavatappi, inizia a lavorare. Io non ho mai smesso di fare domande e Costantino di rispondere. Così continuiamo a parlare in un flusso di parole senza soluzione di continuità.

Rappresentavo un'alternativa alla lotta di classe nel vino in Italia

Oscar "Perché fai il vino?"
Costantino "Faccio il vino perché ho deciso di riprendere i valori della Valle d'Aosta e della nostra comunità montana. Ho raccolto i messaggi subliminali che mi ha lanciato mio padre negli anni e che poi, pian piano, sono venuti fuori. Ho fatto le scuole fuori dalla Valle d'Aosta, fino alla fine dell'università e ho sofferto in una maniera incredibile il distacco da questa terra. Paradossalmente questo distacco mi ha fatto soffrire ma mi ha anche aperto verso il mondo. Mi ricordo che in collegio le partite a calcio erano Valle d'Aosta contro tutti. Nei collegi che ho frequentato eravamo sempre pochi valdostani ma avevamo così tanto attaccamento al nostro territorio che volevamo a tutti i costi rappresentarlo anche quando numericamente eravamo inferiori."
Oscar "E ti facevi degli amici?"
Costantino "Sì, tanti!"
Oscar "Tu sei espansivo, non sei *muntagnin*."
Costantino "Invece credo di essere *muntagnin* e introspettivo, ma sono anche molto curioso e questo mi ha permesso di aprirmi al mondo e alla gente. Negli anni ottanta andavo a fare tentata vendita con il nostro Vin de La Sabla. A Verona avevo conosciuto Romano Dal Forno, anche lui con le mani callose e rovinate come le mie. Lui con il suo Amarone e io con i miei vini allora sconosciuti. Eravamo intraprendenti e curiosi di provare strade nuove."
Costantino continua a mettere le parole una dietro l'altra, come note infinite. A me spetta il compito, di tanto in tanto, di interromperlo bruscamente per imporre un cambio di ritmo e di melodia.
Oscar "Andavi d'accordo con tuo papà?"
Costantino "No!"
Oscar "Perché?"

Costantino "Perché avevamo due caratteri troppo diversi e poi dai venti ai trentacinque anni ho fatto il maestro di sci, sono diventato coordinatore nazionale di corsi per i maestri e quindi la mia proiezione verso l'esterno è sempre stata forte."
Oscar "Sei sempre stato portato a rappresentare gli altri. Scommetto che alle elementari eri capoclasse."
Costantino "Non ricordo, ma ho sempre avuto una propensione alla tutela del più debole o del diverso. Non ho mai scelto le strade facili. D'altra parte qui in Valle d'Aosta non ci sono molte strade facili. È per questo che mi sono sempre sentito portato a rappresentare le difficoltà di chi abita il mio territorio. Mi sento un uomo di frontiera, abito a cavallo tra la Savoia e il Vallese, e sono diventato presidente dei vignaioli indipendenti (Fivi) proprio perché rappresentavo un'alternativa alla lotta di classe del vino in Italia: Piemonte contro Veneto, o Piemonte e Veneto contro Toscana, oppure Toscana contro tutti. Tanti vignaioli fanno come gli struzzi e mettono la testa sotto la sabbia, quando invece sarebbe importantissimo guardare cosa fanno gli altri per migliorare se stessi. Questa è una grande critica che faccio *in primis* alla mia categoria, poi agli italiani. Non siamo capaci di fare rete. La Fivi, nata nel 2008 a Montpellier da un'idea meravigliosa di Carlin Petrini, poteva diventare una grande famiglia, invece, siamo in settecento, ma potremmo essere molti di più e facciamo fatica a crescere. Io ne sono il presidente per il secondo mandato e ancora mi impegnerò molto fino al 2014, ma poi passerò il testimone. In Francia in una organizzazione analoga sono più di quattromila. Stiamo comunque dando un qualificato contributo critico e costruttivo al mondo del vino italiano ed europeo."
Oscar "Mio papà mi ha insegnato a dedicare molto tempo alle cose difficili, perché gli altri mollano prima, ma anche a non perdere tempo nelle cose impossibili. A volte penso che fare rete, per gli italiani, sia una cosa impossibile. Non siamo predisposti."
Costantino "Forse io mi sto illudendo."
Oscar "No, intanto si cresce. Il problema è convincere i colleghi che non siamo concorrenti. Il mondo è grande, affrontarlo insieme è più facile e poi è più bello."
Costantino "Il nostro vero obiettivo è fare lobby virtuosa a Bruxelles e pian piano ci stiamo riuscendo."
Shigeru nel frattempo, con la sua solita concentrazione, ha degustato

il primo vino e lo ha versato anche nei nostri bicchieri. Opale 2011 di Mesa, un Vermentino di Sardegna. Su questo vino, mentre Shigeru si prepara a raccontarcelo, mi viene voglia di parlare di chi lo fa.
Oscar "Questo bianco lo fa un mio grande amico, Gavino Sanna, il più grande pubblicitario di tutti i tempi."
Chi non mi conosce si stupisce, mentre chi mi conosce di certo starà sorridendo. L'espressione "di tutti i tempi" fa parte delle mie solite esclamazioni enfatiche ed esagerate che mi caricano, mi fanno godere e soprattutto mi servono per attrarre attenzione. Adoro trovare gli aspetti superlativi della vita e delle persone che conosco. Poi, nel caso di Gavino, non è neanche troppo esagerata. Gavino Sanna, partito dalla Sardegna, è arrivato a essere il presidente della Young & Rubicam, una delle più grandi aziende al mondo di advertising, con mega ufficio a New York. Un giorno, era al massimo del suo successo di manager, nel pieno di una riunione galattica nel suo grattacielo di New York, va nel suo bagno, un bagno galattico, si guarda allo specchio e si chiede "ma io, che ci sto a fare qui?". Torna alla sua scrivania (galattica) e scrive le dimissioni. Prende un aereo e torna in Sardegna. Fantastico! Dalle parti di Carbonia, nel Sulcis iglesiente, ha realizzato una cantina bellissima e l'ha chiamata Mesa, che vuol dire tavola, il luogo dove si mangia e si beve insieme. Ha comprato i terreni migliori, ha trovato un enologo e un agronomo molto esperti e adesso fa vini. E ha messo su tutto questo pur non avendo figli. Sono lui e sua moglie. Bravissimo Gavino!
"Questo Opale è un vermentino e se guardi la bottiglia e l'etichetta, entrambe disegnate da lui, capisci chi è Gavino Sanna."
Ecco, il primo silenzio da quando siamo arrivati. Costantino degusta molto concentrato e Shigeru, che ora è pronto, aspetta solo di avere la parola per descriverci il vino. Ma Costantino ci spiazza. Noi siamo arrivati con un cavallo di razza, che è il nostro giapponese, ma Shigeru non ha ancora finito il respiro che anticipa l'attacco, che Costantino parte.
Costantino "Questo è un vino di un bel giallo paglierino con riflessi sul verde. Ciò dimostra che queste uve sono in grado di mantenere l'aspetto acido e la fruttosità. Ha un naso floreale pieno, con note minerali. La Sardegna è terra di mare e di roccia dunque le radici di queste piante attingono a un substrato che è in grado di esprimere tutta la sua personalità."
Oscar "Dalle sue vigne vedi il mare esattamente come da qui vediamo le montagne."

Costantino "Nel naso c'è una perfezione stilistica totale, una franchezza senza cedimenti."
Oscar "Sono d'accordo. Dimmi come lo trovi in bocca."
Costantino "Ha un attacco potente, ma c'è anche morbidezza e dolcezza. Il 2011 è stata un'annata calda anche là, penso. Questo vino è un 14 gradi, ma non li senti perché c'è sostanza olfattiva e gustativa. È bilanciato, ha una buona mineralità e sapidità. Te ne accorgi solo nella sua fase espressiva in termini di polposità in bocca. Quindi trovo che abbia un bel bilanciamento. È sicuramente un vino con una bassissima resa per ettaro e aggiungo, me ne accorgo pian piano, che è un vino molto lungo."
Oscar "Shigeru, sei d'accordo?"
Shigeru "Ha detto tutto lui! Di solito produttore di vino non ha capacità di spiegare così bene il vino. Lui è bravissimo! In questo vino viene prima la mineralità, il vitigno vermentino è molto profumato: sento frutta secca, vaniglia, camomilla e miele. In bocca è rotondo, sapido, scorrevole, equilibrato e non è pesante pur avendo 14 gradi, è fresco e persistente. Si può abbinare bene con tonno in umido, spaghetti con la bottarga, oppure con il provolone o il pecorino giovane. E poi lo abbinerei anche con sashimi di lombo, palombo, tonno bonito, il piccolo tonno che in Giappone si tiene in casa affumicato. È un pesce azzurro grande, non è tonno. Infine un po' di salsa di soia e zenzero."
Oscar a Costantino "Sei d'accordo?"
Costantino "Sì!"
(Si è reso conto che il giapponese non parla a vanvera, anzi. Lo guarda ammirato). Penso che sarà un bel match tra questi due a descrivere i vini. Ci divertiremo.

Sono figlio di una cultura povera

Ora torniamo al "concerto" di Costantino. Basta dargli il la, e lui incomincia a "cantare".
Oscar "Dimmi di più di tuo papà. Quando è morto?"
Costantino "Nel 1979 a settantasei anni. Era figlio di una cultura povera, la cultura del baratto, dello scambio, è stato un gran lavoratore. Aveva l'idea che io, suo figlio, non dovessi più fare la vitaccia

che aveva fatto lui. Aveva già perso due figli piccoli prima di me, quindi io e mia sorella arriviamo dopo queste due morti. Non ho conosciuto i miei fratelli, ma sono cresciuto con i racconti di questo grande dolore dei miei genitori. E questo dolore l'ho somatizzato. Insomma, per mio padre era un traguardo il fatto di potermi far studiare per spianarmi la strada verso il posto fisso. Mi ha fatto fare una scuola che io non amavo, perito meccanico a Ivrea, sempre distante da casa. Appena ho finito gli studi mi ha trovato un posto alla Cogne (l'industria siderurgica di acciai speciali ad Aosta), ma lì sono durato pochissimo, solo un mese. Mi sono licenziato e mi sono iscritto all'Isef, dove ho conosciuto Imelda, la donna che amo visceralmente da sempre e che ho sposato più di quarant'anni fa. Appena laureato ho trovato lavoro subito e ho insegnato educazione fisica per vent'anni. Ma quando ho avuto la possibilità di scappare me ne sono andato. Ora sono un baby pensionato."
Oscar "Quindi quando tuo papà è morto avevi trentadue anni. Avete avuto liti forti?"
Costantino "Sì, direi feroci!"
Oscar "E con tua moglie vai d'accordo?"
Costantino "Molto. Per questo dico che l'amo visceralmente. Sono dell'idea che ci si debba sposare una volta sola. Ho questo rigore morale che mi rende un po' rigido e con il quale ho dovuto fare i conti quando nel 2003 mi sono ammalato di cancro."
E qui Costantino ci racconta la vicenda della sua malattia dalla quale da alcuni anni è uscito vincitore grazie anche al meraviglioso supporto avuto dalla moglie e dalle figlie, grazie al suo carattere così combattivo e grazie, aggiungo io, anche alla fortuna. Ma le persone speciali spesso sono anche fortunate. Ne è uscito vincitore ma anche cambiato, con un approccio ora più "morbido" nei confronti della vita. Costantino è quasi come fosse resuscitato, molto più tollerante di prima. È un attimo tornare a parlare di famiglia e figli.
Oscar "Tu sei sicuro di volere più bene alla famiglia e ai figli che ai tuoi vini?"
La risposta non arriva di getto, c'è meditazione, ma quando arriva è un sì così pieno e consapevole che non lascia dubbi: sì! Costantino vuole più bene alle sue figlie e a sua moglie che ai suoi vini. E io sono contento di sentirlo perché non è così frequente che lo sia. In molti lo dicono, ma non tutti lo applicano.

Oscar "Sei contento che le tue figlie abbiano deciso di fare il tuo mestiere? Come è avvenuto?"
Costantino "È successo fisiologicamente per Eleonora, la piccola, perché lei è estremamente sensibile e sente molto il richiamo della terra, sente le stagioni. Per questo ha fatto Agronomia e poi è venuta subito a lavorare con me. Elena invece ha fatto Giurisprudenza e per alcuni anni ha lavorato in Camera di Commercio."
Oscar "Quindi Elena per un po' ha immaginato di non lavorare con te, e tu, cosa le dicevi?"
Costantino "Io ne soffrivo perché vedevo bene questa azienda guidata da due donne, anche perché loro hanno due competenze diverse e possono condividere il lavoro compensandosi."
Oscar "Ti ricordi il momento in cui è nata Elena?"
Costantino "Sì me lo ricordo, ma non c'ero. Ero in campagna a lavorare. In quegli anni ero molto preso dal lavoro e Imelda si è fatta portare in ospedale da un mio amico."
Oscar "E te l'ha perdonato?"
Costantino "Sì, Imelda ha un cuore generoso. Sai, Oscar, vivo molto meglio oggi la gravidanza di mia figlia di quanto non sia riuscito a fare all'epoca con quelle di mia moglie."
Oscar "Pazzesco! E hai saputo quando è nata che era femmina o prima?"
Costantino "Quando è nata."
Oscar "Come ci sei rimasto?"
Costantino "Benissimo!"
Oscar "Sicuro?"
Costantino "Mi sono detto... C'è sempre tempo. Volevo un maschio quando è nata la seconda, Eleonora. Credo di averglielo fatto sentire, con dei messaggi subliminali. Sai, i figli sono delle spugne e non è necessario dire tante parole. Se li educhi con la giusta sensibilità i figli recepiscono. Eleonora ha capito che contavo su di lei per proseguire il lavoro in azienda. Così si è iscritta alla facoltà di Agraria."
Certo, i figli recepiscono, quanto è vero!
Passiamo al secondo vino: Mille e una notte 2007 di Donnafugata. Costantino parla del vino con metodo scientifico, da sommelier esperto. Io quando sento qualcuno parlare così bene di vini come fa lui penso che tutta la palestra da bevitore appassionato che ho fatto nella mia vita mi ha regalato tante fantastiche emozioni ma mai il

piacere di riuscire a parlare di vini così. E poi io non sputo come fanno loro, non sono capace. Io i vini li bevo, li amo, e me li bevo. Per fortuna in questo, la palestra fatta, mi ha aiutato a conquistare una buona soglia di gestione dell'alcol, altrimenti sarebbe un casino! Parlando di questo vino siciliano Costantino cita il "sole caldo" in contrapposizione al "sole freddo" della Valle d'Aosta.
Oscar "Ai tuoi vini fa bene questo cambiamento climatico in corso?"
Costantino "Noi in questi anni abbiamo subito il cambiamento in atto. Questi sono fenomeni che non si possono contrastare, pertanto è toccato anche alle nostre uve doversi adeguare. Le uve rosse in questi anni maturano meglio, ma le uve bianche rischiano sempre di perdere freschezza e acidità. Per fortuna il nostro comparto produttivo sale fino a 750 metri di altitudine, e questo ci salva un po'. Devi considerare che i nostri sbalzi di temperatura tra il giorno e la notte, soprattutto nell'ultimo periodo di maturazione dell'uva, conferiscono ai vini valdostani profumi e sentori di frutta molto intensi e immediati. È chiaro che in questo momento storico io sono contento di avere i vigneti in Valle d'Aosta anziché nel Veneto o in Piemonte o in Toscana. Oggi la nostra marginalità all'interno del mondo del vino sta diventando vincente."
Oscar "Certo. Se ci pensi l'uomo ha sempre reagito al clima trovando le strade migliori per adattarsi."
Mentre lo dico guardo Shigeru a cui ora tocca descrivere il secondo vino e secondo me sta pensando: "Porca miseria, Costantino mi ruba il mestiere!". Non ho ancora parlato dell'intercalare di Shigeru con il suo "polca miselia". Ecco, è un aspetto di lui che trovo molto simpatico. Lo dice spesso, per commentare situazioni positive o negative, con enfasi esclamativa e sembrando pienamente consapevole di una situazione oggi di nuovo purtroppo tristemente attuale, la miseria. Simona sorride sempre quando Shigeru lo dice.
Shigeru "Costantino dice bene. Io in questo vino sento mirtillo, catrame, liquirizia. Ha una componente balsamica gradevole e intensa che rende i 14 gradi non aggressivi. In bocca ha un corpo importante con tannini morbidi. È un vino completo che ha una bella personalità e può essere bevuto anche da solo, senza cibo."
Oscar "Perché è un vino che sazia?"
Shigeru "Esatto! Infatti è un Nero d'Avola importante, quasi carnoso. Ma se lo beviamo a pasto lo metterei con una costata alla piastra

e pepe rosa o agnello alla griglia con mostarda di Dijon e salsa di soia."
Shigeru è fantastico! I suoi tanti anni passati come capo del primo ristorante giapponese di Milano, il Suntory, gli hanno lasciato un gusto molto personale nell'abbinare piatti giapponesi e piatti italiani insieme ai nostri migliori vini.

Sono diventato enologo davanti allo specchio

Oscar "Costantino, torniamo a te. Quindi tu hai preso poco da tuo padre?"
Costantino "Sì, poco. Ho fatto fatica a volergli bene perché il rapporto con lui è stato molto difficile. Però l'ho apprezzato tanto quando, durante un momento di difficoltà economica, ha fatto dei sacrifici per non disfarsi della vecchia casa di famiglia. Ha fatto degli investimenti sbagliati perché faceva troppe cose. Comunque è riuscito a uscire da quella situazione senza vendere e mi ha lasciato tutto. Era un uomo molto generoso. Oggi considero tutto ciò che ho un tesoro, un patrimonio incredibile. Quella casa è un pezzo della storia e della cultura povera valdostana, patrimonio delle Belle Arti, e appena avrò finito con i lavori di ampliamento della cantina mi occuperò anche di sviluppare un progetto di cui ti vorrei parlare."
Oscar "Ma quindi tu da chi hai preso? Da te stesso?"
Costantino "Sì, guardandomi allo specchio!" (Risate).
Oscar "Ricordi il momento topico in cui hai deciso che da grande avresti fatto il vino?"
Costantino "No, perché è stato un passaggio graduale di acquisizione di consapevolezza. Ho ripensato alle mie origini, al nonno che non ho conosciuto, al passaggio di testimone della vecchia casa del mulino turnario. Alla fine degli anni settanta, avevo ventinove o trent'anni e facevo l'insegnante di educazione fisica al liceo scientifico di Aosta e il maestro di sci, un giorno ho preso una carriola e ho svuotato la vecchia cantina della casa di famiglia dalla terra che negli anni si era accumulata, perché per un certo periodo ci abbiamo tenuto le bestie. Quando ho finito di fare quel lavoro ho scoperto che lì dentro c'era un microclima che poteva essere perfetto per l'invecchiamento dei nostri vini."

Oscar "Quando fondi l'azienda Les Crêtes?"
Costantino "Nel 1983-1984. Continuavo a insegnare ma avevo già iniziato a fare vini. È il periodo in cui compro queste vigne di Côteau La Tour di Aymavilles."
Oscar "Ma il mulino di cui mi parli, te lo ricordi in funzione?"
Costantino "Certo, ha funzionato diretto da mia madre fino a quando io avevo nove anni. Ci arrivavano le noci da tutte le valli qui intorno. Era un mulino turnario nel senso che la gente portava le proprie noci e usava il mulino come fosse suo, pagandone l'uso. Mia madre teneva i registri d'affitto del mulino. Io li conservo ancora oggi."
Il tempo passa davvero velocemente in questo angolo di paradiso e cerco di stabilire il ritmo del nostro incontro perché non voglio sprecare nemmeno un attimo di questa strepitosa giornata.
Ora tocca al Brunello di Montalcino 2007 Mastrojanni. Questa cantina storica di Montalcino è stata acquistata nel 2008 dalla famiglia Illy di Trieste. Quelli del caffè. Per questo l'ho scelta, oltre che per il fatto che si tratta di un grande Brunello. Sono amico di Riccardo e Andrea Illy e li stimo molto. È gente seria che mette amore e poesia in ciò che fa. Beh, nel caffè si sa. Ma vale anche per il vino, il cioccolato, le castagne e il tè. Loro hanno investito in molte imprese di cibo di qualità.
Costantino assaggia il vino ed è ancora poesia. È bravissimo! Siamo alla terza degustazione. Dice che questo Brunello è pronto, va bevuto ora per averne il massimo del godimento e io sono assolutamente d'accordo. Non sono un fanatico dell'invecchiamento a tutti i costi. Quanta gente ha le cantine piene di ottimi vini che fa invecchiare e non beve mai. I vini vanno bevuti. Poi ce ne sono alcuni che vanno tenuti perché invecchiano bene, ma al momento giusto bisogna berli, poi magari esponiamo la bottiglia vuota, il che è meglio ancora, così la guardiamo e rigodiamo pensando a quando ce la siamo bevuta.
Oscar "Shigeru, ti piace questo vino?"
Shigeru "Sì, in questo vino io sento ottime componenti balsamiche, liquirizia, cuoio, caffè... Ha una persistenza molto gradevole e vellutata. In bocca è sapido e pieno. Si sentono frutti rossi secchi e i tannini sono completi ed eleganti. È un vino pronto da bere, magari mangiando uno spezzatino di carne alla toscana o un beef alla piastra con senape giapponese e miso ma anche un buon Parmigiano Reggiano di sessanta mesi, vecchio."

Oscar "Bravo Shigeru! Anche questa volta hai trovato modo di inserire un po' della tua terra e delle sue specialità. Ma torniamo alla vigna e agli anni ottanta."
Costantino "Mi sono detto che era il momento di fare delle scelte. Ho scelto di investire nel vino, il mio sogno era quello di creare la più grande cantina valdostana. Era il 1983. Allora nella nostra regione c'erano solo cantine cooperative e mancava un leader di mercato. Ho deciso di comprare nella zona di Les Crêtes perché è nota per essere vocata alla produzione vinicola. Ma non è stato facile. Devi sapere che la media di una superficie di vigna in Valle d'Aosta è di 1200 metri. Qui si è sempre diviso tutto su base ereditaria. Io sono stato fortunato allora perché in un colpo solo ho messo insieme 14.000 metri quadrati e sono riuscito a comprare i terreni senza indebitarmi. Mi sono indebitato anni dopo con i lavori di ampliamento della cantina."
Oscar "Hai comprato bene?"
Costantino "Sì. E poi i soldi investiti in agricoltura sono sempre ben investiti. Io non ho mai ceduto all'illusione del guadagno facile attraverso i prodotti finanziari."
Oscar "Ma che parte del tuo patrimonio hai investito?"
Costantino "Tutto! Il 100%!"
Oscar "E ne hai parlato con tua moglie prima di farlo?"
Costantino "No, solo dopo. È stata un'altra di quelle scelte fatte davanti allo specchio."
Oscar "E lei poi ti ha capito?"
Costantino "Sì, perché è una donna straordinaria e perché sa che io sono una persona fedele sia alle persone, sia alle cose che faccio. E questo valore sono riuscito a trasmetterlo alle mie figlie con mia grande gioia."
Oscar "Come tuo papà ha trasmesso a te la sua generosità."
Costantino "Sì, è vero. E pian piano ho continuato a comprare terreni. Oggi abbiamo 20 ettari di proprietà, più 5 ettari di conferitori distribuiti in cinque comuni della Valle d'Aosta."
Oscar "E con 25 ettari, quante bottiglie fai?"
Costantino "200.000 bottiglie."
Oscar "Quanti collaboratori hai?"
Costantino "Diciotto, un altro patrimonio della mia azienda."
Oscar "Quando hai iniziato a costruire la cantina?"

Costantino "Nel 1990, quando ho smesso di fare l'insegnante di educazione fisica."
Oscar "E quindi, fammi indovinare, sei diventato enologo sempre davanti allo specchio?"
Costantino "In un certo senso sì, lo facevo già e ho solo dovuto migliorare. Quando inizio una cosa la finisco sempre. A volte non riesco a stare nei tempi che mi propongo, ma la porto a termine sempre, a qualsiasi costo."
Quest'uomo che si guarda allo specchio e prende da solo decisioni importanti sulla sua vita ha un grande coraggio. Ha il coraggio di scegliere, di cambiare e anche di sbagliare ma lo fa sempre con onestà, schiettezza e, mi sembra, anche senso del limite. Sono le qualità che hanno fatto grande la sua azienda in così poco tempo.
Si assaggia il quarto vino, il Rubesco Vigna Monticchio Riserva 2005 fatto da Teresa e Chiara Lungarotti, "figlie" di un uomo monumentale, Giorgio Lungarotti. La loro è una storia bellissima che mi farò raccontare quando andrò a trovarle a Torgiano, in provincia di Perugia. Il Rubesco è fatto di sangiovese al 70% e canaiolo al 30%. Costantino continua ad analizzarlo con grande curiosità e concorda con Shigeru nel trovare questo vino molto fresco malgrado abbia otto anni. Shigeru ci ricorda gli effetti del clima: il 2005 è stato un'annata fredda, che ha fatto maturare di meno le uve. Secondo lui l'abbinamento ideale con un vino così elegante è il piccione con tartufo nero o un arrosto di manzo con senape giapponese, oppure una toma stagionata.

Ho sempre pensato di essere figo

Oscar "Quante bottiglie facevi nel 1990?"
Costantino "12.000."
Oscar "Oggi ne fai 200.000. Ti sei reso conto a un certo punto della tua vita di essere diventato *cool*, figo? Oggi i tuoi vini sono richiesti in America e in Giappone, luoghi dove non hanno la minima idea di cosa sia la Valle d'Aosta."
Riuscire a diventare *cool*, per me che sono fanatico del marketing della sostanza, è il massimo. Perché riuscire a mettere insieme qualità dei contenuti e immagine è una roba grandiosa, da pochi.

Costantino "Forse non è la risposta che vuoi sentirti dare, ma io ho sempre pensato di essere figo" e lo dice, con meravigliosa dicotomia, quasi sottovoce, con grandissima umiltà.
Oscar "Non solo non mi deludi ma mi piace che tu lo dica! Ti stringo la mano!"
Costantino "Ho sempre avuto una certa autostima. Per esempio ho sempre creduto di essere un uomo sexy."
E noi presenti non possiamo non immaginarcelo giovane, abbronzato, in tenuta da maestro da sci, con tantissime giovani ammiratrici che lo corteggiano e che lo spingono a confrontarsi con quella sua idea di fedeltà di cui ci parlava prima. Ma Costantino continua a suonare il suo spartito, nota dopo nota, e continua a raccontare.
Costantino "La cosa più bella è che io ho sempre creduto che il mio lavoro potesse essere figo e che la mia terra potesse entrare nell'evocativo del consumatore."
Con lui devo davvero fare il direttore d'orchestra, ma è facile fargli tirare fuori il meglio.
Oscar "Torniamo all'essere figo. Tu lo hai sempre saputo, ma a Roma, a New York per esempio, non ti conoscevano. Oggi sì. Cosa è successo?"
Costantino "È difficile da dire. Ho sempre cercato di comunicare il mio stile e lo stile dei miei vini. In tutti i momenti ufficiali, per esempio, ho sempre indossato un cravattino."
Questa è cosa nota. Costantino, da sempre, ferma la camicia con un laccio di cuoio e un medaglione di legno e pietra, tipo *cow boy* di montagna. È un antico vezzo che lui ha scelto per essere riconoscibile e soprattutto conosciuto.
Nel frattempo Shigeru ha versato il vino di Costantino nei nostri bicchieri. Ha scelto di farci assaggiare il suo Fumin 2008. Shigeru lo assaggia e lo studia in silenzio, sempre concentrato. Io invece appena lo bevo esplodo con "Fantastico! Ma dimmi la verità, cosa gli fai per renderlo così? Fai come fa D'Osvaldo ai suoi prosciutti? Sai che lui li affumica nel camino. Come fai a ottenere un vino così? Anche tu affumichi le tue bottiglie?" Ridono tutti e ride anche Shigeru.
Costantino "Mio padre vinificava il Fumin e aveva già capito che andava lasciato due anni in botte. Continuando a credere nelle nostre varietà autoctone ne abbiamo salvate due dall'estinzione: la prëmetta e il fumin. Oggi di fumin ne abbiamo poco più di 2 ettari e

facciamo 15.000 bottiglie. Lo passo in botti grandi da vino bianco che gli conferiscono tannini molto morbidi perché il Fumin ha una nota di cuoio e animale, un po' selvatica, che fa parte del suo corredo. Se questa nota non è esagerata il vino ne è esaltato. Il nostro grande lavoro è stato anche ricercare il tipo di legno più adatto all'affinamento."
Oscar "I tuoi vini degli anni ottanta erano cattivi?"
Costantino "I miei vini non sono mai stati cattivi. Hanno sempre rappresentato il mio pensiero. Ma è anche vero che il pensiero si modifica nel tempo. Però non ho mai cambiato il mio modo di fare vino. Come ti dicevo prima c'è un rigore di fondo che mi ha sempre accompagnato e che è la cifra distintiva del mio modo di lavorare."
Oscar "Sei alla ricerca del vino perfetto?"
Costantino "No! Sono alla ricerca di un vino che crei il massimo del piacere a chi lo beve. Il vino deve piacere."
Oscar "Quante sono le tue vendemmie?"
Questa è una domanda che farò a tutti perché mi interessa molto. Vorrei fare il totale alla fine. Calcolare con quante vendemmie ho parlato in questi dodici incontri.
Costantino "Quelle che ho seguito personalmente sono trenta, dal 1983. Ma quelle a cui ho partecipato sono molte di più, da quando stavo in piedi da solo."
Oscar "Hai una vendemmia del cuore?"
Costantino "Mi ricordo quella del 1980, uno degli ultimi anni in cui ho aiutato mio padre e mia madre a vendemmiare, era un'annata freddissima e a fine settembre nevicava. Ho ancora negli occhi il ricordo dei miei genitori anziani che raccoglievano l'uva ghiacciata e la portavano a casa. Ho delle bottiglie di quell'annata e le conservo."
Non sono ancora così amico suo da chiedergli di aprirne una insieme e poi non è il momento giusto. Ma spero che un giorno deciderà di invitarmi a bere una di quelle bottiglie del 1980 con lui. Giuro che quel giorno mollerò ogni cosa e correrò ad Aymavilles.
Tocca a Shigeru parlare dell'ultimo vino, il Fumin 2008 Les Crêtes. Dico a Simona che questo lo deve bere anche lei perché è troppo buono. Lei, come me, non sputa. Beve poco ma finisce il bicchiere. Shigeru racconta le sue sensazioni: vede un vino rubino con sfumature violacee che profuma di cuoio e di spezie. In bocca ci trova more, mirtillo, sottobosco, grafite, prugne cotte e vaniglia. Sente tannini eleganti,

morbidi e molta freschezza. Lo trova un vino originale in cui riesce a sentire anche la pietra focaia. Lo vede bene abbinato ai salumi, ma anche con una zuppa di fagioli condita con olio di oliva e pepe nero.
Shigeru "In Giappone lo abbinerei con il nostro maiale nero che è molto grasso, condito con un pochino di senape giapponese. Qui in Valle d'Aosta, secondo me, è ottimo anche con la vostra fontina."
È quasi l'ora di pranzo, quest'ultima descrizione di Shigeru ha fatto venire fame a tutti. Prima che Costantino ci porti a casa sua per farci conoscere sua moglie, e poi in trattoria per mangiare un piatto insieme, voglio ancora fargli le ultime domande.
Oscar "Perché si chiama fumin?"
Costantino "Perché sono acini ricchi di pruina e, a piena maturazione, se passi un dito sull'acino togli lo strato superficiale di pruina che ha un po' il colore grigio del fumo."

Da grande voglio tornare in cantina

Oscar "Oggi hai sessantasei anni. Te ne rendi conto?"
Costantino "No. E questa è una grande fortuna! Quando vado a sciare riesco ancora a divertirmi."
Oscar "A sessantasei anni pensi che da grande ti piacerà di più fare il vino oppure fare la politica, intesa naturalmente come *polis*, come Fivi, come Europa…"
Costantino "Io voglio tornare in cantina!"
Oscar "Davvero? Se avessi scommesso avrei sbagliato! Quanto tempo dedichi alla 'politica'?"
Costantino "Oggi tanto e le mie figlie sentono la mia mancanza in azienda. E poi fare vino è un mestiere che mi piace davvero tanto."
Oscar "E non avresti paura di essere ingombrante se tornassi a occuparti troppo dell'azienda?"
Costantino "Devo cercare di farlo senza togliere alle mie figlie gli spazi che si sono guadagnate."
Oscar "Senti, torniamo alla politica, ma stavolta parliamo di quella vera. Sei contento di quello che hai votato alle ultime elezioni?"
Costantino "Sì, sono contento anche perché io ho l'alibi del regionalismo e ho votato Union Valdôtaine come ho sempre fatto. Oscar, io credo nella *polis*."

Oscar "Lo so che ci credi. Ed è per questo che, secondo me, devi continuare a occupartene! La politica deve essere fatta dai giusti. Solo i giusti posso migliorare le cose facendo le scelte per il bene comune."
Costantino "Mio padre ripeteva spesso il motto dei Savoia che diceva *bien faire et laisser dire* e io ne ho sempre tenuto conto di questo fatto. Sempre."
Non sono così convinto che tornerà solo alla cantina. È lampante che gli piace molto anche la politica vera. Lui potrebbe essere una bella risorsa per la sua terra. Chissà se gliene ho fatto venire un po' voglia. La nostra chiacchierata è quasi finita e mentre ci alziamo per raggiungere la moglie di Costantino e le figlie nella loro casa-mulino, io penso che la figura di questo padre, a cui lui dice di non assomigliare, alla fine ha certamente lasciato in Costantino un forte segno. Lo sento, lo capisco da come ne parla. Risaliti in macchina affrontiamo le ripide stradine sterrate percorrendole a ritroso e mentre io gli ricordo, come all'andata, di guardare bene la strada, lui fa di tutto: non ha la cintura di sicurezza e telefona senza auricolare. Vuole avvisare il ristorante del nostro ritardo. "Qui in Valle d'Aosta – mi dice – siamo precisi." Sì, precisi. Allora questa volta la cintura non me la metto nemmeno io e lascio che la sua auto miagoli fino a quando arriviamo. Scendendo dal "paradiso" non smetto di guardarmi intorno e di pensare che paesaggi così belli mettono a dura prova gli scorci più pittoreschi delle Langhe. Adoro fare classifiche, ma questa volta non ci voglio pensare.
Oscar "Cosa ne pensi delle parole biologico e biodinamico?"
Costantino "Sono scelte del produttore che vanno nella direzione che io condivido come l'attenzione alla sostenibilità, ma non sono certificazioni che io personalmente vado cercando. Io mi autocertifico con l'etica del mio lavoro e non gradisco che qualcuno venga a casa mia a dirmi come devo lavorare."
Oscar "Bravo! Io sono d'accordo! La considero una forma vitale di anarchia virtuosa."
Costantino "Oggi, con questo discorso del vino naturale o del vino libero, come lo chiami tu, sta cambiando il profumo dei vini. Dovremo fare delle scelte. Le disciplinari Doc dovrebbero essere cambiate perché altrimenti certi vini meritevoli potrebbero non entrarci. La scelta di non usare la 'solforosa', per esempio, muta l'espressività dei vini sia dal punto di vista visivo sia olfo-gustativo."

Oscar "Finita l'epoca del sentore di banana?"
Costantino "Sì, anche. Sono vini che fanno fatica a stare nel contesto di un disciplinare rigoroso determinato da norme che ormai sono strette. Io ho in mente, nella prossima assemblea Fivi, di aprire un dibattito tra chi esercita uno stile e chi ne esercita un altro. Vorrei che emergesse un confronto perché nuovi passi portano sempre a una evoluzione. E magari tra vent'anni, quando io e te saremo molto più anziani, il vino dolce e fruttato che dà piacevolezza immediata non esisterà più."
Nel frattempo arriviamo a casa e Costantino ci presenta la moglie Imelda: una bella donna, spontanea e sorridente. "Infatti è piemontese", faccio notare a Shigeru. Ci racconta subito che inizialmente non ne voleva sapere di lasciare la sua terra, nell'astigiano, piena di vigneti, per venire a vivere in un'altra terra con un uomo che aveva in testa di fare vino. Poi però, come si dice, al cuore non si comanda e si è ritrovata adottata dalla Valle d'Aosta. "È il destino", commenta.
Arrivano anche le figlie. Eccolo Costantino, gongolante, tra le sue tre donne. Questa è davvero una bella famiglia. Prendiamo un aperitivo con loro e brindiamo "Kanpai!" in onore di Shigeru che, finalmente, potrebbe bere il suo primo bicchiere gustandoselo senza dover pensare a che dire. Ma è più forte di lui. Brindiamo a Neblù, il metodo classico Les Crêtes. Shigeru parte "molto buona, bollicina persistente…", lo fermiamo, troppa la fame.

Dico quello che faccio e faccio quello che dico

In un attimo ci ritroviamo a tavola in una trattoria di campagna a gestione familiare che ci piace subito molto! Ci portano un bel piatto colmo di antipasti tipici, caldi e freddi e iniziando a mangiare torniamo sulle nostre chiacchiere.
Oscar "Stavamo parlando di un tema molto serio: la questione del pulito. Una volta c'erano i vini puliti perché non ci mettevano niente, ma spesso erano anche cattivi, poi c'è stato il grande scandalo del metanolo e da lì è partita una ricerca verso vini molto buoni ma fatti senza disdegnare la chimica. Adesso le cose stanno nettamente cambiando: meno solforosa, insetticidi, concimi chimici, diserbanti e

quindi occorre andare a cercare un nuovo equilibrio, quello di un vino che sia pulito ma anche buono."
Costantino "Secondo me questo equilibrio si fa in campagna, nel vigneto. Noi non usiamo insetticidi da vent'anni perché ci basta usare la tecnica della confusione sessuale degli insetti che se non contrastati aggredirebbero l'uva. Non aggiungiamo nitrati chimici al terreno ma lo stallatico e abbiamo capito che otteniamo buoni effetti applicando la semina microbiologica, che ricrea l'*humus* nel terreno, lo rende ricco di nutrienti, con beneficio immediato e diretto per l'uva. Negli anni novanta nessuno era disposto a fare scelte di questo tipo e gli agrofarmaci e i concimi chimici sembravano la panacea di tutti i mali. Oggi per fortuna non è più così. Ma prima che scegliessimo di andare in controtendenza la chimica ha fatto molti danni alle piante e ai terreni."
Oscar "Pensa che io ho la fortuna di poter utilizzare il letame di sessantacinque stalle di La Granda, vacche che mangiano benissimo e producono un concime fantastico per i miei vigneti di Fontanafredda e Borgogno. Ora, giuro è l'ultima domanda, parliamo di vitigni. Autoctoni? Internazionali? Dimmi cosa pensi tu."
Costantino "Coltivo varietà autoctone (petit rouge, fumin, petite arvine, gros rouge, cornalin, mayolet, prëmetta) e anche internazionali (pinot noir, due chardonnay, classico e Cuveé Bois, syrah). Il dibattito che mi proponi sulla questione non lo ritengo rilevante. Amo la vite, che è pianta apolide, senza nazionalità, migrante. La coltivo in un areale difficile che è quello della montagna valdostana. La curo e la rispetto lasciando che sia lei a concedersi nel produrre uve caratterizzanti, che mi daranno vini assolutamente coerenti con il territorio di origine. Senza però dimenticare che se avrò salvato una varietà autoctona dall'estinzione, avrò dato un piccolo contributo alla salvaguardia della biodiversità e alla cultura del territorio. Questo dico e faccio in Valle d'Aosta. Dire quello che si fa non è difficile, fare quello che si dice con grande sincerità, sovente è difficilissimo."
Shigeru non vede l'ora di suffragare il ragionamento di Costantino. Stiamo bevendo lo Chardonnay e il Petite Arvine. In entrambi lui sente la Valle d'Aosta. È entusiasta dell'acidità e della freschezza di questi vini bianchi e attribuisce queste caratteristiche alle particolari condizioni orografiche, climatiche e morfologiche dei terreni di Costantino. Sono vini paragonabili ai migliori bianchi francesi. D'altra

parte siamo così vicini alla Francia. Però ancora in Italia e che bel pezzo d'Italia! Ci salutiamo così, orgogliosi e contenti.

L'ultima battuta che gli faccio è che i suoi vini sono i suoi figli maschi, quindi lui ha due figlie femmine e undici figli maschi. Ma Costantino ci tiene a ribadire che lui alle figlie vuole più bene che ai suoi vini. Questa storia della capacità di amare da parte di un uomo d'impresa, diviso tra figli e lavoro, lo ha colpito. È sincero, gli credo.

Schede enologiche dei vini degustati con Costantino Charrère
Shigeru Hayashi

Vermentino di Sardegna Opale 2011 Mesa
Tipologia bianco
Uve 100% vermentino
Vinificazione e affinamento fermentazione a 16 °C, macerazione sulle fecce fini, affinamento in acciaio e successivamente in bottiglia
Zona di produzione Sardegna

Colore giallo con riflessi dorati. Al naso sento note vegetali (foglia di pomodoro) e di macchia mediterranea, poi cenni di camomilla, miele e vaniglia. In bocca è rotondo e grasso, ma nel contempo fresco e scorrevole.

Godetelo con tonno in umido, spaghetti alla bottarga, pesce spada affumicato, pecorino toscano di media stagionatura, oppure con sashimi di palombo e salsa di soia e zenzero.

Che grande Vermentino! Un vino che sa di mare e di Mediterraneo, che fa venire voglia di vacanze in Sardegna e di scoprire questa bellissima isola. Eppure è anche un vino che si apre al mondo, con il suo gusto lineare e diretto che tutti possono capire e amare.

Contessa Entellina Mille e una notte 2007 Donnafugata
Tipologia rosso
Uve nero d'Avola prevalente
Vinificazione e affinamento fermentazione in acciaio con macerazione sulle bucce per circa 12 giorni alla temperatura di 26-30 °C. Affinamento in barrique di rovere francese per 15-16 mesi, quindi in bottiglia per circa 30 mesi.
Zona di produzione Sicilia

Colore rosso rubino intenso impenetrabile. Al naso sfodera frutto maturo, violetta, tabacco, caffè ed elementi minerali. In bocca è potentissimo ma anche molto elegante, con tannino morbido e avvolgente.

Abbinare a costata alla piastra con sale e pepe rosa. Ghiotta combinazione con agnello alla griglia e mostarda di Dijon.

Tutto in questo vino – dal nome all'etichetta, alla terra magnifica in cui è prodotto – fa pensare a una favola, a qualcosa di esotico, di sensuale e caldo. Un rosso che è prima di tutto un inno alla Sicilia e al Mediterraneo, crocevia di storie e popoli. Per noi giapponesi, un vino come questo "contiene tutto".

Brunello di Montalcino 2007 Mastrojanni
Tipologia rosso
Uve 100% brunello (sangiovese)
Vinificazione e affinamento botti di rovere di Allier di varie dimensioni (15, 33 e 54 hl) per 3 anni, ulteriore affinamento in bottiglia di 6-8 mesi.
Zona di produzione Toscana

Alla vista è rosso rubino intenso con riflessi granata. Al naso esprime viola, tabacco, caffè, cacao, cuoio e liquirizia. In bocca ha un attacco severo, quasi nervoso, poi si scioglie in una scorribanda di avvolgenza, morbidezza ed eleganza.

Vorrei sempre berlo con carni rosse alla griglia, ma anche provarlo con Kobe-Beef alla piastra con salsa di senape giapponese.
E che dire di un Grana Padano stagionato oltre 48 mesi?

Gusto questo vino e penso a un uomo di mezza età con gli occhi penetranti, gentile ma anche rigoroso, di spiccata personalità, elegante, sicuro di sé. Questa è l'immagine che mi suggerisce il Brunello di Mastrojanni! Il 2007 è già buonissimo adesso, figuriamoci tra dieci-vent'anni!

Torgiano Rosso Rubesco Vigna Monticchio Riserva 2005 Lungarotti
Tipologia rosso
Uve 70% sangiovese, 30% canaiolo
Vinificazione e affinamento fermentato in acciaio con macerazione sulle bucce per 15-20 giorni, maturato 1 anno in barrique e affinato svariati anni in bottiglia.
Zona di produzione Umbria

Colore rosso rubino intenso con riflessi violacei. Profumi netti di violetta, frutti di bosco, spezie, caffè, cacao e cenni minerali. Al palato si mostra molto complesso ed elegante, con un retrogusto balsamico piacevolissimo. Setoso e persistente.

Abbinare con filetto al pepe e senape giapponese. Il piccione con tartufo nero sarebbe un'altra ottima combinazione, così come l'arrosto di manzo con wasabi. Vorrei sentirlo anche con un formaggio di fossa.

La passione di un uomo – Giorgio Lungarotti, che io ho conosciuto alla fine degli anni ottanta – ha creato questo vino. Ricordo che quando andai a trovarlo mi portò subito alla Vigna Monticchio, il più bel cru aziendale. Torgiano gli deve tutto: il Museo del vino, quello dell'olio, un albergo cinque stelle, eventi culturali di ogni genere. Bravissime oggi le figlie a continuare il suo sogno!

Valle d'Aosta Fumin 2008 Les Crêtes
Tipologia rosso
Uve 100% fumin
Vinificazione e affinamento fermentazione in acciaio, lunga macerazione e affinamento di 1 anno in piccoli legni francesi, cui segue riposo in bottiglia per un altro anno.
Zona di produzione Valle d'Aosta

Colore rosso rubino con riflessi violacei. All'olfatto emergono note fruttate e di sottobosco (mora e mirtillo). Gradevoli cenni di spezie, prugna cotta e vaniglia. In bocca è tannico, morbido e succoso.

Abbinare con salumi tipo salame di Felino e coppa piacentina. Ottimo con zuppa di funghi porcini all'olio di oliva e pere nero. Gustatelo anche con arrosto alla salsa di sedano e mirtilli o con formaggi come toma e fontina.

Un grande rosso di montagna, ricco di carattere e di nervature, proprio come gli abitanti della Val d'Aosta. Per struttura ed eleganza, mi ricorda certi Montepulciano delle Marche, come quelli del nostro amico Ampelio Bucci.

Gaja: Angelo Gaja
La qualità fatta persona

*Chi ha avuto successo e fortuna nella vita,
deve farseli perdonare*

Il paesaggio che ci circonda influenza la formazione di un paesaggio interiore corrispondente a quello creato dalla natura. Ho sempre pensato che uno che nasce e vive tra le colline immagina tavoli rotondi, case con tetti ondulati. Mentre un cittadino delle Dolomiti preferisce gli spigoli. Sono felice di essere cresciuto tra le rotondità delle colline di Langa. In più da noi, sullo sfondo, si vedono le montagne che ci dividono dal mare. Quelle Alpi Marittime tra cui troneggia il Monviso. La montagna perfetta, fatta come la disegnerebbe un bambino, scelta addirittura dalla Paramount di Los Angeles. Quante volte ce lo siamo beccati, il Monviso, al cinema e ora anche in Tv, prima dei titoli di un bel film.
Mi piace portare impresse nel mio carattere le contraddizioni dei langhetti. I tratti forti del mio territorio ma anche le sue rotondità. Campi di nocciole alternati alle onnipresenti vigne che ricordano seni di donne. La valle del Tanaro e la corona di montagne alpine, meta di tante escursioni fatte in giovinezza. Nelle Langhe del Barolo e del Barbaresco il paesaggio è un continuo e panoramico alternarsi di colline punteggiate da rocche e campanili. Penso di essere stato fortunato a nascere tra queste meraviglie.
Proprio a questo pensavo mentre scendevo da Barolo verso Alba. Immaginavo che nello stesso momento Angelo Gaja stesse scendendo da Barbaresco. Una giornata molto luminosa con colori intensi, il

cielo più blu che azzurro, non una nuvola. Il sole pieno e una vista impagabile. Lui da est e io da ovest, verso la Valle Tanaro, visto che il nostro appuntamento era a Pollenzo, all'Università di Scienze gastronomiche. Ecco, sarei partito proprio dal paesaggio. Quale diversità tra le colline di Barbaresco e quelle di Barolo? La prima domanda già l'avevo.
Tappa a Serralunga per prendere con me Shigeru e Simona. Non posso mancare di far notare a Shigeru che lui, in Giappone, se lo sogna un cielo così blu. Ma subito mi ricorda che anche lui è nato in campagna, vicino al Monte Fuji, e lì il cielo a volte è blu, come qui. "E va bene, avrete anche voi il cielo blu, ma io questa mattina sono orgoglioso di mostrarti quanto sono belle le nostre colline. Quando io vengo in Giappone non mi porti mai a vedere posti così belli!" E finalmente Shigeru ride. È una sfida, una volta al giorno, almeno, devo farlo ridere. Ecco, per oggi, è fatta.
Arrivati a Pollenzo, c'è appena il tempo per un caffè. Angelo, non lo vuole, "ma non dobbiamo assaggiare vini?", rigoroso come sempre. Mi domando se anche lui si lasci andare a qualche contraddizione talvolta e mi prometto di cercarla durante l'intervista, mentre, non senza vergogna, tracanno un caffè.
Oscar "C'è differenza di paesaggio tra Barbaresco e Barolo?"
Angelo "No, siamo estasiati dallo stesso sfondo di montagne e quest'anno in particolare, perché sono eccezionalmente piene di neve. Ricordo che nel 2003 non c'era neve, era un segnale del cambiamento climatico. Il Nebbiolo dalle nostre parti ne ha avuto dei vantaggi perché in questo modo matura in pieno, ma per altri aspetti non è positivo. Comunque la neve mi rende felice!"
Tra di noi non c'è bisogno di presentazioni. Solo saluti, qualche piccolo sfottò, come di prassi da queste parti, tra cui mi becco sempre un "Ma non la smetti mai di far soldi?" E poi via, si parte.
Angelo Gaja è "Le Roi", il re del vino italiano di grande qualità, uno dei produttori italiani più famosi e acclamati all'estero, probabilmente il più *cool*, come dicono gli americani. Guida ancora in prima persona le degustazioni dei suoi vini, padroneggiando l'inglese ma senza perdere le larghe vocali del nostro dialetto di Langa, di cui va fiero anche nelle occasioni più glamour, bravo Angelo!
Oggi, a settantatré anni (ma ne dimostra dieci di meno) è un uomo di successo con un carisma e un attaccamento al lavoro tanto univer-

salmente riconosciuti da meritarsi da parte dell'Associazione delle Enoteche Italiane la candidatura per il Quirinale, è successo veramente durante le affannate elezioni del Presidente della Repubblica di aprile 2013. Una provocazione, ma non solo. Mi viene spontaneo chiedermi se, accettando, avrebbe mai fatto come Luigi Einaudi che, appena eletto presidente, tolse i suoi vini dalla lista del Quirinale. Un gesto di onestà morale e intellettuale d'altri tempi. Mi rispondo di sì, sicuro. Ho parlato tanto di politica con Gaja e so come la pensa.
Oscar "La prima cosa che mi ha colpito di te è quando ti ho sentito dire 'chi ha avuto successo e fortuna nella vita deve dedicarne un pezzo a farseli perdonare', una frase di Enzo Biagi."
Angelo "Certo e bisogna insegnarlo anche ai figli: io lo vivo sulla mia pelle. Gli agricoltori sono orgogliosi del proprio lavoro e a volte l'orgoglio crea gelosia nelle altre persone che diventano poco disponibili a considerarti per ciò che vali. Quindi il successo non va ostentato, anzi, dobbiamo farcelo perdonare. La mia fortuna più grande è avere avuto un padre che considero il più completo artigiano del mondo del vino in Piemonte. Voleva che imparassi a zappare, a fare l'innesto. 'Seira' diceva per dire ieri. 'Seira' vuol dire sera. E 'seira seira' sta per ieri sera. Forse è un modo subliminale che rappresenta il senso, diffuso qui da noi, di sentirsi sempre in ritardo. Il passato che incalza. Nominare 'ieri' mentre sta già finendo, 'seira'. Oppure mi diceva 'se il pane avesse le gambe tu moriresti di fame'. Mio padre non era un tipo che perdeva tempo."

Il leggendario complimento di Angelo

Con Angelo non c'è tempo da perdere, tale padre tale figlio, quindi partiamo subito con le degustazioni.
Il primo vino che assaggiamo è Les Crêtes Chardonnay 2009. Angelo conosce bene Costantino Charrère da molti anni e gli viene spontaneo parlare di lui: "Costantino mi piace molto e quando bevo uno dei suoi vini mi viene sempre voglia di capire che messaggio mi dà. Lui in Valle d'Aosta ha fatto delle scelte importanti insistendo sia sulle varietà autoctone, sia su quelle internazionali. Pensa, in Italia abbiamo 350 varietà coltivate regolarmente tra autoctone e internazionali. Perché dovremmo limitarci alle autoctone? Ciò che serve

davvero è diradare la confusione. Quale varietà coltivare dovrebbe essere solo una scelta imprenditoriale. Dal vino di Costantino emergono il suo sentimento e il carattere del territorio: un territorio difficile, aspro, pungente. E poi pensa all'impatto del cambiamento climatico anche nella sua regione. In Piemonte, per esempio, non so quale conseguenza porterà il caldo sulla longevità dei nostri vini. Per capirlo e cambiare rotta serve molta ricerca e l'uomo deve imparare ad adattarsi al cambiamento climatico. Il lato positivo di tutto questo è che oggi c'è la scienza che ci aiuta."

Oscar "A proposito di cambiamento climatico, lo sai che nel 2015 io e Giovanni Soldini tenteremo il 'passaggio a Nord-Ovest' in barca? Oggi la riduzione dei ghiacci è tale da causare l'apertura della via più veloce di collegamento tra New York e Tokyo, passando sotto il Polo Nord. Il mondo così come lo conosciamo cambia, e anche in fretta!"

Angelo "Tu sei matto!"

Oscar "Shigeru, come ti sembra questo vino?"

Shigeru "Sì, vino molto minerale con sentori di erbe aromatiche, banana, ananas, vaniglia. Questo è un vino morbido, persistente e minerale. Va bene abbinato con un baccalà mantecato alla vicentina ma anche con una cotoletta alla milanese con limone."

Oscar "Angelo, sei d'accordo?"

Angelo "Sì, su tutto! Ma Shigeru è più bravo di me nelle descrizioni. Riesce a trovare quelle parole che a me non vengono in mente."

Ecco una caratteristica immanente di Angelo, il complimento. Lui certo non lesina i complimenti, anzi li usa abbondantemente, ne ha per tutti e sa dosarli con una sapienza e contenuti tali da inorgoglire sempre i propri interlocutori. Attenzione, qui verrebbe facile sentenziare "Voi piemontesi, falsi ma cortesi". Nel caso di Angelo non è così e mi viene d'impeto affermarlo perché nel mio piccolo tendo ad assomigliargli. La sincerità consiste nel fatto di riuscire sempre a trovare il lato bello di ogni persona, che c'è, c'è sempre, fidatevi. La bontà, se volete mista a furbizia, sta nel dirlo, dirlo subito, magari esaltandolo un po'. Perché perdere tempo a cercare i lati negativi di chi ti sta di fronte? Se intravedi qualcosa di positivo, di bello, di migliore di te, allora concentrati su quello. Esploralo, commentalo, fatti dire altre cose, c'è sempre da imparare. E poi, vuoi mettere quanto è bello, quanto è dolce, gioioso star bene insieme agli altri? Gli altri, gli unici animali al mondo che possiamo frequentare da pari. Ricer-

care l'armonia conviene per vivere meglio. Il complimento aiuta ed è tanto più gradito quanto l'altro ti stima.
Oscar "Dai, torniamo a Costantino."
Angelo "Lui rappresenta la Fivi (Federazione Italiana Vignaioli Indipendenti) e io lo ammiro molto. Gli artigiani in Italia non contano nulla e Costantino si batte per dare loro dignità."
Oscar "Faccio fatica a capire le corporazioni, tutte le corporazioni, comprese quelle del vino. Secondo me le corporazioni, tutte 'ste Fed., Col., Conf., Ass., con tutti 'sti presidenti, vicepresidenti e consiglieri, le quali si battono solo per gli interessi della propria categoria, sono uno dei mali di questo Paese."
Angelo "Certo, ci sono molte lobby politicizzate. Ma la Fivi mi piace. Se riescono a mettere un incaricato a Bruxelles può servire, ma ci va l'uomo giusto."
Oscar "Cosa vogliamo da Bruxelles?"
Angelo "Un codice del vino meno permissivo nell'ottica dell'interesse dei produttori artigiani. Oggi non c'è un disciplinare che riconosca il lavoro artigiano, l'obiettivo è distinguersi dal vino industriale."

Fare, saper fare, saper far fare, far sapere

Oscar "Tu quando hai deciso di fare vino?"
Angelo "Mi sembrava di poter fare solo questo mestiere. Quando ero bambino passavo moltissimo tempo con la nonna paterna, Clotilde Rei, ma la chiamavano 'Tildin'. Faceva la maestra elementare a Chambéry e aveva sposato mio nonno nel 1905. Lui all'epoca faceva già il viticoltore. La nonna era una dominatrice, una donna con un carattere incredibile, mancata purtroppo quando io avevo ventun anni. Facevo i compiti, studiavo e mangiavo spesso da lei. È stata la nonna a tirarmi fuori le capacità artigiane. Mi ricordo che diceva sempre che per avere successo ci sono quattro passaggi da compiere: il fare, il saper fare, il saper far fare e il far sapere. Pensate alla modernità e alla potenza di questa visione. Era una donna lucidissima e molto intelligente. Un giorno mi chiede: cosa farai da grande? Quel giorno sono stato abbastanza intelligente da stare zitto e lei mi dice: 'Devi continuare a fare il mestiere di tuo nonno e di tuo papà perché ti pagherà tre volte: in soldi, in speranza e in gloria'. Avevo dieci anni."

Oscar "E come hai cominciato?"
Angelo "Ho incominciato a lavorare con mio papà dal 1961. I primi sette anni non mi faceva mettere piede in cantina ma solo in vigna. Ho fatto Economia e Commercio a Torino. In quegli anni Gino Cavallo è stato il responsabile dei nostri vigneti e da lui ho imparato moltissimo. Nel 1964, con il governo Moro, centrosinistra, viene abolita la legge sulla mezzadria, un antico contratto capestro che nel mondo del vino non aveva più ragione d'esistere. Ebbene, mio padre nel 1948, cioè sedici anni prima, aveva già trasformato tutti i mezzadri in salariati. Aveva capito che era la cosa giusta perché il mezzadro lavorava sulla quantità, mentre lui puntava a un altro modo di produrre. Da salariati avevano lo stipendio assicurato e mio padre poteva decidere cosa dovevano fare e come dovevano lavorare. Il suo obiettivo era la qualità. Mio padre era un liberale, molto tollerante e con le idee molto chiare. Lavorava a testa bassa senza mai perdersi d'animo. A quel tempo il grande punto di riferimento per il mondo del vino in Langa era Bartolo Mascarello, un uomo di talento ma di indole lamentosa. Forse al tempo era l'unico a fare bene. Ecco, mio padre era molto diverso da lui. Erano anni in cui si parlava con ironia e fondata malizia degli imprenditori che facevano soldi con il vino meridionale che viaggiava dal Sud al Nord nelle autobotti. Mio padre, invece, non criticava mai gli altri! Mai! Mi ha insegnato lui a comunicare."
Ecco, finalmente emerge in Gaja una contraddizione, una debolezza. Su Bartolo Mascarello non solo i dovuti complimenti ("uomo di talento"), ma pure la staffilata ("lamentoso"). È la prima volta che non lo troviamo concentrato solo sui pregi di un collega. E che collega! Qui si parla di Bartolo Mascarello, partigiano, intellettuale, personaggio mitico del vino in Langa. La bandiera del Barolo vero, coltivato e vinificato secondo i canoni più autentici e rigidi della tradizione, l'inventore del "No barrique, No Berlusconi". Ma non è certo la politica a dividerli così tanto. Angelo non sarà di sicuro un socialista come Bartolo, ma neppure un fanatico di Berlusconi, anzi. Semplicemente credo gli sia venuta voglia di rimarcare una differenza di stile nella comunicazione e al contempo di sottolineare una tendenza al lamento che in Langa, ma credo in tutto il mondo contadino, trova terreno fertile. Sono d'accordo, ma devo dire che nel caso di Bartolo Mascarello le doti di altezza d'analisi, di ricchezza sui contenuti lega-

ti alla terra e alle tradizioni, di capacità poetica sull'interpretazione delle radici siano state così potenti da rendere quasi impercettibile la tendenza al lamento del contadino. Quando Gaja fece il Barolo e lo chiamò "Sperss" (dall'esclamazione di suo padre) Bartolo disse che non si poteva chiamare un Barolo con il nome di un detersivo. Chissà cosa avrebbe detto, se fosse stato ancora vivo, del mio Barolo Borgogno 2008 che nel 2012 ho chiamato "No Name", per protestare contro la troppa burocrazia nel mondo del vino. Forse avrebbe detto "sulla burocrazia hai ragione, però il Barolo è il Barolo e non puoi cambiargli il nome. E poi che c'entra l'inglese? Almeno Gaja ha usato il piemontese."

Oscar "La comunicazione è un valore?"

Angelo "Certo! Nel 1965 a Milano nasce l'Ais. Mio padre è tra i primi a entrare a farne parte. Conosce così il gestore del ristorante Savini. Nel 1966 usciamo con la nostra annata 1961 che vendiamo a quattro volte il prezzo normale del Barolo. Il Savini ne compra quindici casse! Ero con mio padre in quell'occasione e lì, nel ristorante, mi hanno servito 'una cosa' gialla che si allargava nel piatto, mai visto! Era risotto alla milanese, all'onda. Molto diverso dal pastone che faceva mia nonna."

Oscar "Torniamo alla comunicazione."

Angelo "Ti racconto cosa è accaduto una sera al Circolo Sociale di Alba, che chiamavano 'circolo dei signori', per via del fatto che era frequentato dagli albesi benestanti. Durante una serata, in cui era stato invitato Gianni Brera a tenere una conferenza, qualcuno chiede 'Cosa dovrebbe fare la nostra zona per migliorare la notorietà del vino?' e Brera risponde: 'Fate come Gaja!'. Mio padre, che era presente, è sprofondato!"

Ho dovuto rubare il mestiere a mio padre

Oscar "Quando hai incominciato ad avere voce in capitolo in azienda?"

Angelo "Verso la fine degli anni sessanta. Dal 1958 al 1983 mio padre è stato sindaco di Barbaresco e per venticinque anni il suo impegno si è diviso tra vino e politica. Lui non mi passava insegnamenti orali ma solo esperienza, ho dovuto rubargli il mestiere."

Oscar "L'innamoramento per tuo papà è postumo?"
Angelo "C'era anche allora, ma c'erano anche dei forti contrasti. I figli maschi tendono a voler fare di testa propria e si confrontano malvolentieri con i padri. Ti racconto di quando mio papà telefonava usando la cabina telefonica di galleria San Federico a Milano e io dovevo essere svelto a mettergli i gettoni, se no guai! A quel tempo vendeva ai privati vini in bottiglia perché la ristorazione non ci filava di striscio. Vendeva le bottiglie a Mario Morra, figlio del mitico Giacomo, che gestiva l'Hotel Savona di Alba. Mi ricordo che facevano discussioni incredibili per i prezzi. Quando Morra ordinava il vino non voleva mai parlare del prezzo. Mio padre allora gli ricordava il nuovo prezzo, che era aumentato. Morra allora diceva di averlo già venduto e che non poteva concedergli aumenti."
Oscar "Quando fai i primi viaggi all'estero?"
Angelo "Inizio a viaggiare già dal 1961, vado in Svizzera. Nel 1972 scegliamo la strada per la Germania e gli Stati Uniti, che si rivelò poi nel tempo un'ottima strada. Tante volte nella vita ho scelto casualmente, e quella volta in modo molto fortunato. Ancora oggi Stati Uniti e Germania sono i due paesi più importanti per le nostre esportazioni. Gli Stati Uniti all'epoca condizionavano la comunicazione con l'obiettivo di far crescere il business del vino californiano. La strategia degli americani era individuare negli altri paesi dei leader per costruire un gruppo di produttori che potessero contrastare la potenza francese. In quegli anni ho viaggiato moltissimo negli Usa e ho imparato l'inglese. I giovani prendevano il posto dei loro padri grazie all'inglese. Mio papà lo aveva capito prima di altri e mi diceva: vai all'estero, io così ho fatto".
Oscar "Mentre Shigeru si prepara a raccontarci il secondo vino, il Tignanello 2009, mi parli di Sperss, il tuo Barolo? Hai un gusto tutto personale per le parole di tradizione dialettale. In piemontese vuol dire nostalgia?"
Angelo "Sì, una distanza straniata dal presente che spinge al ricordo. Ti racconto. Mio papà voleva a tutti i costi quelle vigne, a Serralunga d'Alba, rivolte a sud pieno. Voleva proprio quelle. Se penso a quanti bei terreni da altre parti ho rinunciato…! Erano tempi in cui si potevano ancora comprare i terreni di Barolo in Langa. Ricordo periodi in cui il dolcetto costava più del nebbiolo da Barolo. Quando nel 1988 è arrivata l'occasione di acquistare quei terreni, alla Marenca di

Serralunga, li ho presi subito, senza esitare. In effetti sono posizioni uniche e oggi il vino di quel fazzoletto di viti ha il sapore tipico della sua terra. Quando mio papà ha assaggiato quel Barolo ha esclamato 'Iera propri sperss'. Non semplice da tradurre, letteralmente 'ero proprio sperso', cioè mi mancava, ne avevo una gran nostalgia. Non potevo che chiamarlo Sperss. Grazie all'incredibile e puntiglioso lavoro di Guido Rivella siamo riusciti a dare valore al desiderio di mio padre."
Oscar "Cosa succede negli anni ottanta? Ti faccio questa domanda perché ricordo che in quegli anni lo zucchero, che di per sé era un'adulterazione ingenua, era presente in tante cantine."
Angelo "Certo! Mi ricordo che nel 1983 Renato Ratti, un mio maestro di cui leggevo gli articoli su 'Civiltà del bere', organizza ad Alba un gesto di protesta nella forma di una manifestazione a favore dello zuccheraggio. In quell'occasione c'era anche Veronelli. Lo zucchero di per sé era un'adulterazione blanda e non nociva. Quel che è successo qualche anno dopo con la storia del metanolo è una cosa molto diversa."
Oscar "Adesso assaggiamo il vino e dimmi cosa ne pensi. Anzi, voglio sentire prima il parere di Shigeru."
Shigeru "Ancora un attimo, non sono pronto."

Da 60.000 a un milione di bottiglie

Oscar "Angelo, conosci Piero Antinori?"
Angelo "Certo! Stimo l'uomo e ciò che ha fatto perché è stato un grande. Quando il senatore Paolo Desana ha messo ordine nelle Doc italiane, riuscendo nel 1963 a fare approvare la legge 930, la Toscana si è trovata in difficoltà perché il Chianti Classico doveva contenere, accanto alla maggior quota di uva sangiovese, una parte di uve di scarsa qualità, addirittura a bacca bianca, come il trebbiano toscano. Piero Antinori e Giacomo Tachis non ci stanno e nel 1970 curano l'uscita di un Chianti Classico Riserva prodotto con le uve provenienti da una singola vigna, maturato in barrique. L'anno successivo escono con un colpo di scena. Il loro vino, chiamato Tignanello dal nome del vigneto, esce come semplice vino da tavola. L'uscita dalla denominazione Chianti Classico era ovvia. Piero dimostra un corag-

gio enorme. Non si riconosce nel disciplinare e per primo punta, oltre che sul sangiovese, su vitigni internazionali come il cabernet. In questa operazione più che audace lo aiuta Giacomo Tachis, un grande della mescolanza. A quel tempo era il numero uno perché aveva un'esperienza di cantina incredibile. Ma l'intuizione assoluta ce l'ha Piero che decide di chiamare il Tignanello 'vino da tavola'. La creatività e l'inventiva di Tachis, unita al coraggio di Antinori, danno vita a quel miracolo del vino toscano."
Shigeru degusta, concentrato e apparentemente assente dalla nostra discussione. Io sono curioso di capire l'opinione di Angelo sul Tignanello 2009 perché dopo gli farò assaggiare il Rosso dell'Abazia di Serafini & Vidotto.
Oscar "Shigeru, sei pronto?"
Shigeru "Adesso sì. In questo vino sento cacao, caffè, viola, liquirizia, vaniglia e pepe. È un vino ampio con tannini delicati, direi vellutati, sapidi. Questo è il vino giusto per un filetto di manzo con sale e pepe nero e con senape giapponese. E starebbe molto bene anche con un Bitto stagionato."
Angelo "Sì, sono d'accordo sui tannini delicati e vellutati, ma devo ammettere che con gli abbinamenti non ci so fare. Non so parlare di vino come ne parla Shigeru, ma trovo le sue descrizioni molto divertenti. In questo Tignanello io sento un po' di *umami*, il quinto gusto, ma chissà se è solo una mia sensazione."
Magnifico Angelo. Va proprio a beccare l'*umami*, il quinto gusto, scoperto da un giapponese nei primi del Novecento. Shigeru si inorgoglisce. Già va pazzo per i vini di Gaja, dopo questa intervista non cesserà di cantarne le lodi. Angelo ha capito al volo che il nostro giapponese ha voce in capitolo sul vino italiano dalle sue parti e sa bene come mandarlo in giuggiole. Ha portato con sé una bottiglia di Barbaresco 2008. Quando Shigeru l'ha stappata, insieme alle altre, ho avuto l'impressione che usasse una delicatezza particolare. Gli brillavano gli occhi come due mandorle dorate.
Oscar "Ma, dimmi la verità. Quando hai incominciato a decidere tu, senza dover chiedere prima a tuo padre?"
Angelo "Nel 1972-1973 a trentadue anni. Grazie al cielo in cantina c'era Guido Rivella che occupava una posizione molto importante, tanto da far preoccupare mia madre, al punto di chiedermi 'E tu, cosa farai?'. Pensava che in azienda non ci fosse spazio per entrambi."

Oscar "Dammi un po' di numeri."
Angelo "Nel 1973 avevamo 21 ettari di vigna e facevamo dalle 60 alle 65.000 bottiglie perché non imbottigliavamo tutto, una parte la vendevamo sfusa. Oggi in Piemonte abbiamo 100 ettari e facciamo 350.000 bottiglie. A partire dal 1994, anziché ingrandire la nostra realtà a barbaresco, abbiamo investito in Toscana, a Montalcino e a Bolgheri. Territori entusiasmanti. Oggi a Cà Marcanda di Bolgheri facciamo circa mezzo milione di bottiglie in 100 ettari di vigna, mentre i 27 ettari in Pieve Santa Restituita di Montalcino ci rendono circa 100.000 bottiglie."
Oscar "Quindi da 20 a 220 ettari, da 60.000 a un milione di bottiglie."
Angelo "Sì, ma non come te che fai tutto in fretta. Noi ci abbiamo messo quattro generazioni!"
Oscar "Il terzo vino che ti faccio assaggiare è Il Rosso dell'Abazia 2006 di Serafini & Vidotto. Shigeru, ce lo descrivi? Mi raccomando, parlane bene!"
Shigeru "Si sente bene il lampone, la vaniglia, il cacao, caffè, pepe e cassis. È un vino ampio, pulito ed elegante. Si presta a essere abbinato a piatti con sapori decisi. Lo vedo bene con pollo alla cacciatora, formaggio gorgonzola piccante e taleggio stagionato." Volendo dire taleggio, Shigeru pronuncia "tareggio" suscitando in noi risate spontanee. Ma come! Tutte le "r" diventano "l" e per una volta che davvero la parola ha una lettera amica, una facile "l", Shigeru la trasforma in una "r", misteri incomprensibili dei giapponesi!
Oscar "Angelo, ti piace?"
Angelo "Fantastico, un gran vino. Fai pure i complimenti al tuo socio veneto. Questo è un esempio di come anche in Italia siamo capaci di fare questi grandi rossi direi 'mondiali'. Si sente che dietro ci sono tante vendemmie."
Glielo dirò a Francesco Serafini. Anzi lo scrivo, così mi crede.

Un elefante e un moscerino non possono fare all'amore

Oscar "Angelo, quali sono le tappe fondamentali del successo della tua azienda?"
Angelo "Nel 1977 con Gaja Distribuzione inizio a vendere Romanée-Conti. Quello per me è un momento importantissimo per-

ché, visitando i produttori nel ruolo di venditore di quel vino immenso, questi si aprivano con me e mi raccontavano i loro valori e la loro filosofia.
Nel 1985 iniziamo a importare in Italia i vini di Robert Mondavi. Grazie a lui sono cresciuto moltissimo. Mi ricordo di quando Robert è venuto qualche giorno nelle Langhe. L'ho portato ad ammirare il paesaggio dal Belvedere di La Morra. Guardava stupefatto e continuava a dirmi: 'C'è un rumore nell'aria, c'è un rumore nell'aria.' Poi lo accompagno a Serralunga, altra veduta incantevole. Robert continuava a ripetere: 'C'è un rumore nell'aria'. Infine mi guarda dritto negli occhi, 'Sento russare, siete voi langaroli che dormite. Con delle terre così dovreste essere i padroni del mondo del vino'. Lui riteneva di poter produrre grandi vini in grandi volumi. Qualche anno dopo hanno iniziato a copiare tutti da lui ed è grazie a lui che parte il turismo del vino. Era così illuminato che negli anni ottanta faceva pubblicità in cui diceva: 'Drink with moderation'. A un certo punto vuole fare una joint venture con me: Gaja-Mondavi. Io ero diffidente e per questo ho perso un'occasione. Scegli tu, mi diceva. Andiamo nell'emisfero meridionale. In Sud America oppure in Sudafrica o in Australia. Dove vuoi, l'importante è farlo insieme, cinquanta e cinquanta. Mi sono trovato a dover escogitare un modo per dirgli di no. Mi invita a New York dove in presenza dei suoi avvocati mi parla per quaranta minuti del suo progetto con grande entusiasmo. Gli dico che per noi italiani mettersi insieme vuol dire stima e quella c'è, sognare insieme, e quello c'è, avere un carattere compatibile, e quello c'è. Ma poi c'è l'amore, fare all'amore. Insomma, lo dico in inglese, 'sex compatible'. Io sono un moscerino e tu un elefante. Come fa un moscerino a fare all'amore con un elefante? Da allora il nostro rapporto è cambiato ma è sempre rimasto nel segno del rispetto. La joint venture l'ha fatta poi con Frescobaldi. Ho questo rimpianto ma, se ci penso, mio papà avrebbe fatto come me.
Un altro momento importante è il 1987. In quell'anno diventiamo distributori esclusivi del marchio Riedel, i bicchieri più giusti per il vino."
Oscar "Tuo papà ha fatto politica, perché tu no?"
Angelo "Perché l'ho fatta attraverso di lui, fin troppa. Successivamente me lo hanno chiesto in tanti, ma a un certo punto devi tirarti indietro. Io ho rifiutato tutti i riconoscimenti, perfino quello di Cavaliere

della Repubblica. A volte è difficile dire di no, passi per arrogante."
Questo è un lato del carattere di Gaja che mi piace particolarmente. Il suo minimalismo, il non voler apparire. A volte si presenta come semplice uditore a convegni dove avrebbero pagato oro per averlo come relatore. Si siede tra il pubblico nelle ultime file, ascolta e prende nota. Ha rifiutato il Cavalierato, un mito! Giuro a me stesso che, se mi capita, farò altrettanto. Quante persone, troppo piene di sé e ben più attente ai propri interessi personali che a quelli comuni, portano all'occhiello della giacca il simbolo di quel blasone. E poi, penso, non porto mai la giacca io.

La famiglia è un collettore per talenti

Oscar "Parlami della tua famiglia, quella di oggi…"
Angelo "Nel 1976 mi sposo con Lucia che era segretaria da Gaja, una donna di Barbaresco, una vera Docg [*risate*]. Il nostro avvicinamento avviene quando lei si trasferisce a Genova per seguire un corso di cucina da Osvaldino. Quando, per caso, la vedo lì in cucina, penso questa è la donna giusta. Il rapporto tra di noi cambia. Avevo trentasei anni. Fino ad allora avevo combinato poco (parla di femmine. Anche in questo campo vuole apparire modesto. Ma gli scappa un sorriso e noi non gli crediamo). A un certo punto ho sentito la voglia (ma noi leggiamo il compito) di farmi una famiglia. Ancora una volta sono stato fortunato. Mia moglie oggi lavora ancora con me. È una donna infaticabile."
Oscar "Parlami dei tuoi figli…"
Angelo "La prima si chiama Gaia. All'anagrafe non volevano che la chiamassi così, mi dicevano che quel nome non aveva santi sul calendario, ma io mi sono ribellato. Gaia è solare, semplice, senza malizia, più brava di me nei rapporti umani, ma questo mi piace perché io ho bisogno di antagonisti. Poi è nata Rossana, più maliziosa di Gaia ma in senso buono. Per ultimo è arrivato Giovanni, oggi ha vent'anni, assomiglia molto alla mamma e di questo sono contento: è riflessivo, cauto e delicato. Bisogna lasciargli il suo spazio. Le ragazze lavorano in azienda, vendono, hanno entrambe un buon palato."
Oscar "Quando lascerai l'azienda ai tuoi figli?"
Angelo "Tutto l'export è già in mano a Gaia, ormai mi lascia andare

solo in Mozambico (non ci crediamo). Rossana si occupa di comunicazione e del mercato Italia. Aspettiamo con impazienza Giovanni. Mi sento fortunato ad aver avuto delle figlie. Da figlio maschio penso che i maschi vogliano sempre più autonomia, mentre le figlie femmine chiedono ancora consigli volentieri, soprattutto al padre. Gaia e Rossana mi danno degli spunti molto interessanti. La famiglia è un collettore e deve valorizzare i talenti, il carattere, lo stile e la personalità, tutti elementi che devono entrare nel vino."

Penso al suo sito internet. Una meraviglia. Appare il marchio Gaja e poi pochissime informazioni, nessun filmato, nessun effetto speciale. Una meraviglia vera, secondo me. In un mondo, quello digitale, dove, tre giorni dopo che hai fatto il sito nuovo, ti dicono già che è vecchio. La scelta di Gaja mi sembra sublime. Non costa ed è sempre moderna. Ci ho provato anch'io con i miei figli. Una bella unica pagina con il marchio Eataly, una semplice scritta "Noi siamo gente on-land più che on-line. Veniteci a trovare" e poi giù gli indirizzi. Ma non li ho convinti, niente da fare. Dalle mie parti si spende eccome sulla rete. Abbiamo addirittura creato una società dedicata. Mi domando se Angelo abbia condiviso quest'idea analogica con le figlie oppure gliel'abbia imposta. Non mi tengo e glielo chiedo.

Angelo "Prima gliel'ho imposta e non è stato semplice. Poi nel tempo, non so se per pigrizia o per coscienza, sembra che l'abbiano condivisa. Ma non so fin quando dura."

È il momento di assaggiare il quarto vino, Barolo Riserva 1982 Borgogno. Questa volta Angelo si esprime prima di Shigeru e dice di sentirvi una componente sexy.

Angelo "Sento un po' come se fosse un preludio a una emozione forte di cui il meglio arriva pian piano. Il piacere dell'attesa è molto forte, perché questo vino cambia nel bicchiere e poi in bocca. È una donna matura ed elegante da scoprire pian piano. L'eleganza non ha bisogno della perfezione."

Shigeru descrive il vino continuando a usare la metafora della donna, ma con il grande imbarazzo tipico dei giapponesi. Quindi, dopo aver farfugliato qualcosa di incomprensibile, pieno di vergogna, torna ai tannini vellutati, all'eleganza e alla sapidità. Lui ci sente il cardo, la lana bagnata, il fumo e la liquirizia, lo abbina a un "blasato" al Barolo e Castelmagno.

Mi aspetto una proposta da te

Oscar "Cosa hai votato?"
Angelo "Lo sai benissimo, ne abbiamo parlato a lungo."
Rifletto sul fatto che un sacco di gente intelligente, che conosco bene e stimo, ha votato Grillo. Penso che la cavolata più grossa del Pd di Bersani sia stata quella di aver sottovalutato apertamente il tema dei costi, dell'efficienza, dell'onestà e della rappresentatività della politica. A volte mi chiedo se questi temi siano stati sottovalutati in buona fede oppure volutamente dimenticati.
Oscar "Sei pentito?"
Angelo "No, ma nemmeno orgoglioso. Siamo in una fase delicata, serve una profonda rivoluzione morale, il Paese ha bisogno di esempi. Parlando di vino, l'Ocm (Organismo Comune di Mercato) assegna 350 milioni di euro all'anno al mondo del vino. Sono indispensabili? Non così tanto. Vorrei che esistesse una tracciabilità vera e pubblica di questi soldi. Io voglio sapere chi li ha, chi li usa e per quali operazioni. Occorre ridare valore al denaro pubblico."
Oscar "Delle tue quaranta vendemmie da capo dell'azienda, quale ricordi di più?"
Angelo "Quella del 1982 perché è stata un'annata fortunata, nata bene, con progetti positivi anche dovuti alla casualità. E questo tuo Barolo riflette in pieno la straordinarietà di quell'anno!"
Ultimo vino. Siamo quasi a fine corsa. Tocca al Barbaresco 2008 Gaja. Shigeru lo degusta in silenzio, come sempre molto concentrato, ma stavolta sembra ci metta maggiore impegno. Angelo, istrione virtuoso, se l'è bell'e cotto e mangiato il nostro giapponese. Il profumo riempie l'aria ogni volta che il vino volteggia nel suo bicchiere. Si avvicina anche l'ora di pranzo, e il profumo del Barbaresco mi fa venire voglia di un bel piatto di *tajarin* all'uovo, finissimi e croccanti, mangiati a tavola con la mia famiglia. Ma sono curioso di sentire l'abbinamento di Shigeru a cui rimprovero sempre di non abbinare i piatti di langa ai nostri vini.
Oscar "Shigeru, dai, raccontaci dell'ultimo vino." Curioso di sentire gli abbinamenti.
Shigeru "Sì, in questo vino si sente la viola, la rosa, l'inchiostro e anche un po' di cuoio. È morbido e delicato. Vino molto elegante! Io consiglio di berlo con una grigliata di filetto di manzo e pepe bianco,

ma lo si può accompagnare anche con un Parmigiano Reggiano di quarantotto mesi."
Oscar "Almeno che il bue sia quello di Carrù. Ma due agnolotti al plin, non ce li metti mai?"
Shigeru "Certo, se tu vuoi… Ma questo Barbaresco può essere un vino anche solo da meditazione, da bere molto lentamente, parlando di questioni importanti."
Oscar "Ecco, questa è un'idea! Fare anche gli abbinamenti con i pensieri. Per ogni vino una conversazione. Un argomento, una situazione. Senti Angelo, sul tuo vino affrontiamo una questione importante. Nel corso della tua vita da imprenditore hai avuto a che fare con almeno quattro generazioni. Quella che ha fatto la guerra e ha partecipato alla liberazione. Quella del miracolo economico, la tua praticamente. Quella che ha riempito l'Italia di debiti, la mia purtroppo. E ora quella dei giovani del terzo millennio, quelli che non trovano lavoro. Quale generazione di italiani stimi di più?"
Angelo "Vedo sempre il bicchiere mezzo pieno, continuo ad avere fiducia nel Paese, dobbiamo credere nei giovani e dare loro fiducia, ma gli anziani prima di essere rottamati devono trasferire la loro esperienza."
Oscar "Bene, su questa nota di ottimismo che riguarda i giovani, possiamo chiudere. A proposito di giovani, che farai tu da grande?"
Vedo Angelo che si alza in piedi e mi guarda dritto negli occhi sorridendo. Passano dieci lunghissimi secondi, sospesi in silenzio. Sa che dire ma la sua mente sta cercando la forma. Si capisce che la domanda non lo coglie impreparato e pure che gli ha fatto piacere. È visibilmente contento del fatto che abbiamo compreso bene che lui è fisicamente in forma strepitosa e mentalmente ancora rivolto al futuro. Chissà quanti programmi ha in testa. Sono pronto, visto che oggi si è dimostrato in vena di confidenze, a sentire di tutto. Tipo farò una bollicina Gaja, la chiamerò proprio così, tutto attaccato "Bollicina-Gaja" e sai dove la farò? In Inghilterra. Invece mi spiazza.
Angelo "Mi aspetto una proposta da te. Una società insieme e stavolta non farò come con Mondavi. Qualunque cosa mi proporrai, l'accetterò."
Anche a me sfugge un sorriso. Penso che lui non è più un moscerino e io non sono certo un elefante. Un modo per fare all'amore potremmo trovarlo… e poi la cosa più bella sarebbe unire i nostri coraggi.

Schede enologiche dei vini degustati con Angelo Gaja
Shigeru Hayashi

Valle d'Aosta Chardonnay Cuvée Bois 2009 Les Crêtes
Tipologia bianco
Uve 100% chardonnay
Vinificazione e affinamento fermentazione in legni francesi da 300 l, affinamento *sur lies*, *bâtonnages* continui per 10 mesi, 8 mesi di riposo in bottiglia
Zona di produzione Valle d'Aosta

Alla vista giallo dorato brillante. Al naso è molto complesso, con sentori di frutta come pera, papaia, mango e ananas. Deliziose erbe aromatiche e tocchi minerali. In bocca risulta sapido, morbido, lungo ed elegante.

Abbinerei un baccalà mantecato alla piacentina. Oppure uno sgombro cotto un giorno alla brace con tocco di sale e zenzero. In Giappone vorrei gustarlo con *kaiseki ryori*, il pasto tipico di Kyoto, che conta ben tredici portate diverse! Al posto del sakè..

Se soffrite di vertigini, fate attenzione a questo bianco: arriva dai vigneti più alti del mondo! E il vino sembra nascere proprio dalle montagne: è minerale, ripido, tagliente come le rocce, verticale e profondo. Che buono!

Tignanello 2009 Marchesi Antinori
Tipologia rosso
Uve sangiovese, cabernet sauvignon e franc
Vinificazione e affinamento pressatura soffice, fermentazione
a contatto con le bucce, affinamento tra i 12 e 14 mesi in legno
Zona di produzione Toscana

Colore rosso rubino intenso dai riflessi violacei. Profumi molto ampi e sfaccettati, con ciliegia, viola, vaniglia, cacao, caffè, liquirizia e pepe. Gusto pieno, sapido e avvolgente grazie al tannino molto vellutato. Persistente sul finale.

Abbinare con bistecca di filetto al sale e pepe. Ottimo con una grigliata mista di carne, salsa di soia e cipolla. Secondo me è perfetto anche con tutti i formaggi italiani stagionati.

Vino "italiano internazionale" per eccellenza, è stato il primo Supertuscan. In origine era un Chianti, poi la scommessa di Piero Antinori e del suo enologo Giacomo Tachis: basta uve bianche nei vini rossi, come volevano le vecchie regole! Così il vino che non voleva (e non poteva) più essere Chianti, finì col cambiare per sempre l'enologia toscana.

Montello e Colli Asolani Il Rosso dell'Abazia 2006 Serafini & Vidotto
Tipologia rosso
Uve cabernet sauvignon, cabernet franc, merlot
Vinificazione e affinamento maturazione dai 15 ai 24 mesi in rovere stagionato almeno 30 mesi; segue un affinamento in bottiglia di 1-2 anni.
Zona di produzione Veneto

Colore rosso rubino leggermente granato. Al naso esplode in profumi di frutta rossa come lampone e cassis, poi affiorano vaniglia, pepe, caffè e cacao. Palato ampio, pieno e sapido. Tannino molto delicato.

Abbinare con pollo alla cacciatora, bistecca con senape giapponese, formaggio stagionato come taleggio o gorgonzola. Ideale con carne giapponese alla piastra, salsa di soia e rapa bianca daikon.

Per me è il più grande taglio bordolese italiano! In Veneto questi vitigni francesi esistono da più di duecento anni, quindi ormai sono veneti (forse parlano anche il dialetto). Il 2006 sembrava fresco come un bambino appena nato: il Rosso dell'Abazia è fatto per durare!

Barolo Riserva 1982 Borgogno
Tipologia rosso
Uve 100% nebbiolo
Vinificazione e affinamento 12 giorni di fermentazione e successiva macerazione a cappello sommerso di 15 giorni; almeno 4 anni di maturazione in botti grandi di rovere di Slavonia da 60 hl
Zona di produzione Piemonte

Colore rosso granato scuro. Profumi ricchi e netti di sottobosco, muschio, spezie dolci, cuoio, tabacco, caffè e grafite. Gusto caldo, avvolgente, elegante, lunghissimo. Un vino sinfonico.

Abbinare con brasato al Barolo, naturalmente! Ma è perfetto anche con un formaggio Castelmagno stagionato oppure – perché no? – con un Kobe-Beef alla piastra con salsa di soia, aceto di riso e senape giapponese.

Un Barolo Borgogno del 1982, c'è bisogno di dire altro? Avete "anche" vinto i Mondiali in quell'anno! Borgogno è la Oxford del vino, praticamente esiste da sempre. Io ho fatto la festa dei miei trent'anni italiani con questo vino, e voglio fare quella dei cinquant'anni, nel 2032, ancora con questo vino.

Barbaresco 2008 Gaja
Tipologia rosso
Uve 100% nebbiolo
Vinificazione e affinamento 12 mesi di barrique, 12 mesi di botte grande, affinamento finale in bottiglia.
Zona di produzione Piemonte

Colore rosso granato concentrato, quasi impenetrabile. Al naso è intenso, con note di frutta rossa, sottobosco, spezie e cuoio. Bel tocco finale di liquirizia. Il sapore è caldo, sapido, asciutto, i tannini sono vellutati e avvolgenti. Finale lunghissimo.

Abbiniamolo con una grigliata di filetto di manzo e pepe bianco, oppure con uno stracotto di carne e wasabi. Perfetto con Parmigiano Reggiano (da vacca rossa) di oltre quarantotto mesi. Spettacolare vino da meditazione.

Mi è venuta voglia di piangere quando ho visto arrivare Angelo con una bottiglia di Barbaresco 2008 in mano: una scena bellissima, quasi romantica! Il vino rispecchia sempre l'uomo e questo rosso, in particolare, è il riflesso di tutta la storia e tutto il carisma del suo creatore.

Rinaldi: Beppe Rinaldi
Beato tra le "femmine"

Alla base della qualità c'è la scarsità

Beppe Rinaldi, qui in Langa, lo chiamiamo "Citrico". È un soprannome che gli arriva dai tempi della Scuola Enologica. Lui disegnava vignette spiritose alla lavagna e un professore, vedendo l'ennesima, sentenziò: "Rinaldi... lei è pungente." Così un compagno di classe aggiunse: "Pungente come l'acido citrico." Da allora tutti presero a chiamarlo Citrico. E Citrico, per noi tutti, Beppe rimane ancora oggi che son passati più di quarantacinque anni. Beppe è una persona clamorosa, star con lui è una meraviglia. Le sue esclamazioni costituiscono momenti tra i più gioiosi, ma anche significativi per me. Fin da quando, oltre quaranta anni fa, camminavamo insieme sul Rosa. Ricordo una volta che, a 4100 metri di altitudine, dopo diciotto ore di marcia, a 300 metri dalla vetta del Castore, un enorme crepaccio ci impedì di salire in punta. Lui, piegato sulla piccozza per la stanchezza, esclamò: "Torniamo indietro, a volte le cose incompiute sono ancora più belle". Aveva vent'anni.
Entriamo nel cortile della casa di Beppe a Barolo. La prima "foto" in senso letterale e anche metaforico la dedichiamo a queste colline che si aprono alla vista dal retro di casa Rinaldi. Noi langaroli, anzi langhetti come ci definiamo nel nostro dialetto, siamo abituati a questo spettacolo che ha ispirato malinconia o allegria in tutti gli scrittori che sono passati da queste parti. La mia generazione ha in mente Pavese e Fenoglio, ma chiunque può commuoversi di fronte a questo spettacolo. Certo, bisogna cercare qualche specifico punto di osser-

vazione perché gli anni sessanta e settanta hanno prodotto devastazioni e facciate di case irrispettose di tradizioni, storia ed equilibrio con la natura. Ma fortunatamente dal cortile della casa di Beppe si vedono solo colline ben disegnate con alberi, vigneti e qualche ormai raro prato in lontananza.

Ci sediamo intorno a un tavolo da giardino e non riusciamo a smuovere Beppe che ci condanna al disturbo dei motori che transitano sulla strada davanti a casa sua. Ne fa le spese il nostro registratore che non ci aiuterà molto bene nel ricostruire questo pomeriggio di chiacchiere. No problem! C'è il sole, siamo rilassati e tra vecchi amici. Beppe, Shigeru, Simona e io, con Annalisa, la moglie, chiamata da Beppe "la Tigre". Poi a noi si aggiungeranno altri. La casa di Citrico è da sempre un crocevia di amici, compaesani e clienti.

Voliamo subito alto. L'economista Zingales, che sarà da me ospite della Fondazione di Fontanafredda quella sera stessa, ci offre la scusa per parlare dei danni che il libero mercato ha prodotto nella società e della necessità di rifondare il capitalismo. Bum! Adesso la sparo grossa tanto per riscaldare un po' l'ambiente.

Oscar "Ma tu, Beppe, credi che sia possibile rifondare il capitalismo? Tu cosa auspichi? Noi da giovani sognavamo il socialismo."

Beppe "Si, ma dato il fallimento chiarissimo del modello socialista, è molto difficile pensare che la nostra generazione possa ancora assistere alla nascita di una società basata sull'ideologia marxista e leninista..."

Parla lentamente, come fanno gli intellettuali che cercano le parole chissà dove e le scelgono come se distillassero saggezza a ogni verbo. Se poi aggiungiamo un bel toscano che va e viene dalle sue labbra, grazie ai movimenti calibrati dei fumatori di sigaro, se aggiungiamo i capelli grigi un po' lunghi sul collo e un po' spettinati e una sciarpa che scende sul davanti (e che quindi non assolve allo scopo per cui è indossata) forse abbiamo un'idea del tipo con cui ci troviamo. Un uomo che sa riflettere, che si racconta, che raccoglie le idee, che ha cose da dire e che guarda curioso alle nostre reazioni.

Beppe "È più facile vedere una riforma del capitalismo che una rinascita degli ideali socialisti; io parto da una famiglia di tradizione socialista, ma il fallimento, anche recente, è stato talmente grande... La nostra generazione è stata dominata da slanci ideali che tristemente non vedo più nella generazione delle mie figlie. Slanci ideali che arri-

vavano anche dal mondo cattolico. Ricordi i 'catto-comunisti'? La fine degli ideali è ben triste, perché i sogni sono fonte di un grande arricchimento."
Oscar "Manca fiducia, speranza, mancano i sogni, che noi invece avevamo, sognavamo un mondo di uguali, di giustizia e di libertà, ed eravamo certi che ci saremmo arrivati. Oggi per i giovani sognare è più difficile."
Arriva la "Tigre", l'affascinante moglie di Beppe, che tira la cordicella e ci fa scendere dalle nuvole. "Dove li metto i bicchieri? Quanti ne volete?" E l'incantesimo si spezza.
Beppe, che dice di voler volare basso, invece si riprende la scena continuando: "I grandi ideali sono stati per la nostra generazione fonte di entusiasmo individuale e collettivo. Le ultime generazioni hanno invece subito la 'dittatura consumistica', come la definì Pasolini nei suoi *Scritti corsari*, e sono state attratte dalle comodità e dagli agi promessi dal consumismo (che noi invece non conoscevamo ancora). È finita così: le spinte ideali sono morte."
A questo punto parte una lunga digressione su Sandro Luporini, artista poliedrico, suo grande amico e paroliere di Giorgio Gaber, protagonista di una celebrazione al Teatro Regio di Torino, nel decennale della morte del cantautore. Al Regio Beppe c'era e si è compiaciuto nel constatare la presenza di giovani e giovanissimi, trovando un pretesto per riaccendere la speranza. Certi personaggi non perdono mai il vizio di cogliere e interpretare i segnali deboli. Giusto!
Intanto Annalisa ha gentilmente portato fuori i bicchieri e messo i vini bianchi in fresco nel ghiaccio. Si vede che è lei la padrona di casa!
Oscar "Simona, segnati il nome di sua moglie, perché lui la chiama Tigre ma si chiama Annalisa. Lui vive in mezzo a tutte donne: moglie, due figlie, Marta e Carlotta, cagna e gatta. Sei beato tra le femmine! Beppe, adesso ti spiego perché sono qui…" e vado con la mia spiegazione e i miei perché.
Oscar "… e così questa mattina ho incontrato Angelo Gaja."
Beppe "Uhhh!"
Oscar "Simona, scrivi anche l'urlo! Ho letto che vuole mettere il wi-fi tra le vigne… Però il vino lo fa buono."
Beppe è cugino di Bartolo Mascarello e suo naturale erede di ideali, naturalmente insieme a Maria Teresa, la figlia di Bartolo.

Oscar "Tutti in Langa ricordano la diversità di vedute tra Angelo e Bartolo. Angelo durante l'intervista ha riaperto questo scenario raccontando che noi in Langa siamo un po' lamentosi. Come quando ai funerali, all'inizio del corteo funebre, tutti tessono le lodi del morto, poi uno a caso attacca con il fatidico 'parlandone da vivo…' e quello è il segnale. Da quel momento in poi viene giù tutto il brutto che prima era stato accuratamente censurato dietro le lodi di maniera. Ma in realtà oggi Gaja ha parlato bene di Bartolo."
Beppe "Ci mancherebbe. Bartolo è stato il più grande, un visionario di immensa qualità. Anche Gaja ha fatto molto per la nostra terra, soprattutto all'estero. Però io, come Bartolo, sono contro i vitigni internazionali e le barriques. Non c'entrano niente con le Langhe."

Fermento nelle tine di Josko

Oggi pomeriggio, l'ho già capito, i voli pindarici ci trasporteranno lontano. Gli parlo del fatto che andremo a trovare anche Josko Gravner, a Gorizia, ma non riesco a finire la frase.
Beppe "Un mio grande amico! Nella mia cantina ho delle tine, dove faccio la fermentazione, che mi sono state date da Josko, quando è passato alle anfore. Io fermento ancora oggi in quelle tine."
Oscar "Come è andata?"
Beppe "Sono stato io a chiedere a Josko di darmi le sue tine quando, passando alle anfore, non se ne sarebbe più servito e così ha fatto."
Sorrido tra me e me, sentendo questa storia, perché l'idea di questa collaborazione a distanza, di questo filo culturale ma anche sostanziale che lega vignaioli di origini così diverse è proprio quello che vorrei vedere in modo generalizzato nel futuro di questo Paese, che finora non ha proprio imparato a costruire reti di interessi comuni intorno a valori importanti. E il vino è uno di quelli.
Beppe intanto continua a parlarci della sua cantina: "Io fermento tutto nel legno non perché il legno sia meglio ma per una specie di malattia mentale."
E invece lui pensa che sia meglio. Lo so.
Beppe decide di non andare oltre nella spiegazione: "È un mistero, è come spiegare il sesso, troppa fatica." Ci dobbiamo accontentare, almeno per il momento, perché quello che preme a Beppe è finire la

storia delle tine di Josko che adesso sono sue: "E così, dopo la prima fermentazione delle mie uve in quelle tine, ho chiamato Josko che voleva essere rassicurato. Io in effetti le avevo trovate efficienti e gliel'ho detto ma ho aggiunto un goccio di veleno, 'è la prima volta nella loro vita che quelle tine fermentano un nobile vino'."
Oscar "Certo! Dalla Ribolla Gialla al Nebbiolo!"
Ridiamo tutti dimostrando complicità, competizione, campanilismo e orgoglio. Ma anche grande stima per l'amico Josko.
Torno sul progetto di queste interviste perché lui conosce tutti quelli che andrò a trovare. Voglio fargli capire che lo stimo molto e lo considero tra i grandissimi del vino. Commentiamo il fatto che ci sono cantine dirette da sole donne, come sarà la sua quando (immaginate dove teneva le dita mentre lo dicevo) passerà definitivamente nelle mani delle sue figlie. E giù a criticare le quote rosa e le affermazioni aprioristiche, "una donna al Quirinale, una donna alla Presidenza di questo o di quell'altro". Annalisa la vede come me, prima viene il merito, la capacità, l'onestà. Che sia donna o uomo è ininfluente. Anche lei è acuta e sensata come il marito. D'altra parte ci sarà un motivo per cui si sono sposati. Il loro continuo beccarsi, "lei è una Tigre", "lui è sempre fuori con la testa", è chiaramente un vezzo che nasconde complicità e amore.

Viviamo di casualità

Riparto dal mio programma. La domanda che farò a tutti: "Perché tu fai il vino?"
Lunga pausa a effetto, l'amico è un affabulatore raffinato. Figurati se deve pensarci su così tanto per darmi una risposta!
Beppe "È successo per caso, per me come per mio padre. Lui aveva la malattia del mattone, gli piaceva costruire, però già suo padre, suo nonno e il suo bisnonno facevano il vino. E la consuetudine di famiglia conta. Una volta era quasi scontato che i figli continuassero l'attività di famiglia; poi è facile appassionarsi alla viticoltura e al vino. Se nasci in quel mondo è ancora più facile. E poi si vive tanto di casualità. Prima di tutto la casualità della nascita. Io in realtà ho fatto il veterinario per sedici anni. Sono nato in quella stanza dietro a quei vetri. In questa casa che mio nonno ha costruito nel 1916."

La guardiamo tutti la sua casa. Bella e solida, fatta di vecchi mattoni, con comignoli capricciosi, uno diverso dall'altro, costruita con una forma a elle, come spesso succede nelle nostre campagne. I pannelli solari, utili ma che si vergognano a stare lì, un po' nascosti sul tetto. Con questo bel balcone naturale che guarda le colline del vino. E intanto si aprono le cateratte dei ricordi: la storia di famiglia, nonni e bisnonni, zii e prozii che comprano e vendono cascine nei punti strategici delle vigne del Barolo, che non si chiama ancora Barolo. E la storia di Beppe che si sente un privilegiato perché ha trovato questa casa già fatta. Storie di fratelli che litigano per colpa delle mogli (Ahi! Sento nell'aria il pensiero negativo delle donne intorno al tavolo.)

Beppe "Le femmine sono gelose, stanno attente a non avere meno delle altre, l'anello, la pelliccia, il regalo speciale. Le donne, si dice in piemontese *a l'an goj d' ruse* (hanno piacere di bisticciare)."

Intanto parte il tintinnio di calici perché con Annalisa, che è mia complice, stiamo organizzando gli assaggi dei vini.

Oscar "A proposito, perché a Eataly manca spesso il tuo vino? Aspetta, lo so io: è perché resti sempre senza. Lo vendi subito tutto e poi non fai più niente. Sei pigro."

Beppe "Veramente io non mi occupo di questioni mercantili e poi amo la pigrizia, e non solo la pigrizia, ma anche il tedio, la noia, la possibilità di contemplare, di cadere nell'accidia, che vuol dire anche malinconia. Trovo tutto ciò molto arricchente."

Bisogna rimanere artigianali!

Torno sul vino che manca "Perché produci così poco? È così buono il tuo vino…"

Beppe "Questo deriva da un'analisi che ho fatto: noi non sappiamo fare gli imprenditori, noi facciamo il vino in modo artigianale, rimanendo quindi azienda agricola artigianale. Dunque abbiamo fatto la scelta di non aumentare mai il numero delle bottiglie."

Oscar "Parli al plurale, quindi intendi tu e tuo padre insieme?"

Beppe "Certo! Su questo mai nessuna discussione! Volevamo restare artigianali. Credo che mio padre sia stato una persona molto importante per la zona, si è sempre occupato di temi pubblici e sociali, di questo territorio naturalmente. È stato anche sindaco di Barolo,

assessore e consigliere, ha fondato l'Enoteca Regionale del Barolo e ne è stato il primo presidente. Il fatto di non guardare solo al proprio orticello ma di pensare al territorio è sicuramente bello e meritevole e ti rende più vivace intellettualmente, però ti fa perdere un sacco di tempo che potresti dedicare ai tuoi affari privati."
Oscar "Anche tu sei stato assessore e consigliere per quindici anni però sei un personaggio meno pubblico di tuo padre, vero?"
Beppe "Io non sono mai stato un grande comunicatore come mio padre, qualità che lui possedeva in abbondanza."
Oscar "Ma quali sono le profonde radici di questa scelta di rimanere artigiani, presa in controtendenza nel momento della crescita e del boom economico, quando addirittura si piantavano le vigne nei terreni esposti a nord?"
Beppe "Negli anni 1995-2000 c'è stato il boom del Barolo. Questo ha significato che una popolazione che ha sempre vissuto in modo quasi indigente si è trovata per le mani una fortuna immensa in modo improvviso. E ha perso il senso della misura. Mi spiego, nel 1932 è nato il Consorzio di Tutela del Barolo e del Barbaresco e questi grandi vecchi sono riusciti a spingere il legislatore, ottenendo attenzione dal senatore Desana che ha messo le basi per la legge sulle Docg (del 1966). Il Consorzio ha avuto quindi un ruolo fondamentale nel governo e nella gestione dell'appellazione. Il termine 'tutela', che è molto ampio, significa curare il bene delle colline, delle cantine, del territorio e non solo il benessere economico dei produttori. Investe anche la genuinità, la qualità, la bontà dei vini..."
Oscar "Significava anche tutelare la quantità dell'offerta. È lì che vuoi arrivare?"
Beppe "Ecco! Le bottiglie dovevano essere contingentate. Alla base della qualità di un prodotto c'è la scarsità! Quando finisci nell'abbondanza e cominci a mettere i vigneti al posto dei noccioleti, dei peschi, dei prati e poi dei boschi, finisci male! Solo per caso chi ha messo dei vigneti a nord, dove i nostri vecchi non li avrebbero mai messi, alla fine ci ha azzeccato. Il caso del cambiamento climatico!"
Oscar "Non lo hanno fatto per lungimiranza ma per ingordigia! Ma cosa ha fatto esplodere il Barolo tra il 1995 e il 2000?"
Beppe "Siamo passati da poco più di 5 milioni di bottiglie a 12-13 e presto saranno di più, quando produrranno le ultime vigne piantate."

Non è una vera risposta, ma ho capito che Beppe ama parlare così, lasciando gli argomenti non finiti e un po' sospesi.

Quando la femmina continua la specie, il maschio può essere rottamato

Mentre parliamo ho un veloce scambio di sms con mia moglie, parliamo di figli. Mi viene voglia di aprire un tema diverso per un momento. Mi rivolgo alla moglie di Beppe: "Perché le donne amano più i loro figli che i loro mariti?"
Com'è giusto risponde la Tigre senza esitazioni: "Ma è normale! Anche gli uomini amano di più i loro figli che le loro mogli."
Oscar "È vero, Beppe? Ami più le tue figlie di lei?"
Questa volta Citrico non esita: "Assolutamente sì!"
Oscar "Scrivi Simona, scrivi: assolutamente sì!"
E sentenzia: "Una volta che le femmine arrivano a figliare, in molte specie, il maschio può essere rottamato nell'indifferenziata…"
Arriva Andrea, mio figlio, ecco l'occasione per raccontare un sogno provocatorio: "Vedere uno dei miei figli sposato con una delle tue figlie, per portare a 300.000 bottiglie la produzione dei Rinaldi. Pensa a noi due insieme, vecchi, con te che mi bastoni perché ho distrutto il mito dell'artigianalità. E poi vedere i tuoi vini nella grande distribuzione con il Grignolino, l'Asti Spumante a marca Rinaldi."
Ride Annalisa. Ma non Beppe. "In quel caso lì, io vedrei bene la rottamazione dei Farinetti!"
Risata collettiva. Beppe sa bene che lo sto provocando. Ho sempre avuto un grande rispetto per i vignaioli artigiani. Torniamo a parlare di cose serie.
Beppe "La storia della mia famiglia ha sempre convissuto con la grande nobiltà dei nostri vini: Nebbiolo e Barolo."
Oscar "Anche se allora non era così facile capirlo, tanto è vero che, in certi anni, le uve dolcetto costavano più delle uve nebbiolo."
Beppe "Ma già ai tempi dei Falletti, fine Settecento inizio Ottocento, si conosceva la nobiltà di questo vino che non si chiamava Barolo, e che, ai tempi della marchesa, veniva iscritto nei registri delle cantine di palazzo Barolo a Torino come 'Nebbiolo di prima qualità vecchio o stravecchio amaro'. Dopo la morte della marchesa, quindi

dopo il 1864, sono uscite le prime bottiglie etichettate Barolo. Il Barolo è nato a Torino nelle cantine dei Falletti. Allora il termine 'secco' non si usava, i vini erano o dolci o amari. Stranamente allora in Piemonte e Valle d'Aosta la maggior parte delle uve prodotte erano nebbioli e non barbera. Però i vini venivano fuori dolci, perché allora si mangiava grasso e quindi per lavarsi le papille si chiedeva vino *moussant*."
Oscar "Parliamo dei vini che ti ho portato. Per me il vino deve avere quattro qualità: buono, pulito e giusto, come dice Carlin Petrini, ma deve anche essere prodotto da uno che mi sta simpatico. Ci sono dei produttori di cui non berrei mai il vino. Io cerco simpatia. Il primo vino che ti ho portato è di Sergio Mottura e viene dal Lazio. Lui è un bel tipo. Il vino è biologico. Si chiama Civitella Rosso. Shigeru, che vitigno è?"
Shigeru "Merlot e montepulciano!"

Le mode mi danno fastidio

Oscar "Questo vino è biologico. La parola biologico ti piace o non ti piace?"
Beppe "Mi piace."
Oscar "E perché non la usi, tu che sei biologico da una vita?"
Beppe "A me le mode danno fastidio. E adesso è una moda: essere biologico, biodinamico, naturale. Quando è moda è moda, dice Gaber, ma a me dà fastidio. La moda omologa, appiattisce, stereotipa."
Oscar "Sono d'accordissimo! La moda toglie fantasia e creatività."
Beppe "Però, io dico, viva il biologico, viva il biodinamico, viva l'etica naturalistica. Mi auguro porti una svolta, una spinta al rispetto del terreno e dei prodotti. Questa zona potrebbe essere la prima a lanciare, attraverso il Consorzio, un disciplinare che preveda l'abbandono degli insetticidi e dei diserbanti, per poi ragionare anche su disseccanti e concimi chimici. Nel contempo bisogna anche curare i prezzi delle uve, affinché una famiglia contadina possa ottenere attraverso la viticultura condizioni di vita dignitose. Teniamo presente che se si aboliscono diserbanti e disseccanti si aumenta considerevolmente il costo di gestione del vigneto."
Oscar "Ti do un numero. Fontanafredda, con l'abolizione dei diser-

banti e dei concimi chimici, ha avuto un aumento del costo del lavoro del 10%."
Beppe "Peraltro il problema degli insetticidi discende dalle multinazionali, che ci impongono di trattare le viti, ma noi non ne avremmo bisogno. Sono i disciplinari che ci obbligano a fare due/tre trattamenti."
Oscar "Adesso Shigeru, che è uno dei più grandi intenditori di vino italiano, ti descrive il vino come lo ha sentito lui… Poi tu commenti."
Shigeru non si fa pregare: "Incredibile come, in una zona da vini bianchi, Sergio Mottura sappia fare un rosso così importante. Qui dentro c'è merlot per l'80% e il resto è montepulciano. Al naso sento prugna, pepe, caffè, tabacco e liquirizia. In bocca è sapido, caldo, robusto e con una buona persistenza. Anche i tannini sono morbidi e maturi. Ci mangerei insieme un cosciotto di maiale speziato al ginepro, oppure un arrosto di spalla di agnello con pepe nero. È un vino da bere in un'occasione speciale. Per esempio voi due in cima a quella montagna."
Oscar "Mi piace che Shigeru ci dica anche cosa gli piacerebbe mangiare con questo vino. Perché i vini fanno venire fame di cibi specifici. Beppe, sei d'accordo con gli abbinamenti che ha fatto Shigeru?"
Beppe "Non tanto. Io ci mangerei una 'tuma' di Langa, non lo abbinerei con le carni forti. È molto buono ma io lo trovo un po' basso di acidità. A me piacciono i vini ad alto tasso di acidità."
Oscar "Quindi ti piace la Barbera."
Beppe "Sì, io sono un appassionato di Barbera, dopo il Nebbiolo. La Barbera è un grandissimo vino, purtroppo è stato disprezzato perché si diceva che era il vino del bottiglione (noi per la verità lo chiamiamo pintone), dell'ubriacone. Ha una enorme capacità di adattamento ai climi, ai suoli, non è difficile come il nebbiolo e il dolcetto. E poi invecchia tanto e bene. Io faccio 5000 bottiglie di Barbera."
Oscar "E degli altri vini quante?"
Beppe "3000 di Dolcetto, 15-16.000 di Barolo e 5-6000 di Nebbiolo."

Le femmine leggono anche quello che non è scritto

Oscar "Alla fine fa sempre circa 30.000. E per il futuro cosa prevedi?"
Beppe "40.000."

Oscar "Allora prevedi un incremento di circa il 30%." Me la rido, "Ti informo che è un tasso di crescita da multinazionale. Perché prevedi l'incremento?"
Beppe "È giusto così. Vorrei che questa azienda fosse più razionale, ho troppi macchinari, ho la mania di avere tutto, di essere autarchico, ma è sbagliato, lo so. Lo faccio perché ho bisogno di sicurezze!"
Oscar "Alle figlie glielo hai fatto questo discorso?"
Beppe "Non c'è bisogno, lo vedono. Le femmine leggono anche quello che non è scritto! Hanno le antenne sensibilissime."
Oscar "Ti guardano, e poi fanno come te o diversamente da te?"
Beppe "Per il momento mi seguono abbastanza."
Oscar "Ho notato che oggi al primo bicchiere già parlavi di tuo padre. Di solito ne parli quando sei alticcio, cioè circa all'ottantaduesimo bicchiere." Mi permetto questa confidenza perché conosco molto bene Beppe e gli voglio bene. "Oggi mi hai trasmesso l'idea di un grande idillio, di essere innamorato pazzo di tuo padre... e io lo apprezzo molto."
Beppe "Non è vero."
Mente sapendo di mentire.
Oscar "Mi sono informato, da Carlin e da una sacco di altra gente. Tutti mi hanno confermato che tuo padre è stato un grandissimo uomo. Perché tu avevi scontri con lui?"
Beppe "Mio padre aveva un caratteraccio, ha avuto una formazione militare, è stato un convinto assertore dell'ordine e della gerarchia, però era un democratico. Era capitano di artiglieria alpina, particolarmente autoritario. Qualità che aveva ereditato da sua madre che in famiglia era sicuramente il carattere dominante."
Oscar "I primi scontri quando avvengono? Già nell'età della pubertà e dell'adolescenza?"
Beppe "Da subito. Mio padre è tornato dalla guerra distrutto sia fisicamente, sia moralmente. Avevamo liti furibonde, lo insultavo ferocemente. Una volta, durante una discussione piuttosto accesa mi ha sbattuto sul tavolo delle foto di guerra dicendomi: guarda cosa mi facevano fare alla tua età!"
La guerra, quella guerra, è ancora alle radici del nostro presente. Da queste parti, in Langa, si sentono ancora i racconti del tormento vissuto dai militari mentre prendevano atto della realtà del regime e del suo esercito. Ci sono traumi personali che hanno segnato la vita dei

figli e continuano a condizionare i comportamenti, come ci sta raccontando Beppe.
Beppe "Mio padre era in Albania. In quei tempi c'erano molti disertori, vittime dell'ignavia e dell'incapacità del nostro esercito che li mandava allo sbaraglio. Se questi disertori venivano beccati durante i rastrellamenti, venivano fucilati! A mio padre toccava fare le foto prima e dopo le fucilazioni. Poi queste foto venivano mandate al Ministero, mentre alle famiglie si diceva che erano morti in combattimento. Dopo questo per mio padre è subentrato il disincanto, il rifiuto di tutto quello che aveva vissuto. Guardando quelle foto, diceva: 'Noi siamo stati dei pazzi, questo era un mio soldato'."
Oscar "Quindi a seguito di tutti questi scontri con tuo padre, decidi di fare il veterinario."
Beppe "Non proprio, avevo comunque fatto la Scuola Enologica e ne sono contento, poi però…"
A questo punto Beppe ci racconta la sua ammirazione per un veterinario che abitava nella casa di fronte alla sua, il quale inventa nel 1905 le pinze per castrare i vitelli, vendute in tutto il mondo, e si arricchisce smisuratamente con questo brevetto. Denari abbondantemente destinati alla beneficenza, in particolare all'ospedale di La Morra. Una piccola perla di Langa dimenticata, che gli piace ricordare. Il veterinario si chiamava Burdizzo. Beppe è fatto così, quando gli viene in mente una cosa la racconta ed è capace di saltare di palo in frasca, riuscendo tuttavia a mantenere l'attenzione su di sé come pochi sanno fare.
Così, attraverso un bel racconto, inframmezzato di dialetto, si capisce l'origine della passione per gli animali che lo porta a iscriversi a Veterinaria. E, mentre ci godiamo queste chiacchiere, assistiamo a un via vai di clienti che se ne vanno a mani vuote perché il Barolo non c'è e lui non ha più vino da vendere. Il Barolo finisce rapidamente da queste parti. Passa una coppia di tedeschi, Beppe li saluta sorridendo. Poi mi guarda e dice: "Una volta in Langa, quando si sentiva parlare tedesco, si scappava sulle colline."

Mio padre non ha mai imbottigliato perché non aveva pazienza

Beppe "Però anche mentre facevo il veterinario abitavo qui e lavoravo in cantina, mio padre non ha mai etichettato una bottiglia, non

aveva pazienza. Toccava a me. Certi lavori, imbottigliare, etichettare, mio padre non li voleva fare. Li considerava adatti solo a chi aveva la fronte alta e inutilmente spaziosa."
Me la rido grassa e dico: "A lui il vino piaceva solo farlo, non gli interessava neppure venderlo!"
Beppe "Non facevamo solo il vino, avevamo anche le bestie nella stalla, facevamo un po' di grano, avevamo due maiali, io allevavo i conigli… Come si faceva allora, eravamo quasi autosufficienti."
Oscar "Che bello!"
Beppe "Io ci tornerei! Adesso vorrei tornare a mettere le api."
Oscar "Questo padre che ama fare il vino ma non gli importa di occuparsi del resto mi piace molto. E come avviene che molli la professione di veterinario e torni a fare il vino a tempo pieno?"
Beppe "Sono stato obbligato perché mio padre si è ammalato gravemente. Lui ha sempre intrattenuto i clienti sotto quella palma a chiacchierare per ore. Però fino ai tempi di mio nonno il vino si vendeva solo sfuso, a parte il Barolo che si vendeva in bottiglia. Lui spediva le damigiane dalla stazione di Monchiero, che adesso non c'è più, fino in Liguria. Ho ancora le lettere che mio nonno scriveva a mia nonna quando andava in giro a vendere. Tra i suoi clienti l'Hotel de Paris di Montecarlo!"
Tra il palo e la frasca, Beppe sembra una scimmia ballerina.
Oscar "Tuo padre, malato, assiste al passaggio dell'azienda?"
Beppe "In realtà non ho mai smesso di fare il vino anche quando facevo il veterinario per l'Asl."
Tintinnio di calici: uno Chardonnay di Planeta. "Lo conosci, Beppe?"
Beppe "Sì, una volta lo barricava di più, adesso meno. Non è tanto 'segheria'. Lo sentite l'effetto segheria voi?"
Oscar "Io lascio rispondere a Shigeru, che tra noi è quello che se ne intende di più."
Altro che segheria! A Shigeru questo vino piace, eccome.
Shigeru "Questo è un vino che ha cambiato l'immagine della Sicilia verso la piacevolezza. Chardonnay 100%, dal 1985. Il colore è di un giallo intenso con riflessi verdi. Al naso sento frutta come pesca, albicocca, mela golden e ananas. Poi c'è anche un sentore intenso di miele di zagara. In bocca è morbido, fresco, scorrevole ed equilibrato. Mi piacerebbe berlo con un fritto di pollo e ricotta con papaia, oppure con una zuppa di cipolla alla parmigiana, ma va bene anche

con scaloppine e salsa di frutta esotica, oppure pesce al forno con erbe aromatiche. Lo metterei anche su un formaggio Bra giovane. Insomma, è un vino straordinario che va bene un po' su tutto. Provo a immaginare di berlo sulla Sky Tree di Tokyo, la torre più alta del Giappone, 643 metri."
Oscar "Sei d'accordo?"
Beppe "A me 'sto giapponese mi sembra un po' fuori di testa. Comunque sui profumi e sui sapori ha ragione. Sente giusto."
Shigeru "Strano!" Shigeru è ironico. Sta imparando, il giapu!
Ritornando sulla storia di Beppe sprofondiamo subito in una vicenda di terreni comprati o scambiati con i vicini. Nulla di importante perché la dimensione dell'azienda non cresce nella gestione di Beppe come concordato con il padre: 30.000 bottiglie tutta la vita!
Qui però la storia si intristisce ricordando un episodio terribile: il fratello di Beppe, l'unico fratello, Paolo, muore in mare poco più che ventenne in un incidente di vela. Accade nel 1974, il giorno di Pasquetta, in Liguria. Sulla piccola barca a vela ci sono Paolo, Beppe e altri due amici. Il mare diventa improvvisamente brutto, la barca si capovolge. Tutti si salvano tranne Paolo. Beppe è lì, tenta disperatamente di salvarlo, ma non ci riesce. Rimane aggrappato alla barca finché non lo raggiungono i soccorsi. Ora Beppe ha gli occhi lucidi, smette di parlare.
Oscar "Sarebbe qui con te ora a fare il vino?"
Beppe "Sicuramente. Ecco, con lui forse saremmo cresciuti. Magari avremmo fatto 50.000 bottiglie." Cambio discorso.
Oscar "So che ti sposi due volte: una prima volta senza figli e vi siete lasciati. Poi conosci Annalisa e ti risposi."
Beppe "No, è lei che sposa me!"
Simona mi sussurra: "Parla proprio come mio padre, ma cosa crederanno di avere di speciale questi langhetti, per pensare che tutte le donne non sognino altro che di farsi sposare da loro?!"
Beppe "Le donne a un certo punto vogliono fare figli. Io non ho mai avuto una particolare spinta a figliare."
Oscar "Ma come? Neppure per la continuazione dell'azienda?"
Beppe "Ma ero giovane..."
Oscar "Quando è nata Marta avevi trentasette anni!"
Beppe "No! Non ne avevo trentasette..."
Un buon cinque minuti se ne va con l'aritmetica elementare. Ma io,

com'è noto, amo i numeri. Più volte sottraggo l'età di Marta a quella di Beppe. Alla fine è costretto ad ammettere, anche se a malincuore, che ho ragione, alla nascita della primogenita ha proprio trentasette anni! Vista la sua scarsa attendibilità interviene Tigre-Annalisa a ristabilire le verità di famiglia. Nascono quindi due figlie femmine per la gioia del papà, ma nel malcelato disappunto del nonno, il quale pensava, con lo spirito del tempo, che il futuro del suo vino sarebbe stato meglio salvaguardato da progenie di sesso maschile.
Oscar "Anche tu lo pensavi?"
Beppe "No!"
Oscar "Sei contento che le tue figlie abbiano invece deciso di continuare la tradizione di famiglia?"
Beppe "Moltissimo!"
Detta così, la parola è di una bellezza inaudita! Mi interessano sempre molto le dinamiche famigliari. I cambiamenti di prospettiva indotti dalla nascita dei figli, le reazioni delle società rurali e tradizionaliste all'evoluzione del pensiero, soprattutto le modalità con le quali le rivoluzioni si riverberano nella vita di tutti i giorni e ne influenzano gli accadimenti. Figli maschi contro figlie femmine, ossia la pari opportunità trasferita, con quanta fatica, negli aspetti più elementari del progredire.
Oscar "E poi sono sicuro che tu sei molto contento che le tue figlie la pensino come te nella conduzione di questa azienda. Questo è un valore per il territorio."
Beppe "Io sono anche convinto che loro faranno meglio di me."
Oscar "Anche io penso che i miei figli faranno meglio di me. Un padre che non pensa questo dei suoi figli non è un buon padre!"
Beppe "Anche perché i figli capiscono se tu non sei sincero e non hai stima di loro, soprattutto se sono femmine!"
Tento di sondare questi concetti di arte che si tramanda. Voglio capire come un pensiero così pulito e senza sbavature, che porta a un processo di vinificazione assolutamente genuino, può conservarsi e nello stesso tempo evolvere per continuare a vivere.
Beppe "Penso che per far bene le cose bisogna aver fatto studi specifici, enologia, agraria, ma senza lasciare che la scienza ammazzi la conoscenza, cioè senza perdere la ricchezza dell'esperienza del passato."
E, aggiungo io, "Senza lasciare che scienza e conoscenza ammazzino la coscienza!"

Beppe "Sarebbe una grandissima presunzione disconoscere l'esperienza che ha sedimentato nel corso dei secoli certe prassi, certe abitudini nel coltivare la vite, nel fare il vino, nel tenere le botti. Ci sono in ballo il lavoro e l'impegno delle generazioni che ci hanno preceduto."
Sulla storia del vino pesano almeno cinque millenni di corsa verso la perfezione e questi personaggi che stanno costruendo in modo grandioso l'immagine del nostro vino se li sentono proprio pesare sulle spalle: è come se considerassero un affronto personale l'innovazione per se stessa, quella che troppo si discosta dalla storia e dal pensiero diffuso e tramandato. Vedremo come. Nelle nostre visite coglieremo due percorsi sostanzialmente diversi nel progredire verso il meglio e come questi due diversi percorsi influenzino e caratterizzino i metodi, le manipolazioni, l'approccio di degustazione e infine anche i rapporti tra i grandi del vino dell'una o dell'altra scuola.
Beppe "L'osservazione e il meditare sull'avvenuto era l'unico metodo del passato per cercare il miglioramento. I vecchi non avevano il microscopio. I nostri bisnonni sapevano che il vino fermentava ma, finché Pasteur non ha scoperto i lieviti, non si sapeva perché fermentava."
Oscar "Il compito della scienza è sciogliere i misteri – questa mi è venuta bene, e allora decido di sdrammatizzare – e adesso vediamo di sciogliere il mistero dello Shigeru-pensiero sullo spumante che ho portato per la Tigre che ne ha due palle dei tuoi vini rossi, sempre e solo Nebbiolo, Dolcetto e Barbera!"
Ecco uno spumante "metodo classico", che in Langa si fa da circa centoquarant'anni. Il primo è stato Gancia, che ne importa il metodo da Reims, qualche decennio più tardi comincia anche Fontanafredda. Abbiamo quindi un certo know-how nel trattare chardonnay e pinot nero, per ottenere bollicine fermentate in bottiglia.
Oscar "Cosa ne pensi Beppe?" Stiamo assaggiando il mio Alta Langa Contessa Rosa Brut Riserva 2008.
Beppe "Molto bene!"
Oscar "Questa è una novità assoluta, una ricerca che ho fatto personalmente per dare all'Alta Langa una personalità. Il segreto dei produttori di Champagne sta nel *liqueur d'expédition*: alcuni aggiungono Armagnac, Cognac o altro. Noi aggiungiamo Barolo 1967, lo senti nel sapore e nel profumo? Lo vedi nel colore?"
Beppe "Sono un appassionato di Champagne. D'altronde per porta-

re una donna a letto quando mai si pensa al Moscato o al Barolo? Solo Champagne! Come nella canzone di Peppino di Capri. Lo Champagne e le bollicine non possono non piacere!"
Ecco fatto! Nella lingua della Langa abbiamo descritto una precisa operazione di marketing di valenza mondiale. I francesi sono stati capaci di legare un vino a un valore metafisico forte: l'amore, gli anniversari, il corteggiamento. Ma noi... Pavese che è dei nostri diceva: "Il Barolo è un vino per fare l'amore nei giorni d'inverno, ma queste sono cose che solo le donne capiscono!". Persino Gaja bevendo un Barolo ci ha detto "È un vino sexy!". Però, non c'è verso. I francesi sono per ora imbattibili nel saper caricare di valori immateriali i loro prodotti.
Beppe "Tornando alle bollicine... il *liqueur d'expédition* è un'aggiunta che serviva a mantenere il livello qualitativo del vino anche nelle annate difficili; poi è diventato un connotato specifico dell'azienda, per rendere ben identificato il prodotto."
Oscar "Per questo penso che aggiungere il Barolo come *liqueur d'expédition* possa diventare negli anni un elemento identitario formidabile."
E qui Beppe parte in un ennesimo volo raccontandoci i tentativi ottocenteschi di utilizzo di uve nebbiolo per ottenere Champagne, per ovviare alla scarsità di materia prima originale. Nomi altisonanti: marchesa Falletti, generale Staglieno, consulenti francesi che fanno Champagne a Genova. Forse abbiamo esagerato con le degustazioni e allora voglio sondare la nota obiettività del mio amico.
Oscar "Cos'hanno i francesi più di noi?"
Beppe "Loro nascono con Giovanna d'Arco e le prime leggi di tutela dello Champagne sono del Settecento. Noi nasciamo nel 1861 e forse non siamo ancora nati del tutto. Loro hanno una dignità e un orgoglio che noi italiani non riusciamo ancora ad afferrare. Coscienza e forte convinzione del valore reale dei propri territori e dei propri vini."
Oscar "Questo orgoglio li porta a traguardi per noi ancora inarrivabili. Noi facciamo 47 milioni di turisti, loro 80; il Louvre da solo incassa più di tutti i nostri musei messi insieme; loro esportano 11 miliardi di vino e noi 5." Adesso però Shigeru è pronto a raccontarci queste bollicine e sono curioso di sentire come le descrive.
Shigeru quando beve bollicine chiude gli occhi e cambia espressione. Come tutti i buoni bevitori adora lo Champagne.

Shigeru "Il colore è di un giallo forte, con una leggerissima tendenza al rosa. Si coglie la contaminazione del Barolo. Al naso il pinot nero prevale sullo chardonnay, sembra di sentire un vino rosso: frutta secca e molti minerali. Molto importante il dolce profumo della crosta di pane. Al palato è fragrante, le bollicine mi riempiono la bocca. C'è sapidità e freschezza ma soprattutto è molto lungo. È uno di quei pochi vini con i quali si può mangiare il carciofo, ma suggerirei un carciofo ripieno. Perfetto con antipasti di mare e salumi e anche con una mozzarella di bufala affumicata. Però il piatto di cui mi fa venire più voglia questo vino è un sushi con uova di salmone e ricci di mare, senza esagerare con la soia."
A tutti è venuta l'acquolina in bocca, ma la faccia più estasiata è quella di Annalisa. L'ho portato apposta questo vino. So che è uno dei suoi preferiti.

Il sesso? Troppo faticoso!

La Tigre, attenta a seguire i nostri deliri, va a cercare il Cannubi per la degustazione successiva. Ne approfitto per introdurre un argomento pruriginoso, giocando sull'effetto degustazioni multiple ravvicinate.
Oscar "Una volta, durante un'intervista importante, il giornalista, dopo quaranta domande sul vino, ti ha chiesto cosa pensavi del sesso e tu hai risposto: 'Il sesso? Troppo faticoso!' Puoi dirmi adesso cosa volevi dire?"
Beppe "È un pensiero che deve restare incompiuto. Ognuno deve trovare la sua conclusione."
E sorride, sorride sornione come si usa da queste parti quando si mischia il vino a discorsi sul sesso.
Beppe "La continuità della specie, che è legata al sesso, può essere molto pesante o anche molto leggera. Il sesso prende le stesse caratteristiche, o molto piacevole o molto faticoso."
Adesso ci provo con Simona. "Hai capito, Simona?" Lei si imbarazza un po', ma non mi aiuta, è arrossita.
Beppe "Dare continuità alla specie può essere molto pesante…"
Oscar "Dipende dalla specie che ne risulta, no?"
Beppe "Quindi anche il sesso può essere molto faticoso. Non voglio aggiungere altro."

L'incompiuto è bello

Provo a interpretare. Ci sono tre grandi pensieri che stanno nella testa e nel cuore degli uomini a tutte le latitudini: la ricerca dell'utopia, ovvero la pianificazione del proprio futuro; la paura della morte, con la ricerca del suo superamento; la grande questione della procreazione, banalizzata con la parola sesso. Di questi tre rovelli l'ultimo è un pensiero in ascensore e non sai mai a che piano si ferma. Se si ferma ai piani bassi, ti vengono in mente le scene d'alcova, le fatiche materiali e tecniche (qualche volta anche professionali) per arrivare a procurare e procurarsi piacere. A volte per qualcuno è fatica. Se si ferma ai piani intermedi ti vengono in mente le pantomime del corteggiamento, le prede che si credono cacciatori, la donna che con il suo sì decide di fatto la qualità delle generazioni future e, visto il tema, ti vengono in mente i fiumi di Champagne necessari. Se si ferma ai piani alti, l'affermazione "il sesso è fatica" sembra un bilancio di vita, una valutazione ex post del risultato, della progenie, del futuro che si prospetta. Sembra l'affermazione di un disilluso che vede maturare lacrime e sangue e quindi il sesso, che ne è l'origine, può essere fatica sprecata. Chissà se è questo che intende.
Il pensiero di Beppe resta poeticamente incompleto e sospeso. Il grandissimo Tonino Guerra *docet*.
Beppe "Cercare la compiutezza è una forma di presunzione. Solo Dio è compiuto e perfetto. La fede stessa, in qualunque forma, non può essere che un dubbio."
Vero! Ma mi sembra che l'ascensore sia salito troppo. Torniamo giù e facciamo tintinnare i calici. Propongo di bere la birra di Teo Musso, Terre 2010, quella invecchiata nelle botti del vino rosso.
Oscar "Cosa ne pensi?"
Beppe "Non fa parte delle categorie della birra: questa è un'altra cosa, questa mi piace. Considero la birra una bevanda, peraltro frutto di grandissime elaborazioni, che parte da una materia prima che è l'orzo." Difficile qui rendere il tono con cui viene pronunciata la parola "orzo", come se parlasse di materia vile, adatta al massimo per fare del finto caffè.
Oscar "Torniamo al futuro dei nostri vini. Parliamo del Consorzio. Sei responsabile di avermi coinvolto in una delle serate più noiose e inutili della mia vita, quando mi hai portato a un'assemblea del

Consorzio nella quale si doveva eleggere il presidente. C'erano due candidati. Mi aspettavo di ascoltare le loro relazioni programmatiche per poter scegliere. Invece niente, sono passati direttamente al voto. Come avrei potuto decidere chi dei due era il migliore per il futuro dei nostri vini? C'era tanta gente che stava lì passiva e votava senza discutere. Perché? Tra poco si rielegge il presidente. Cosa pensi?"
Beppe "Spero in un cambiamento. La zona avrebbe bisogno di una progettualità lungimirante."
Oscar "Abbiamo esempi di consorzi che funzionano in Italia?"
Beppe "Nessuno!"
Anche in questo i francesi sono più seri. Noi italiani non siamo capaci di fare gruppo. Abbiamo un patrimonio immenso che chiede solo di essere raccontato al mondo. Non mancano i singoli campioni che lo sappiano fare. E le istituzioni dormono, anche quando eleggono i propri rappresentanti.
Beppe "Gli uomini migliori si ritraggono. Ma forse anche perché le aziende sono eccessivamente cariche di oneri burocratici che costringono l'imprenditore a un impegno notevole, a incombenze insulse e dannate, che non lasciano libertà per la cura degli interessi comuni, del territorio. In più nei consorzi si affrontano sempre due anime: la lobby dei negozianti e l'individualismo dei produttori. I negozianti puntano ai grandi numeri e alla globalizzazione. I produttori artigianali, oltre a vivere di invidie e di pochezze, hanno anche la grandissima pecca di isolarsi socialmente, nonostante siano lo scheletro sano della zona. Sono le piccole aziende che hanno valorizzato questo territorio. Purtroppo però i piccoli hanno agito individualmente e questo non è bene."
Oscar "Questa nostra incapacità di fare cose insieme è atavica?"
Beppe "È retaggio dei feudi. Infatti nei consorzi manca la circolazione delle informazioni, la rete, la democrazia. Quelli che se ne vanno lo fanno per questa ragione. È più facile dominare se tieni le persone nell'ignoranza. La storia ce lo insegna."
Il Consorzio come metafora del Paese! Chissà se un presidente esterno di grande caratura, come Carlin Petrini, per esempio, verrebbe accettato. Probabilmente lui ha cose ancora più importanti da fare. Però sarebbe una gran cosa...
A questo punto tocca alla politica.

Oscar "Adesso che sappiamo come è andata, cambieresti il tuo voto alle Politiche?"
Beppe "Sì. Lo darei a Renzi."
Rispondono quasi in coro, Beppe e Annalisa. Parlavo delle Politiche, hanno risposto sulle primarie. Ma è chiaro il concetto. Son contento, penso, non è mai troppo tardi.
Oscar "Cosa pensi succederà adesso?"
Beppe "Adesso è un casino, non capisco perché lo chiedi a me."
Oscar "Tu che hai fatto tante vendemmie, secondo me, ne sai più degli altri. Chi fa le vendemmie capisce di più."
Beppe "Mio padre non poteva pensare che ci fosse uno nell'ambito della famiglia che non collaborasse. Quando ho imparato a muovere le mani mi ha messo in vigna a lavorare. Me ne ha fatte fare di vendemmie…"
Oscar "Quindi per te consideriamo cinquantuno vendemmie, a partire dai quattordici anni. Di cui venticinque da capo d'azienda. Ho fatto bene i conti?"
Beppe "Sì, va bene. Fa' tu con i numeri."
Shigeru vuol parlarci della birra Baladin Terre 2010 e parte: "Mi ricordo che Teo Musso mi ha regalato un Cd di musica spagnola. Era il 9 settembre del 2008 – incredibile la precisione di questi giapponesi –. Una musica calda e sexy come questa birra che sembra vino…"
Ma noi l'abbiamo interrotto. La birra era già finita, così buona e fresca che ce la siamo bevuta in un sorso. Avevamo voglia di Barolo.
Oscar "Shigeru, fai una bella scheda su questa birra, ora tocca al Barolo di Beppe."
Annalisa torna dalla cantina con una bottiglia di Cannubi 2009, senza etichetta, appena imbottigliato. Naturalmente delle annate precedenti non c'è ombra. Tutto venduto. Salvo alcuni magnum che Citrico conserva gelosamente per serate che meritano, con i veri amici. Mi onoro di aver partecipato ad alcune di queste. Vini strabilianti. Ma ora sono così curioso di provare in anteprima il suo Barolo 2009. Mai bevuto in vita mia un Rinaldi così giovane.
Beppe "Dai, lascia perdere, l'ho appena imbottigliato. Non è pronto."
Col cavolo che lascio perdere.
Oscar "Annalisa, stappa. Non ascoltarlo… come giustamente fai di solito."
E, come al solito, il Barolo di Beppe è una meraviglia. Mi lecco i

baffi, visto che ho la fortuna di averli. Che buono! A me i vini di Citrico piacciono tanto. Peccato ne faccia così pochi! Stavolta a Shigeru lasciamo descrivere il Cannubi. Impossibile contenerlo.
Shigeru "Questa collina esposta completamente a sud è mitica. Dà al vino un'eleganza incomparabile. Nel naso sento fiori di rosa e viola. Sento ciliegia, erbe, molte erbe, pepe e liquirizia. Ma sento anche pietra, la pietra di Langa. In bocca è sapido, caldo, ha un bel corpo, ma si sente che deve maturare in bottiglia ancora un po'. Questi tannini così vellutati sono tipici di Cannubi. Lo abbino con un brasato al Barolo, ma fatto con lo stesso Barolo. Anche una lepre in umido con pepe verde e poi formaggi stagionati. Qui in Piemonte ne avete una scelta straordinaria."
Sul Cannubi 2009 chiudiamo parlando di futuro.
Oscar "Come sono le tue figlie? Simili tra loro?"
Beppe "Sì!"
E **Annalisa**: "Hanno preso entrambe un'intelligenza superiore alla mia, ma anche alla sua!"
Oscar "Avete una sincera stima delle vostre figlie. Siete proprio una bella famiglia!"
Ce ne andiamo. Mi resta una domanda che non gli faccio. Magari in futuro. Forse quando leggerà mi chiamerà... dal fisso. Lui il cellulare l'ha buttato via.
Perché il sesso è fatica se il risultato sono due figlie di cui essere così orgoglioso? Ma, soprattutto, perché tendere alla perfezione nei processi di vinificazione, attraversare stagioni avverse, arrovellarsi sui risultati, faticare di vendemmia in vendemmia, passare una vita a meditare sul significato del vino in questo territorio particolare e nel mondo in generale, parlare per ore della storia di famiglia non fa dire neppure per un istante a Citrico: "Il vino? È faticoso!"

Schede enologiche dei vini degustati con Beppe Rinaldi
Shigeru Hayashi

Civitella Rosso 2010 Sergio Mottura
Tipologia rosso
Uve 80% merlot, 20% montepulciano
Vinificazione e affinamento fermentazione in acciaio, affinamento di 6 mesi sempre in acciaio
Zona di produzione Lazio

Colore rosso rubino impenetrabile. Al naso lascia emergere il frutto (prugna), cui seguono pepe nero, sottobosco e liquirizia.
In bocca è sapido, asciutto, rotondo, con decisa schiena acida.
Tannini maturi, finale lungo e armonico.

Abbinare con fritto misto di carne, spezzatino di maiale al ginepro, arrosto di spalla di agnello al pepe nero. Assaggiatelo con Parmigiano Reggiano o Grana Padano stagionati.

La scommessa non era solo di fare un vino buono, era di fare un grande vino rosso nella terra dei vini bianchi. Sergio Mottura ci è riuscito e tutte le volte che assaggio questo blend (uve internazionali e autoctone) mi emoziono come la prima volta!

Chardonnay 2009 Planeta
Tipologia bianco
Uve 100% chardonnay
Vinificazione e affinamento fermentazione e affinamento in barrique per metà nuove, per metà di secondo passaggio
Zona di produzione Sicilia

Colore giallo dorato con riflessi verdi. Al naso emergono cenni fruttati di pesca, albicocca, mela golden e ananas. Sentore di miele sul finale. In bocca è morbido, fresco, scorrevole ed equilibrato.

Abbinare con fritto di pollo, ricotta alla papaia, zuppa di cipolla alla parmigiana o scaloppine con salsa di frutta esotica. Perfetto con pesce al forno ed erbe aromatiche.

Un bianco incredibile, capace di cambiare l'immagine del vino siciliano negli anni ottanta. Non mi stanco mai di berlo, e vorrei degustarlo sulla cima della Tokyo Sky Tree, una torre di 643 metri, che è il punto costruito più alto del Giappone. Anche questo è il punto più alto della Sicilia.

Alta Langa Contessa Rosa Brut Riserva 2008 Fontanafredda
Tipologia spumante
Uve pinot nero e chardonnay
Vinificazione e affinamento dopo la prima fermentazione (metà in acciaio, metà in barrique), si effettua la cuvée e avviene la seconda fermentazione in bottiglia, dove lo spumante affina a lungo sui propri lieviti
Zona di produzione Piemonte

Colore giallo paglierino intenso e perlage intrigante e compatto. Al naso è complesso e ricco, con note di frutta secca, crosta di pane e lieviti. In bocca è fragrante, sapido, fresco e persistente.

Abbinamento con antipasto di mare e salumi. Ottimo con mozzarella di bufala affumicata, carciofo ripieno, sushi di uovo di salmone e riccio di mare con salsa di soia e sakè.

Non mi stancherò mai di ripetere che le bollicine sono fantastiche a tutto pasto o senza cibo.

Fontanafredda e Gancia sono state le prime cantine in Piemonte a produrre spumanti con il Metodo Classico, cioè con lo stesso metodo dello Champagne. Per me il Contessa Rosa è un vino super sexy. Il segreto forse sta nel *liqueur d'expédition*: Barolo Borgogno 1967!

Baladin Terre 2010
Tipologia birra Barley Wine
Materia prima di partenza: riso nerone di Cascina Belvedere e orzo dei poderi di proprietà
Vinificazione e affinamento affinata a lungo in botti e barrique all'interno della Cantina Baladin
Zona di produzione Piemonte

Colore ambrato carico. Al naso sprigiona con forza note di orzo, ciliegia, prugna, vaniglia, caffè, tabacco e noci. In bocca è calda, morbida, dolce e strutturata. Sul finale, lungo e armonico, si sentono l'orzo tostato e il caramello.

Ve la consiglio con fonduta piemontese, anguilla fritta con salsa di marasca e orzo tostato, stinco di maiale con cipolline e aceto balsamico. Ma è perfetta anche come birra da meditazione.

Un'altra magia di Teo Musso, il regalo fatto alla sua "terra" di Piemonte. Vorrei sempre averne una bottiglia con me, mi dà sicurezza e so che mi fa stare bene. Il 9 settembre 2008 Teo mi ha regalato un Cd: ogni volta che lo sento, penso alle sue birre e sono felice!

Barolo Cannubi San Lorenzo-Ravera 2009 Giuseppe Rinaldi
Tipologia rosso
Uve 100% nebbiolo
Vinificazione e affinamento lunga macerazione, affinamento di 3 anni in botte grande, riposo di 1 anno in bottiglia
Zona di produzione Piemonte

Colore rosso rubino granato con unghia aranciata. Al naso scopriamo note di rosa e viola, ciliegia, erbe aromatiche, pepe nero, pietra focaia e liquirizia. In bocca è sapido, caldo, di corpo robusto ma senza ruvidezza. Tannini fini.

Abbinare con brasato al Barolo, lepre in umido al pepe verde, filetto di manzo alla piastra con pepe rosa e wasabi. Ottimo con selvaggina e formaggi stagionati come toma o gorgonzola piccante.

Un Barolo, uno stile, una terra. Un uomo: Beppe Rinaldi, il profeta che vede lontano. I suoi vini sono i più slow del mondo: puoi aprire una bottiglia oggi, partire per una vacanza alle Hawaii, tornare tra un mese e il vino sarà appena appena pronto per essere bevuto: però che godimento!

Vigneti Massa: Walter Massa
Gli occhi che ridono, le braccia che abbracciano

Ciò che segue non è soltanto il racconto di una persona, Walter Massa. È il racconto di un vino, il Timorasso, reinventato di sana pianta da lui. È il racconto di un territorio di frontiera, tra province e regioni del Nord-Ovest italiano, alla ricerca di un'identità. È il racconto di un pranzo felliniano sulla piazza di un paesino, con un gruppo di persone speciali, organizzato in nostro onore da un fenomeno: Walter Massa.

Il vino è un equilibrio sopra la follia

Monleale non è un posto di passaggio. Niente a che vedere con la via francigena per le Gallie di cui ci ha parlato Costantino. A Monleale bisogna venirci apposta. Si arriva da Tortona, puntando verso le colline che emergono dal pianalto tra Alessandria e Pavia. Guardando verso sud si vedono i monti e le piccole valli attraverso le quali arriva la brezza del vicino mare di Genova. Sarà questo insolito incontro tra venti di frontiera che dona al Timorasso i profumi e i sapori sublimi dei luoghi perduti. Qui vicino c'è Volpedo, famosa per aver dato i natali al pittore Giuseppe Pellizza e per le favolose pesche. A Monleale Alto c'è Walter Massa, diventato famoso per il suo vino: un bianco che sa invecchiare bene quanto il Barolo.
Mon-le-a-le, che è come Shigeru pronuncerebbe il nome del paese perla del palermitano: "Monreale". Scherziamo tra noi già scendendo dall'auto. È un'altra favolosa giornata di primavera, siamo di ottimo umore e il posto ci piace subito.

"Zoccolo" è il primo degli amici di Walter che vediamo. A metà mattinata lui è inginocchiato e chino su una grande casseruola sopra un precario fornello a gas appoggiato a terra, sul selciato della piazza. Zoccolo, che naturalmente si chiama così perché otto mesi l'anno non porta le scarpe (e non le ha nemmeno oggi), è un cuoco e ci sta preparando il pollo per il pranzo. Di polli ce ne saranno almeno cinque nel pentolone. Hanno passato una vita gioiosa in un'aia di una cascina qui vicino – ci assicura – e mangiato solo cose naturali, mai visto mangimi. Fantastico! Ho già capito che oggi avremo grandi sorprese... come siamo fortunati!

Walter ha gli occhi che ridono e quando saluta, lui abbraccia. Quindi ci abbracciamo e poi entriamo in casa sua per posare le quattro bottiglie che gli abbiamo portato. C'è un bel fresco, le finestre che danno sulla valle sono spalancate ed entra aria. Questo è il posto in cui vive lui, sua mamma, la grande e amata mamma di questa famiglia, la sorella di Walter con il marito e i tre nipoti (una femmina, la principessa, e due maschi). Il figlio di Walter vive invece con la mamma a Tortona, una storia speciale, poi ne parleremo. In casa ci stiamo solo un attimo perché Walter ci vuole portare a vedere le sue vigne che, dice, "sono a cento passi da casa". Cento passi sono pochi, ma ci bastano per incontrare uno dei nipoti di Walter, Edoardo, mentre guida, deciso, il trattore. "Ma ce l'hai la patente?" – gli chiedo –. Certo che non ce l'ha, avrà tredici anni...

A questo punto ho già capito che per parlare del vigneron Walter, devo prima parlare dei suoi trattori. Non si può raccontare davvero la storia di uno come lui se non si capisce quanto i cingolati siano importanti per un'azienda come la sua. I trattori sono ovunque: nell'aria perché si sentono mentre sono al lavoro, nel paesaggio da dove emergono come punti di colore, nei garage aperti da dove fanno capolino mostrando tutta la loro bellezza, nell'immaginario dei bambini che, guidando un trattore, sentono di essere già adulti. I trattori sono le braccia e le gambe del contadino moltiplicati per mille e saperli usare rappresenta un'arte che mette in equilibrio l'agricoltore con la sua terra. Il vero contadino sa portare il trattore con sapienza e leggerezza per non far male alla propria terra, volteggiando sulle colline come Soldini sa fare sulle onde dell'oceano.

Cento passi dopo ci troviamo affacciati a uno scorcio di paesaggio di viti che ci ricorda che, oltre alla frutta, qui intorno di uva se ne produce molta, questi territori sono vocati anche al vino.
Un anfiteatro naturale completamente vitato che ci ricorda le Langhe e che non ci aspettavamo da queste parti. Guardando dall'alto si intuiscono appena le epoche diverse di impianto. Walter ci racconta che la tradizione vinicola del posto è antica quanto quella delle Langhe. "Se non di più", dice lui. L'orgoglio di Walter per la sua terra è smisurato.
Oscar "Il mestiere lo hai imparato da tuo papà o da solo?"
Walter "L'ho imparato con uno specchio davanti e spinto dall'orgoglio di dare un senso a questo territorio."
Incredibile! È la stessa risposta che ci ha dato Costantino Charrère. Ma questi quanto si guardano allo specchio?! Poi ragiono sul fatto che abbiamo a che fare con la generazione che ha dovuto inventarsi un nuovo rapporto con le vigne, per raggiungere la qualità che conosciamo.
Walter "Sono nato circondato dalle vigne: in questo territorio c'erano 8000 ettari di vigna. Oggi ce ne sono 2000. Il mercato di Tortona fino agli anni trenta era uno dei mercati più importanti per il vino in Italia, perché c'era sia uva bianca sia uva nera. Quando è arrivata la fillossera ed è contemporaneamente mancata la manodopera per mantenere le vigne, si è puntato sulla frutticoltura e le vigne sono sparite. Quando ero bambino tutto il commercio del territorio puntava su Asti, Milano e Stradella. Nella via dove c'è casa mia, durante la vendemmia, c'erano quattro pigiatrici attive e quasi tutto il vino veniva venduto sfuso. Il vino dell'epoca era soprattutto Barbera di due tipi – mentre lo dice Walter sta già ridendo – c'era il tipo A (acido) e il tipo B (*brusc*)". Ridiamo anche noi! (In dialetto piemontese *brusc* vuol dire acido.) "Negli anni settanta qualcuno, noi pure, inizia a mettere anche il cortese: siamo a 30 chilometri da Gavi."
Oscar "Quindi in famiglia facevate già il vino?"
Walter "Sì, il mio bisnonno si è trasferito qui nel 1879 e ha comprato molti terreni. In questa valle, di mio, ci sono 6 ettari. Nel 2006 ho comprato gli ultimi terreni, quelli laggiù – e li indica – sono rivolti a sud-est, esposizione fantastica! Da lì ho estirpato il cortese e ho piantato timorasso perché dicevo… è inutile avere Claudia Schiffer in cucina a lavare i piatti, la metto all'accoglienza e mi rende di più!"

Oscar "Tuo padre, come tuo nonno, faceva il contadino?"
Walter "Un passo indietro. Mio padre e mio zio hanno sempre lavorato insieme condividendo televisore, lavatrice e la grande amicizia tra le loro due mogli. Grazie a questo sono riusciti a mettere da parte delle risorse. Hanno creduto nella frutticoltura e negli anni sessanta hanno piantato quattrocento piante di pesche americane Red Haven a polpa gialla che vendevano a quattro volte il prezzo delle tradizionali Guid Bun. Grazie alle pesche mio papà e mio zio hanno costruito un condominio di sei piani e poi la casa in cui sono nato io. Sono fiero dei miei parenti perché tra loro c'erano dei personaggi niente male. Pensa, mio bisnonno materno, Bartolomeo, che negli anni trenta è stato il primo in paese ad avere il bagno in casa, si è sposato per la seconda volta a ottantuno anni e diceva "Se non arrivano più figli non è mica colpa mia…", perché nel primo matrimonio aveva avuto quattro maschi e due femmine". Ecco da chi ha preso Walter, ridiamo.
Walter "Io non potevo sprecare tutto il lavoro fatto dalla mia famiglia e così ho deciso di occuparmi del vino, ma a modo mio! I miei erano testoni, non accettavano i cambiamenti. Nei primi anni andavo a diradare le vigne di nascosto! Grazie a questo abbiamo iniziato a fare finalmente del vino buono. La prima vendemmia di vino fatto da me è quella del 1978, l'anno in cui ero militare. All'epoca avevo 10 ettari di barbera e 2 di uve bianche con un po' di timorasso, ma poco."

Il gioiello della viticoltura tortonese sono i vini bianchi, che avranno uno splendido avvenire

Mentre torniamo verso casa Walter ci racconta che il magistrato bolognese Pier de Crescenzi, appassionato di agricoltura, nel 1300, dopo aver vissuto un po' nell'astigiano, scrisse il *Trattato pratico di agricoltura* dove dice: "Il gioiello della viticoltura tortonese sono i vini bianchi. Essi avranno uno splendido avvenire". Evidentemente il trattato non è mai caduto nelle mani giuste perché i viticoltori tortonesi non ci credevano nei loro bianchi. Quando Walter inizia a fare vino, il poco Timorasso veniva tutto venduto sfuso sul mercato svizzero con il nome di Torbolino perché partiva torbido a novembre e

veniva poi lavorato e filtrato in Svizzera. Oppure veniva mescolato al Cortese che era l'unico bianco conosciuto.
Oscar "Ma questo timorasso è un'uva difficile da lavorare?"
Walter "Produce male, non è regolare, tende a marcire, insomma, bisogna starci un po' attenti. Come d'altra parte per il vostro nebbiolo. Le uve difficili, quando le sai lavorare, danno vini unici."
Camminando incontriamo l'altro nipote, Filippo, impegnato anche lui con un trattore. In questa famiglia lavorano tutti, anche la domenica, come si faceva un tempo.
Walter adora i nipoti e i nipoti adorano lo zio. Questo è evidente.
Chiedo a Walter "Hai fatto l'Enologica, vero?"
Walter "Sì."
Oscar "L'hai scelta tu?"
Walter "No, mi ha obbligato mio papà e mi ha convinto mia nonna."
Oscar "Vedeva in te un futuro da vignaiolo?"
Walter "Mio padre, Augusto, era un grande democristiano, un antifascista viscerale e un anticomunista dogmatico. Mi vedeva ad Alessandria in una posizione di potere per poter sistemare tutti gli amici e i parenti. Non mi vedeva più in là."
Intanto entriamo in casa e ci viene a salutare Beppe, il cognato, che Walter presenta come il suo più grande sponsor intellettuale. Beppe si scusa con noi dicendoci: "Sono astemio e quindi vado via". "Ma i nipoti, suoi figli, ogni tanto si fanno già un bicchierino, meno male che non gli assomigliano!", interviene Walter. Ridiamo tutti, anche il cognato.
Oscar "Torniamo all'Enologica…" mentre parliamo ci sistemiamo intorno al tavolo. In casa c'è sempre l'aria fresca di prima e Walter inizia a mettere i bicchieri da degustazione in tavola mentre Shigeru si occupa, sempre molto attento, di sistemare e aprire i vini.
Walter "Nel 1973 mi convincono ad andare ad Alba per studiare. Quando torno a casa, enologo, mi metto a lavorare a testa bassa sulla barbera. Finalmente nel 1979 faccio i miei primi 10 ettolitri di Croatina discutendo con mio zio Renato, il fratello di mia mamma che, ancora oggi, a più di novantuno anni, è un tipo che sa tutto lui. Mio padre invece è stato da sempre interessato alla vigna e alla politica. È morto da sindaco nel 2000. La palestra grossa in cantina l'ho fatta con lo zio Giuseppe. Io avevo voglia di fare un altro vino bianco da aggiungere al Cortese. Ne avevo 10 quintali scarsi da cui nel 1987

ottengo le prime 560 bottiglie e vado a venderle alla Fiera di San Giorgio. Lo chiamo Timuass."
Oscar "Non lo chiami ancora Derthona?"
Walter "No, perché le idee ti vengono quando sei sul pezzo!"
È quasi il momento di assaggiare il primo vino, il salentino Roycello 2010 Tormaresca, vino di una delle più belle aziende pugliesi, comprata e diretta da Piero Antinori. Il Salento è la Langa della Puglia. Walter trova che il vino sia "fatto molto bene": è un Fiano moderno e ha poco dei vini a volte pesanti del Sud.
Shigeru ne fa una descrizione come sempre precisa e delicata: "Profuma di fiori bianchi come l'acacia, di erbe, di pesche gialle e albicocche e di fieno. In bocca è poco sapido, rimanda solo leggermente alla frutta secca, ha un'acidità tenue e un corpo medio. Molto morbido e piacevole. È un vino per tutte le occasioni, facile da bere. L'abbinamento ideale è su purè di verdure, pesce crudo, tempura di asparagi con sale e limone, oppure una bella acqua pazza." Penso che assaggiare un Fiano del Salento nella valle del Timorasso sia un po' come mangiare un risotto allo zafferano a Napoli. Però è anche questo il bello delle nostre gite tra i grandi del vino. Mi piace molto osservare con quale curiosità assaggiano i vini degli altri. In genere più sono grandi e più apprezzano il lavoro dei colleghi.

La costruzione del prezzo

Oscar "Fai le tue prime bottiglie di Timorasso. Come ne decidi il prezzo?"
Walter "Sono in Fiera e lì passa un signore di Ovada che aveva un bar a Milano, sul Naviglio, e voleva offrire solo vini piemontesi e veneti. Ne compra diverse bottiglie."
Oscar "E con il prezzo? Parti subito alto?"
Walter "Parto giusto! Vi spiego: siccome il prezzo è normalmente il frutto della vecchia legge economica della domanda e dell'offerta, avrei dovuto regalarlo. Allora decido di usare un altro metodo. Gli dico la verità: se me lo fossi fatto pagare per il costo di produzione avrei dovuto venderglielo a un prezzo altissimo. Allora ho fatto il pragmatico, come al solito. Il Gavi, quello buono, negli anni ottanta andava da 5000 lire alla bottiglia fino a 14.000 lire. Io ho fatto una

media e nel 1987 ho venduto il mio primo Timorasso a 7800 lire alla bottiglia."

Il fatto che Walter si ricordi perfettamente i prezzi di ventisei anni fa denota che ha un buon rapporto con la matematica. Buon segno, penso.

Oscar "Cosa hai pensato quando hai assaggiato la tua prima bottiglia di Timorasso?"

Walter "Ho detto: forse ci siamo."

Oscar "È un momento delicato, c'è tutta la tua vita in gioco."

Walter "Eh sì... Io all'Enologica ho avuto la fortuna di avere ottimi insegnanti come il professor Rissone, di chimica, e il professor Morando di enologia. Loro erano molto validi ma io per fare il vino ho usato la legge che mi ha insegnato il professore di diritto Gigi Borgogno: il giudice deve applicare la diligenza del buon padre di famiglia. E io, per fare il Timorasso, ho applicato quella diligenza. Cioè, ci ho messo buonsenso. Volevo capire chi aveva ragione. Se ce l'avevano quelli che mi dicevano che era il vino più buono del mondo o se invece l'avevano quelli che mi dicevano che era un'uva di merda."

Oscar "In pratica stai parlando del rapporto tra scienza, conoscenza e coscienza. Tu hai applicato la coscienza, perché attenersi solo alle regole vuol dire applicare scienza e conoscenza. Invece l'anima a volte può indicarti la via più giusta." La coscienza ha costituito il grande salto di qualità che ha fatto passare le scimmie da animali a umani.

Walter "Sì, è quello che ho fatto. Nel 1988 il vino viene ancora più buono ma quell'anno lo assaggio a luglio, prima di imbottigliarlo, e sento che ha una punta di dolce di troppo. E lì, in cantina, capisco che per il Timorasso ci vuole il tempo: non è pronto prima di almeno diciotto mesi dopo la vendemmia."

Oscar "A quei tempi non c'era il vino bianco invecchiato."

Walter "No!"

Oscar "Ma nel frattempo tu eri diventato il capo della cantina?"

Walter "Sì, nel 1982-1983. È un passaggio naturale, come si usa tra contadini."

Walter parlando esprime un'energia e una vitalità rare. I suoi occhi ridono, le mani si muovono facendo gesti ampi e generosi, le guance si colorano di rosso e intanto beve. Lui è uno come me, i vini, se gli piacciono, li beve. Il secondo vino che assaggiamo è il Breg Anfora di Josko Gravner. Gliel'ho portata perché so che tra i due c'è stima re-

ciproca. Quando Walter lo assaggia lo definisce addirittura un vino "orgasmotico" e cita Erasmo da Rotterdam e la sua celebre frase, "Il vino è il riflesso della mente".
Shigeru praticamente si inginocchia davanti a questo vino; dice che forse in Giappone non sarebbe capito, ma lui lo trova straordinario. Vorrebbe spiegare il metodo di affinamento nelle anfore ma appena incomincia Walter lo guarda con commiserazione, come per dire: "Tu bevevi ancora il tè verde nei campi di soia quando io già parlavo con Josko delle anfore". Non lo dice, ma si capisce. E lo capisce pure il nostro giapponese, che tace. Aggiunge solo una cosa sublime: "Lo berrei con i testicoli di pescecane". Ecco, io lo berrei per dimenticarli, quei testicoli. Walter non sente questo strepitoso finale, perché continua a ricevere telefonate di amici che chiude con un imperativo in poche sillabe, *Ven su co tì!* (vieni su anche tu!). Invita tutti a raggiungerci per pranzo. Lui praticamente ha organizzato una festa. Chissà in quanti saremo a mangiare...

Oscar "Torniamo al Timorasso. Capisci che ci vuole tempo. Poi cosa succede?"

Walter "Nel 1992 vendemmio una grande uva, che metto nel primo cru di timorasso e chiamo Costa del vento. In questa operazione ho l'appoggio di mio papà. Al tempo io e lui quando non litigavamo, agivamo all'unisono! Lui mi ha capito e per fortuna è vissuto abbastanza per sentire il gusto delle mie utopie. Passo da 5-6 ettolitri di vino a 21, 25.000 bottiglie. Questo vino è buono, mi piace! E siccome il mio commerciale di Milano mi dice che secondo lui lo vendo troppo caro, io, per dimostrargli che non è così, decido di venderlo allo stesso prezzo del Blangè: 12.000 lire alla bottiglia! Visto che aumento la produzione mi sento autorizzato ad aumentare anche il prezzo. Come vedi non ho mai applicato le regole dell'economia."

Oscar "Fai il contrario di ciò che dicono le regole del mercato. Alla faccia di Adam Smith."

Walter "Sì! Ma Smith aveva ragione per la gente sana di mente, non per i matti come me."

Dalle mie parti, ad Alba, abbiamo coniato un termine, *gabilò*. Vuol dire matto simpatico, affascinante, di successo. Walter Massa è proprio un *gabilò*.

Oscar "Vendi tutto?"

Walter "Tutto! Con l'aiuto dei miei agenti."

Oscar "È una strategia che decidi da solo o con tuo padre?"
Walter "Con tutto il rispetto che gli devo, queste cose le ho sempre decise io davanti allo specchio. Mio padre, come tutta la sua generazione, è stato violentato dalla guerra e non poteva arrivare a sostenere una strategia così."
Abbiamo parlato poco della guerra ma appena arrivati Walter ci ha subito detto che lo zio è stato deportato dai tedeschi (e poi è tornato) e che suo padre, per il trauma, non ha mai più voluto muoversi da Monleale. Nemmeno per il viaggio di nozze! Una famiglia unita in un modo incredibile.
Penso a quante affinità ci sono tra questi grandi del vino. Lo specchio di Costantino, il padre traumatizzato dalla guerra di Beppe Rinaldi... e mentre ci penso entra Zoccolo con del pane e della pancetta che decanta, "di dicembre 2009!". Da queste parti i salumi li sanno fare molto meglio che in Langa, e la pancetta che mangiamo, profumata, croccante e fresca, fa venire le lacrime agli occhi! Non può essere del 2009, non ci crediamo. Ma non importa, è fantastica. Qui è diventata una festa. Difficile tenere il timone di questa nave che vorrei lasciare andare libera per il mare..., ché tanto è un mare amico.
Walter apre un paio di bottiglie del suo Barbera. Non è previsto, non ora, non due. Dice che non lo fa per il vino, ma perché ci vuole parlare di tappi: sono chiuse con lo stesso tappo ma ci vuole far vedere che i sugheri hanno due colori diversi. Uno ha la testa macchiata di un rosso più chiaro, l'altro di un rosso più scuro. Perché? Perché un tappo non è stato perfettamente neutralizzato. I sugheri da tappo subiscono dei passaggi chimici che li basificano, poi li acidificano, poi li basificano ancora, più e più volte. E il tappo deve essere perfetto, altrimenti compromette la conservazione del vino. La questione dei tappi di sughero gli sta molto a cuore. Ma, mentre ci siamo, assaggiamo la Barbera. Con il pane e la pancetta è perfetta, magnifica. Gran bella scusa quei sugheri.
Oscar "Walter, scusami, torniamo ancora sui prezzi. Dopo il 1992 li aumenti ancora?"
Walter "Sì perché il mio obiettivo era arrivare al prezzo del Vintage Tunina di Jermann. E ci sono arrivato. Nel 1995 faccio la rivoluzione: vado in Friuli e incontro Mario Schiopetto, Gianfranco Gallo, Silvio Jermann e Gaspare Buscemi, meno conosciuto, ma uomo strepitoso! Da loro capisco che si può vinificare senza aggiungere solfiti,

passo alla macerazione sulle fecce nobili per periodi lunghi e imparo che il mio Timorasso deve stare fermo un anno in bottiglia. Dovevo anche io avere le palle di tenere ferme 5000 bottiglie di Timorasso per un anno, altrimenti ero un fallito! Ecco che il Timorasso del 1995 è uscito nel 1997. Ed è qui che nasce la mia regola del vino.

Assumo un enologo: Vasco Rossi

Entra anche Filippo, il nipotino che Walter chiama subito a sé e si prende sulle ginocchia. Lo interroga sulla regola del vino ma lui è timido e un po' schivo. Preferisce non farsi tirare in mezzo dallo zio che oggi ha questi strani ospiti... fissa Shigeru.
Walter ci dice che Filippo farà il liceo linguistico perché tanto per fare il vino ci va una formula che gli può spiegare lui: uva matura, buon senso e tempo. Eccola, la regola del vino di Walter Massa. Le lingue, invece, deve impararle a scuola.
Oscar "E l'altro nipote, Edoardo, cosa farà?"
Walter dice che lui non impone, lui "consiglia" e quindi, se Edoardo segue il suo consiglio, farà enologia perché, se i due nipoti vogliono mandare avanti bene questa azienda, devono specializzarsi in due cose diverse e complementari. "Io non impongo. Io consiglio." Li ama come fossero suoi figli!
Nel 1997, complice il successo del suo Timorasso, Walter decide di assumere un enologo: classe 1952, di Zocca, provincia di Modena. È Vasco Rossi. Di Vasco cita la canzone *Sally* che dice "Perché la vita è un brivido che vola via, è tutt'un equilibrio sopra la follia...". E lui, mutuando da Vasco, afferma: "Il vino è tutto un equilibrio sopra la follia". Walter è rock, niente da fare. Da giovane correva in moto, ascoltava Vasco Rossi e probabilmente se non avesse avuto l'azienda da far crescere, anche in nome del rispetto per i suoi genitori, avrebbe vissuto anche lui una vita spericolata in derapaggio continuo. Quanto è meravigliosamente "fuori" 'sto uomo!
La spiegazione della citazione rock non tarda ad arrivare: per fare il vino come vuole lui c'è bisogno di tre cose. Una materiale, che è l'uva, e due che non si possono comprare: il tempo e il buon senso. Per tenere insieme e far funzionare una cosa materiale con due immateriali bisogna trovare il punto "d'equilibrio sopra la follia".

Walter "Ecco perché quando mi chiedono se vado al salone del vino naturale rispondo che io vado al salone del vino 'artigianale'. Perché l'artigiano è quello che fa gli originali, l'industria fa le fotocopie. Però la collaborazione tra artigiani e industria è fondamentale."
Oscar "Andiamo avanti, siamo alla fine del millennio, cosa succede?"
Walter "Succede che prendo a cuore il mio territorio e aiuto anche l'amico Andrea Mutti a fare il suo Timorasso. Andrea è come me. Da questi posti la gente è sempre andata via verso Milano o Pavia. I migliori se ne sono sempre andati... da voi, nelle Langhe, è diverso, lì la cultura del territorio c'è sempre stata."
Oscar "Non è proprio così. La Langa nel dopoguerra era un disastro. La fortuna dei luoghi, a parità di vocazione e risorse, la fanno le persone che ci nascono. Noi abbiamo avuto la fortuna incredibile di avere avuto un genio come Giacomo Morra, che ha ribaltato il destino delle Langhe. Dobbiamo tutto a lui. Costruisce il mito dell'Hotel Savona, prende il tartufo bianco, che da noi i contadini mangiavano a merenda, ne regala uno enorme al Presidente Truman e per questo finisce fotografato con lui su tutti i quotidiani del mondo. Dentro il Savona fa bere Barolo e Barbaresco. In poco tempo ottiene la prima stella Michelin. Poi gli sono succeduti alcuni fenomeni nel mondo del vino come Renato Ratti e poi Gaja, Ceretto, i Monfortini e altri. Gente che ha preso e si è messa a girare come trottole nel mondo per parlare delle Langhe. Sono le persone che cambiano i destini dei territori. E vedrai che tu riuscirai a cambiare il destino del tuo territorio. Sei già sulla buona strada."
Walter "Speriamo! Intanto nel 1997 anche Andrea esce con il suo Timorasso: un vino analogo al mio ma fatto da un'altra testa anarchica e con molto ego, come la mia. Analogo non vuol dire uguale. Sono vini diversi che segnano due punti fermi. E con due punti si può tracciare una linea: è l'inizio del successo del Timorasso."
Oscar "Ti interrompo sul successo del Timorasso per chiedere a te e a Shigeru cosa pensate di questo terzo vino. Nei bicchieri ora abbiamo il Montepulciano d'Abruzzo 2008 di Marina Cvetic. Vi piace?"
Walter "Aaah! Marina. Suo marito, Gianni Masciarelli, è stato uno dei tanti amici che ha portato avanti la rivoluzione del vino buono in Italia. Mi fa venire un groppo in gola, perché così ricordo tanti altri amici e colleghi che troppo presto ci hanno lasciato in corso d'opera: Matteo Correggia, Massimo Accornero, Marco De Bartoli, Giacomo Bologna, Angelo Rocca, Andrea Chionetti, figlio di Quinto, un rivo-

luzionario della prima ora. Con Quinto Chionetti, a mio avviso, è partita la rivoluzione del vino 'rurale' in quanto lui, con il dolcetto a Dogliani, non ha mai prodotto 'buon vino' ma 'vino buono'. Persone che non ci sono più, ma il cui pensiero, grazie all'amore per la famiglia, per l'azienda e per il vino, gira sotto forma artistica nel mondo, facendo fare bella figura all'Italia. Questo è un altro vino perfetto che deve essere bevuto in tutto il mondo. È un vino fatto molto bene, di grande struttura e materia a cui forse manca solo quello strabismo che fa di Venere la più bella tra le dee."
Shigeru è stato molto silenzioso fino a ora. Posso immaginare che il suo rigore giapponese sia un po' frastornato in mezzo a questo via e vai di amici di Walter, che entrano ed escono dilatando in continuazione la geometria del gruppo. Allo stesso tempo però sono certo che Shigeru sta percependo tutto questo come la migliore manifestazione di spontaneità, accoglienza e convivialità dello spirito italiano. Lui non ha assaggiato né il pane né la pancetta. Il suo palato è ancora incontaminato dal cibo, concentrato solo sui vini.
Quando tocca a lui parlare del vino è come al solito felice di prendere la parola. Nel vino di Marina Cvetic Masciarelli sente profumo di viola e liquirizia, prugna, pepe, cassis e tabacco. In bocca il vino è pieno e asciutto con note fresche di frutti rossi, morbido, quasi da masticare. Ha un corpo pieno e ben equilibrato. Lo abbina con un arrosto di carni rosse, agnello con lo zenzero, spiedini di fegato di pollo cucinati con sette tipi di pepe. Adesso mi lamento, per scherzare un po': "Ma quando vengo in Giappone non mi hai mai portato a mangiare gli spiedini ai sette pepi! Mi porti sempre a mangiare sushi, mi sono stufato!" Naturalmente scherzo e Shigeru lo sa bene, perché io vado pazzo per la cucina giapponese ed è difficile, con quella varietà, che ci si possa stufare. Delle volte mi porta in certe osterie familiari, nella Tokyo fuori mano, dove ti cucinano cose di una bontà commovente. È in una di queste che ho mangiato per la prima volta i testicoli di pescecane. Ma quel bastardo di giapponese me lo ha detto dopo che li avevo trangugiati.

Non è necessario essere comunisti per essere del Pd

Walter continua: "Siamo nel 2008 quando entra in campo F.M. Martinetti. Vuole anche lui un Timorasso e io lo aiuto. Nel posizio-

namento lui vende ai ristoranti stellati, mentre io continuo a vendere alle osterie, così completiamo il mercato."
Oscar "Franco è una grande persona." Mentre dico questo mi viene spontaneo versarmi ancora la Barbera Monleale 1978 nel bicchiere. Sarà che parlando di Martinetti la Barbera è quasi obbligatoria. Era lì, aperta per parlare di tappi, o fintamente per parlare di tappi. Lo so benissimo che non c'entra nulla con la degustazione, ma io, quando ho di fronte una Barbera che mi fa l'occhiolino, non resisto! In più sul tavolo continuano ad arrivare salumi, lardo e pane portati da Zoccolo, uno più buono dell'altro. È una tentazione troppo forte e io non ho intenzione di tirarmi indietro. La Barbera di Walter è buonissima e bevuta con il salame mi manda in estasi: è il mio vino preferito! Shigeru mi guarda, forse un po' mi invidia. La Barbera non era in programma e quindi lui, ligio al dovere, non la beve. È quasi l'ora di pranzo e avrà fame pure lui. Per questo cerco di dare un'accelerata alle nostre chiacchiere. Shigeru non tocca cibo finché non ha finito il lavoro.
Walter "Prima ancora, nel 2000, iniziano a uscire con il loro Timorasso altri produttori che, credendoci, ne avevano piantate le uve a fine anni novanta: Claudio Mariotto, La Colombera, Ennio Ferretti, Luigi Boveri, l'Azienda Agricola Terralba. Non ero più un eretico ma l'apripista di un settore che ora poteva finalmente avere altri con cui confrontarsi. Per difendere il Timorasso abbiamo deciso che l'unico sistema non era 'la cintura di castità', ma 'l'amore'. E l'amore ce l'hai quando hai una identità. Ecco che ho detto: 'il Timorasso si chiamerà Derthona'." Derthona Iulia è il nome latino di Tortona.
Mentre lo penso chiedo scusa a Walter: "Sono distratto perché sto mandando un sms a Matteo Renzi."
Walter "Diglielo, a Matteo, che la prossima volta io mi candido con lui. È ho già anche lo slogan pronto: non è necessario essere comunisti per essere del Pd."
Oscar "Bravo! Condivido in pieno! Torniamo al Derthona. Praticamente battezzi il Timorasso con un nome che rappresenta il territorio."
Walter "Esatto! Pensa, quando parli di Pinot Nero, dici i nomi di una serie di paesi fantastici che rappresentano un piccolo, ma molto noto, angolo di mondo che è la Borgogna. Tutti conoscono l'identità di quei villaggi. Se io potessi fare la rivoluzione chiamerei le Doc con

i nomi dei paesi. Derthona è un nome di territorio che io uso come nome di fantasia. Lo registro in Camera di Commercio, con 'h' e senza 'h', spendendo 240 euro per versione!" Numeri sempre in memoria.

Oscar "E regali il nome ai tuoi colleghi vignaioli?"

Walter "Certo! E anche alla cantina sociale di Tortona che in quel momento non se la passava così bene."

Oscar "E tu cosa fai?"

Walter "Introduco l'enologo Umberto Lucarno che ha lavorato sette anni con Donato Lanati, un grande scienziato del vino che io rispetto e stimo moltissimo. In una cantina sociale è essenziale fare un vino buono e stabile e Umberto era la persona giusta. In sostanza io credo che il Timorasso possa contribuire a risollevare l'economia di questo territorio."

Nel frattempo non riesco a staccarmi dalla Barbera 1978 e dico a Simona: "Questa è del tuo anno, non puoi non assaggiarla!". È buonissima!

Arriva uno dei momenti che preferisco, quello in cui chiedo quali sono i "numeri del cuore", quelli che rappresentano qualcosa di importante. Ben sapendo che Walter con i numeri va a nozze.

Walter "Cinquantasette vendemmie (ho cinquantotto anni e ne ho fatte cinquantasette a tempo pieno!). Ventitré ettari di vigna. Cinque le uve che coltivo: barbera, croatina, freisa, timorasso e moscato bianco. Quattro i cru in cui ho le vigne. Sei, i miei trattori: non farei niente senza i trattori! Duemila gli ettari di vigna dei Colli Tortonesi. La mia missione terminerà quando questo territorio avrà capito la sua immensa vocazione al vino e gli ettari vitati saranno almeno 3000. Poi: 120.000 bottiglie vendute, un numero che non voglio modificare, voglio rimanere artigiano. Quattro le banche: quelle con cui ho i debiti."

Oscar "Che idea hai dei debiti?"

Walter "Sono una materia prima essenziale, insieme all'uva. Anche loro hanno un profumo, sanno del sudore che serve per ripagarli."

Oscar "Fantastico, lo penso anche io! Senti, che percentuale esporti all'estero?"

Walter "33% Stati Uniti, 33% resto del mondo e 33% Italia. 1% per la storia che verrà e per bercelo noi adesso."

Oscar "E il fatturato?"

Walter "Non lo so!"

Ho sposato un territorio

Oscar "Walter, adesso vorrei parlare di famiglia. Quando tu dici famiglia, cosa intendi?"
Walter "Mia madre, mia sorella, mio cognato e i loro figli."
Oscar "E poi tuo padre... no?"
Walter "Naturalmente! Con lui ho litigato molto ma interveniva sempre mio zio a ripristinare l'equilibrio. Volavano i piatti dalla finestra quando litigavamo! Abbiamo avuto screzi bestiali ma ho sempre creduto che il mio destino fosse legato alla famiglia. E poi... credo di aver preso il meglio da mia madre e da mio padre."
Oscar "Senti, e questi due nipoti che adori?"
Walter "Ho avuto culo! Quando si tratta di campagna c'è poco da fare, un maschio è più nel suo. Loro guidano il trattore! Pensa, la prima volta che Edoardo ha acceso il mio trattore, e lo ha imparato guardandomi senza che io glielo insegnassi con le parole, aveva cinque anni! È quello che avete visto sul trattore questa mattina, un anarchico totale."
Oscar "Loro prenderanno in mano la tua azienda, in attesa che tuo figlio cresca."
Walter "Mi piacerebbe."
Oscar "E le donne?"
Walter "Cerco, da tutta la vita, quella che voglia trasferirsi a vivere a casa mia. Perché io, da casa mia, non mi muovo! Questo è il paese più bello del mondo, sarei pazzo ad andare via!"
Oscar "E quando hai deciso di avere un figlio?"
Walter "Non l'ho deciso. È arrivato quando avevo cinquantacinque anni e me lo sono tenuto. È stato un grande regalo del destino! Oggi Alberto ha quasi tre anni."
Oscar "Hai sposato la mamma di Alberto?"
Walter "No, ho sposato il mio territorio. Lei però è una donna in gamba. Alberto sta con lei, ma spero che un giorno verrà in campagna."
Walter parla del figlio con tenerezza e gioia. Si è trovato a essere padre a cinquantacinque anni e la cosa gli sembra la più naturale del mondo. Mi viene spontaneo domandarmi quali aspettative avrà su questo bambino quando avrà l'età dei suoi nipoti. E mentre parla del figlio, apre il vino, anche questo figlio suo, che dobbiamo degustare. L'ultimo.

Intanto Shigeru inizia a raccontarci le sue sensazioni sulla quarta bottiglia che abbiamo portato: L'Equilibrista Vintage 2011 di Birra del Borgo, birrificio in provincia di Rieti. Leonardo Di Vincenzo è uno straordinario mastro birraio. In questa birra pazzesca ha cercato l'equilibrio quasi impossibile tra la birra e il vino. Per questo l'ha chiamata L'Equilibrista. È fatta con il 39% di uve sangiovese. Si sente orzo, luppolo, malto e fieno con note di vaniglia, caffè e tabacco. È una birra molto morbida che Shigeru abbina a pollo alla griglia o maiale alla piastra con senape giapponese. Chissà che avrebbe detto Beppe Rinaldi, lui che trova la birra una bevanda inferiore. A Walter invece piace molto, la tracanna.

Siamo quasi alla fine. Manca l'ultimo vino, il Costa del vento 2006. È un cru di timorasso di 2 ettari. L'altro cru, che oggi non beviamo, si chiama Sterpi. La fine della nostra chiacchierata è un po' disordinata. Continuano ad arrivare altri amici che Walter ha invitato per il pranzo preparato da Zoccolo: tra loro Riccardo Franzosi, il mastro birraio del birrificio Montegioco, Elisa Semino, dell'Azienda Agricola La Colombera, produttori di frutta, il macellaio del paese, i nipoti che hanno fame e non vedono l'ora che si inizi a mangiare... Una festa! E sul più bello di tutto questo vai e vieni noi siamo lì che cerchiamo di parlare di cose personali: il figlio, l'amore, il futuro...

Ma Walter non si scompone. Lui è un tradizionalista-rivoluzionario, uno senza compromessi e senza falsi pudori, uno che le cose te le dice in faccia, a suo modo e con la "sua" diplomazia. "Sono la perfezione dell'imperfezione" dice di sé, e noi sappiamo che è così.

Prendo la parola. Interrompo la confusione per dire "Scusate. Questo vino lo voglio commentare io. Costa del vento è strepitoso! Uno dei vini bianchi più buoni del mondo!"

Lo so, toccava a Shigeru. Ma tanto lui dirà quello che penso io, solo con più classe, autorevolezza e competenza di me. Infatti parte senza lasciarmi fiatare.

Shigeru "Profuma di pietra focaia, ghiaia, frutta secca e catrame. In bocca è minerale, sento mela matura, frutta secca. È lungo, persistente e sapido. Lo vedo bene con una zuppa di pomodoro e ricotta di pecora, baccalà mantecato alla vicentina, pecorino toscano giovane. Questo è un vino che fa storia."

Oscar "Perché con il Timorasso vedi meglio un formaggio giovane?"

Shigeru "Perché Timorasso ha grande mineralità e anche i formaggi vecchi ne hanno. Quindi, per esaltare il vino, è meglio un formaggio più giovane e più delicato."
Mah! Non sono così d'accordo. Torno a rivolgermi a Walter.
Oscar "Il tuo futuro. Cosa farai da grande? Fino a ora hai fatto una marea di innovazioni. Nella tua idea di continuità e progresso, in cosa vuoi cambiare nei tuoi prossimi trent'anni?"
Walter "Io voglio che queste terre prendano una grande dignità. Dal Timorasso alle pesche di Volpedo, dai tartufi al salame, dal paesaggio alle tradizioni gastronomiche."
Oscar "Mi sembra di capire che secondo te l'unico punto debole sono le persone che abitano questi territori. Devono crederci di più, è vero?"
Walter "Patiamo la debolezza di questa terra di confine. Siamo al limite del Piemonte, a due passi da Lombardia e Liguria e soffriamo da sempre del disinteresse della politica nei nostri confronti. Disinteresse e mancanza di confronto. Ma io ho sempre pensato anche alla mia regione e il Piemonte mi ha dato la forza per continuare a occuparmi di vino."
Oscar "Il tuo, di futuro?"
Walter "Candidarmi nel Pd, se qualcuno mi vuole. Io vorrei dedicarmi alla politica perché penso che uno che si occupa di cardani, di viti, di porta innesti, di tappi, di bottiglie e tante altre cose possa occuparsi anche di antropologia e quindi di migliorare questo Paese. Ma senza smettere mai di fare il vino."
Penso che lo voterei di sicuro. Penso che se mettesse in politica il coraggio che ha saputo mettere nel vino, lui sarebbe una risorsa vera per cambiare questo Paese.
Oscar "E ora? Andiamo a mangiare il pollo?"
Walter "Sì, sciogliamo le righe!"
Quello che accade fuori, nel cortile della casa di Walter, è tutto un programma! A mangiare siamo oltre venti, ma manca il tavolo. L'unico punto di appoggio è fatto da una pedana tenuta a mezz'aria da un muletto. Sulla pedana ci sono le casseruole con il pollo, i piatti di carta, un po' di posate e bicchieri mezzi pieni. Qualcuno ha portato altre pietanze, in aggiunta a quelle cucinate dal nostro cuoco scalzo. Anche in questa festa paesana troviamo perfezione nell'imperfezione! A un certo punto succede una cosa, per caso. Walter

parla ancora del ruolo del produttore di vino, che è un artigiano... si sbaglia e dice "partigiano". È una crasi fantastica che sbalordisce tutti: produttore e artigiano diventano partigiano! Io non ci avevo mai pensato, la voglio usare! Lo dico a Walter e lui risponde: "Mi raccomando, se la usi voglio il 50% ... per il mio delirio".
Viva i partigiani!

Schede enologiche dei vini degustati con Walter Massa
Shigeru Hayashi

Roycello Fiano 2010 Tormaresca
Tipologia bianco
Uve 100% fiano
Vinificazione e affinamento fermentazione in acciaio inox termocondizionato, affinamento in acciaio sulle fecce fini (3 mesi), poi in bottiglia (3 mesi)
Zona di produzione Puglia

Colore giallo paglierino con riflessi verdi. Al naso bei cenni floreali, di frutta bianca e gialla come ananas, pesca, cedro. Sento anche il gelsomino e la salvia. In bocca si offre intenso, sapido e fresco, con retrogusto minerale.

Abbinamento ideale con piatti a base di pesce o verdure con salsa di crema. Ottimo con un tempura di asparagi e salsa di limone.

Ricordo ancora la prima volta in cui sono andato a Tormaresca: sembrava Las Vegas, c'era solo questa grande cantina in costruzione e intorno una pianura desolata e calda. Oggi l'azienda si trova nel cuore di una delle zone più belle e importanti d'Italia per la produzioni di grandi vini. Ma Tormaresca è stata la prima a crederci.

Breg Anfora 2005 Gravner
Tipologia bianco
Uve sauvignon, chardonnay, pinot grigio, riesling italico
Vinificazione e affinamento in anfora 7 mesi, senza aggiunta
di lieviti né controllo della temperatura; maturazione in botti
di rovere, imbottigliamento con la luna calante senza chiarifica
né filtrazione
Zona di produzione Friuli Venezia Giulia

Colore giallo ambrato intenso. Al naso sfodera aromi di frutta secca
e fiori gialli, erbe aromatiche, camomilla, mimosa. In bocca è molto
complesso, caldo, sapido e morbido.
Finisce lunghissimo, con retrogusto salmastro.

Abbinare a crostacei alla griglia, zuppa di pesce, risotto ai frutti
di mare, sgombro sott'aceto con senape giapponese o pecorino
toscano di media stagionatura. E anche se Oscar si arrabbia
(e forse Josko), io lo proverei con i testicoli di pescecane!

Un vino mitico, fatto da un uomo mitico, vero samurai delle terre
italiane di confine. Mi dispiace non averlo conosciuto quando è
andato per la prima volta a vedere le anfore nel Caucaso: capì che
il futuro del vino stava tutto nel suo passato e nei saperi dei popoli
antichi. Grande!

Montepulciano d'Abruzzo Marina Cvetic 2008 Masciarelli
Tipologia rosso
Uve 100% montepulciano
Vinificazione e affinamento 20-30 giorni di macerazione,
12-18 mesi di maturazione in barrique
Zona di produzione Abruzzo

Colore rosso rubino intenso con riflessi granata. Al naso sento
distintamente frutta rossa come ciliegia, ribes e more. Spuntano
anche fiori (viola), poi vaniglia, cacao, pepe e tabacco. In bocca
è ampio, pieno e con tannini morbidi.

Abbinare con arrosti di carne importante, o con spiedini di fegato di pollo ai sette tipi di spezie. Perfetto con un Parmigiano Reggiano di più di 24 mesi.

Uno dei migliori vini di tutto il Centro Italia, elegante e determinato come la donna che lo produce e gli dà il nome. In Giappone quando arriviamo in cima al Monte Fuji abbiamo la tradizione di fare un brindisi portafortuna: io la prossima volta lo voglio fare con questo vino.

L'Equilibrista Vintage 2011 Birra del Borgo
Tipologia birra sperimentale
Materia prima di partenza: 50% mosto di sangiovese, 50% mosto di birra (orzo)
Vinificazione e affinamento unione dei mosti, aggiunta del *liqueur de tirage*, affinamento in bottiglia sui lieviti, sboccatura con aggiunta di *liqueur d'expédition*
Zona di produzione Lazio

Colore giallo dorato scarico. Al naso la birra si presenta molto ampia e vinosa, con note di camomilla, viola, orzo, caffè e vaniglia. In bocca si riconoscono il timbro dell'orzo tostato e il caramello.

Abbinare con pollo alla griglia e salsa verde, stinco di maiale al forno al rosmarino e aceto balsamico, *sukiyaki* con cipolla, salsa di soia, sakè e zucchero.

La nuova frontiera della birra: usare il mosto di vino per produrre una bevanda che non è ancora vino, e non è più solo birra.
È come incrociare una tigre con un dragone: qualunque cosa esca, è potentissima!

Costa del vento 2006 Vigneti Massa
Tipologia bianco
Uve 100% timorasso
Vinificazione e affinamento macerazione pellicolare, maturazione sulle proprie fecce per almeno 10 mesi, 12 mesi in bottiglia
Zona di produzione Piemonte

Colore giallo dorato carico. Al naso esprime profumi di fiori gialli, frutta secca, pietra focaia, miele, catrame e cenni minerali.
In bocca è pieno e persistente. Finale amarognolo.

Lo consiglio con zuppa di pomodoro e ricotta di pecora, baccalà mantecato alla piacentina, zuppa di fagioli con olio di oliva e pepe.

Non l'ho scritto sopra, ma vorrei gustare questo vino con tempura e vari tipi di sale (Bretagna, Mongolia, Hawaii…): il sale aiuta molto a sentire meglio i sapori, anche del vino! Voglio ancora dire qualcosa su Walter Massa ma non c'è più spazio: allora gli dico solo "grazie".

# Allegrini: Marilisa Allegrini
A diciotto anni ho detto a mio padre che non poteva contare su di me

Incontrare Marilisa Allegrini, dopo essere stati con Beppe Rinaldi e Walter Massa, è come scendere da una moto da cross e salire su una Bentley. Si viaggia comunque, si fa strada, ma in modo totalmente diverso. In entrambi i casi si prova l'emozione del viaggiare, spinti da un grande motore. Ma gli ambienti sono opposti, esageratamente opposti. Meravigliosamente opposti. Passare dalle case di campagna di Beppe e Walter, con l'aia e i trattori, agli stucchi rinascimentali di Villa della Torre è un modo deciso per attraversare la tanto rinomata biodiversità italiana. La quale non è solo composta da vini, cibi e paesaggi, ma anche da stili di vita. Avremo modo di constatarlo nel nostro lungo viaggio. Ne pregustiamo la meraviglia.

Dobbiamo batterci come leoni

Marilisa Allegrini ha un nome delicato come quello di un fiore, ma di indole è una leonessa. Lo so già prima di incontrarla perché la conosco. Chissà se è vero che nei tratti del volto di una persona è nascosta la sua anima. Non mi intendo abbastanza di fisiognomica, ma posso senz'altro dire che Marilisa ha la fronte ampia delle persone fiduciose nel prossimo e nella vita. Occhi grandi, sguardo diretto, sopracciglia alte e ben disegnate: fanno pensare a una forte intelligenza intuitiva. Ha gli zigomi pronunciati di chi è forte e coraggioso, lo sguardo di chi è sempre pronto alle sfide. Marilisa è una bella donna, molto elegante nei modi, ma che non ti fa mai sentire a disagio. Indossa una

giacca di tessuto cangiante a grandi righe forse grigie e nere, un po' rinascimentale come la linea importante delle spalle imbottite. Certo nulla a che vedere con le giacche di fustagno, le felpe o i maglioni a cui ci hanno abituato gli altri vignaioli.
La prima signora del vino del nostro tour marca subito la differenza anche nell'abbigliamento. Consciamente? Inconsciamente? Sono propenso a credere che le donne lascino ben poca autonomia all'inconscio quando si tratta di look!
Mi dice quasi subito, senza che io glielo chieda, "Sono del 1954, come te". Mi spiazza. Raro da parte di una signora sparare subito l'età, o magari è un amo gettato per pescare un complimento scontato che non faccio. Però non posso non pensare a quanti uomini avrà fatto girare la testa. Mi riprometto di chiederglielo più tardi.
Ci accoglie alla Villa della Torre, gioiello del Cinquecento italiano, oggi di proprietà degli Allegrini, circondata, fino a costituire un unico paesaggio, dal vigneto denominato Palazzo della Torre, da cui viene prodotto il loro vino omonimo. La villa si trova a Fumane, comune di quattromila abitanti a 20 chilometri da Verona, dove è ancora chiamata "el palasso" (il palazzo). La sua costruzione si deve a Giulio della Torre, un intellettuale umanista che per il progetto coinvolse artisti come Giulio Romano, Michele Sanmicheli e Bartolomeo Ridolfi.
La villa è pensata per la pace del corpo e dell'anima, secondo i canoni fissati dai filosofi della latinità tanto amati dalla tradizione umanistica italiana: Vitruvio e Plinio il Giovane.
Tutta l'architettura della villa ruota attorno al peristilio, il "cuore" della casa che ancora oggi accoglie gli ospiti delle non rare feste. Insomma, ci troviamo circondati da così tanta bellezza autentica che mi fa pensare: "Quanto è fortunata l'Allegrini!".
Marilisa ci accompagna in una delle stanze dei Mascheroni. Troneggia un camino circondato da uno stucco che rappresenta un putto, che tiene per le narici un mostro marino, la cui bocca spalancata costituisce appunto la parte centrale del camino stesso. Grottesco e affascinante. Ci sistemiamo al tavolo, Shigeru si occupa di aprire i vini e Simona di prendere appunti. La prima cosa che le chiedo è: "Quante vendemmie hai fatto nella vita?"
Marilisa "Ho incominciato a partecipare alle vendemmie dell'azienda quando avevo quindici anni, ma quelle di cui mi sono occupata personalmente sono quelle dal 1983 in poi."

Oscar "Vuol dire quarantadue in totale e trenta quelle che senti tue. Giusto?"
Marilisa "Sì! Sono tante… sai che non ci avevo mai pensato!"
Oscar "Lo chiedo a tutti. Finora siamo stati da Costantino di Les Crêtes che ne ha fatte trenta, Gaja ne ha fatte quaranta; Beppe Rinaldi cinquanta, Walter Massa, scherzando, ci ha detto cinquantasette, una in meno dei suoi anni. Pensa, alla fine delle interviste avrò parlato con dodici meravigliosi produttori con centinaia di vendemmie alle spalle! Immagina le cose che mi possono raccontare dell'Italia, del loro territorio, delle loro aziende… E come è andato il Vinitaly 2013? È appena finito, sei contenta?"
Marilisa "Sono molto contenta! Mi sembra che sia andata bene e aprire questa villa per tre sere durante i giorni del salone è un momento che aspetto tutto l'anno."
Da anni gli Allegrini organizzano tre feste incredibili durante il Vinitaly. Aprono Villa della Torre a centinaia di ospiti e celebrano i loro vini, i vini di prestigiosi amici vignaioli, il territorio, le tradizioni gastronomiche… Alla festa di ieri sera abbiamo partecipato anche noi e abbiamo avuto il piacere di bere l'Amarone Allegrini con il mio Barolo Casa E. di Mirafiore e con il favoloso Red di Chateau Musar presentato da Serge Hochar in persona!
Oscar "Quanto investi in queste feste?"
Marilisa "300.000 euro e tanta energia."
Oscar "Perché lo fai?"
Marilisa "Perché il mondo del vino italiano è bello e io faccio la produttrice non solo per profitto ma anche per trasmettere un messaggio di passione e amore. Lavoro in questo settore perché ci credo e non solo per fare business."
Oscar "Questa tua onestà forte, che traspare chiaramente, è legata anche a una componente di furbizia. Avere una rete di relazioni che funziona ti aiuta senz'altro a vendere anche più vino."
Marilisa "Certo! Perché dobbiamo pensare che le due cose siano in contraddizione?"
Oscar "Esatto. È quello che sostengo spesso. Si può essere onesti, ma anche furbi, insieme." La chiacchierata parte subito bene, non c'è bisogno di scaldare il motore. Per questo brucio le tappe e faccio una domanda che di solito mi riservo più avanti nella conversazione: "Ma tu, i numeri della tua azienda li conosci? Li hai sempre in testa?"

Marilisa "Sì, ho un buon rapporto con i numeri!"
Oscar "A metà anno sai già come andrà il bilancio?"
Marilisa "Beh, certo. Un imprenditore deve avere chiari limiti e potenzialità, ma il fiuto è indispensabile."
Oscar "Restiamo sul rapporto tra onestà e furbizia. Ti conosco e so che sei generosa, ma vivi in una regione invece egoista, il Veneto. Qui le strade non ci sono perché i terreni sono costosi e nessuno vuole mai vendere. È la regione della Lega, che è il massimo dell'egoismo: al primo posto del suo statuto c'è la secessione, che in soldoni consiste nel 'mi divido da te perché penso di essere più bravo di te'."
Marilisa "Secondo me non si può generalizzare. Ma io non sono fatta così. Ho avuto un percorso di vita di un certo tipo e ho iniziato a viaggiare moltissimo fin da giovane. Questo mi ha aiutato a capire che l'integrazione e l'interazione tra i popoli sono una gran cosa."
Oscar "Fai il vino perché tuo papà faceva il vino?"
Marilisa "Non proprio. Infatti io ho fatto un altro mestiere. Quando avevo diciotto anni ho detto a mio padre: 'Non contare su di me!'"
Oscar "Tuo papà cosa faceva?"
Marilisa "Mio papà, Giovanni Allegrini, faceva vino. Io rappresento la sesta generazione."
Oscar "In che anno è nato?"
Marilisa "Nel 1920 ed è morto nel 1983, giovane, improvvisamente. Però, dopo tanto tempo, ancora oggi quando devo prendere una decisione importante penso: 'Cosa avrebbe fatto mio padre?'"
Oscar "È l'uomo che hai amato di più nella tua vita?"
Marilisa "Assolutamente sì! È l'uomo della mia vita!"
Oscar "Ma lui come è arrivato al vino? Ha subito preso il testimone dalle generazioni precedenti?"
Marilisa "No, ha avuto anche lui la sua ribellione giovanile. Voleva fare il pilota d'aereo e non ha potuto farlo per un problema di tachicardia. Quindi ha scelto di tornare nell'azienda di suo padre a fare il vino."
Oscar "Parte già benestante?"
Marilisa "Sì, in origine i nostri avi, fin dalla prima generazione, erano proprietari terrieri, agricoltori."
Oscar "Tuo padre era fascista?"
Marilisa "Lo era. Per lui il fascismo rappresentava ordine, regole, lavoro... Anche dopo la guerra è rimasto di destra ma con un forte senso critico e una grande capacità di giudizio."

Oscar "E lui come lo faceva il vino? Era già buono?"
Marilisa "Il suo vino era buonissimo. In Valpolicella è stato un grande innovatore. Faceva le nostre tre Doc: Valpolicella, Amarone e Recioto. Lui si considerava bravo quando riusciva a fare un buon Recioto. Dell'Amarone gli importava poco: lo considerava un Recioto *scapà*."
E qui mi parte il folletto malizioso. È la parola Valpolicella che canta nella mia testa e io mi rido dentro... a squarciagola. "Nel Valpolicellaaaa la vecchia zitellaaa cerca l'amooor, nel trani a go-go...", Gaber, anni sessanta. E, rapida e incontrollabile, si materializza nel pensiero la considerazione sul cambiamento degli ultimi cinquant'anni: nelle osterie milanesi si beveva vino pugliese sfuso (Trani e Barletta), tanto da dare il nome ai locali e le donne a trentacinque-quarant'anni erano definite zitelle. Oggi siamo di fronte alla signora dell'Amarone e le zitelle non esistono praticamente più.
Oscar "Quanti figli ha avuto tuo padre?"
Marilisa "Tre."
Oscar "Come mai non nomini mai tua mamma?"
Marilisa "Perché non aveva molto a che fare con l'azienda... e poi tra mamma e figlia il rapporto è diverso. Io ero una bambina molto energica e soffrivo un po' del fatto che le attenzioni fossero dedicate soprattutto al primo figlio, il mio fratello maggiore, e all'ultimo figlio, Franco, il più piccolo. Per contrasto io mi sono resa da subito autonoma e ho sviluppato moltissimo la mia indipendenza. Sennonché, negli anni dell'adolescenza, i miei genitori hanno capito che ero una biscia che scappava loro dalle mani. Allora mi hanno riversato addosso attenzioni tardive, ma a quel punto per me è stato molto difficile accettare questo cambio di rotta."
Oscar "In quegli anni non pensavi che avresti fatto il vino da grande?"
Marilisa "Assolutamente no! A diciotto anni ho detto a mio padre che non doveva contare su di me! I miei fratelli invece si sono sempre occupati dell'azienda."
Oscar "Al tempo quante bottiglie facevate?"
Marilisa "Circa 50.000 con 25 ettari."
Oscar "Quindi la tua storia inizia con 25 ettari. Oggi quanti ne avete?"
Marilisa "212 ettari di proprietà e circa 60 in affitto. In Veneto e in Toscana."

Oscar "Torniamo agli anni settanta, i tuoi fratelli lavorano in azienda, tu cosa fai?"
Marilisa "Decido di fare medicina, sentivo una forte vocazione e volevo farla a Padova. Mio papà, che sapeva che se avessi fatto medicina non sarei mai più tornata in azienda, mi dice che non mi avrebbe mandato a Padova a studiare ma, se proprio volevo fare l'università, avrei dovuto restare a Verona. Era un ricatto! Avrei voluto non piegarmi ma non potevo rinunciare all'università, quindi mi iscrivo a fisioterapia, a Verona."
Oscar "Ma sei riuscita a escludere completamente il mondo del vino?"
Marilisa "Naturalmente no! Il sabato e la domenica li passavo a occuparmi delle fatture e di un po' di cose amministrative. In fondo i rapporti in famiglia sono rimasti sempre buoni."
Oscar "Una volta laureata in fisioterapia cosa fai?"
Marilisa "Faccio la fisioterapista per cinque anni al Policlinico di Borgo Roma, a Verona, facendo anche una bella carriera. Dicono fossi brava e mi piaceva!"
Oscar "Normale! Tu avresti fatto carriera ovunque! Se prendevi un bar diventava il bar più figo del mondo con la coda fuori!"
Marilisa "Diciamo che me la cavavo bene. Tant'è che quando decido di tornare in azienda l'ospedale mi offre una posizione di prestigio. Ma non ho accettato. Avevo ventotto anni…"
Oscar "Ed eri fidanzata?"
Marilisa "Sono partita con il piede sbagliato. Nel mio desiderio di affrancarmi dalla famiglia mi sono sposata molto giovane, con la persona sbagliata: un medico molto più grande di me. Ci abbiamo messo due anni per decidere di separarci e altri tre per arrivare alla separazione vera e propria. Cinque in tutto. Avevo capito di aver sbagliato già il giorno dopo il matrimonio…"
Oscar "Addirittura?"
Marilisa "Perché devi ascoltarti. Una sera a Roma, in piazza di Spagna (ci passavamo per il viaggio di nozze) vedevo i giovani che suonavano la chitarra e avevo voglia di sedermi con loro, poi guardavo il mio neo marito e mi chiedevo cosa facesse lui vicino a me o io vicino a lui. Aveva quindici anni più di me. Il fallimento del mio matrimonio ha fatto sì che mio padre si sentisse di insistere per farmi tornare in azienda. Nonostante il mio divorzio fosse tra i primi di Fumane e

mia mamma se ne vergognasse moltissimo, lui ne era felice perché desiderava che io avessi un'altra possibilità."
Oscar "Tuo papà ti voleva in azienda a tutti i costi."
Marilisa "Sì, a tutti i costi!"
Oscar "Aveva capito che avevi qualità e ti voleva a lavorare accanto ai fratelli."
Marilisa "Credo avesse capito che potevo essere complementare a loro."

Vado a vendere un po' di vino in America

Quindi dopo il fallimento del primo matrimonio Marilisa, a ventisei anni, entra definitivamente a far parte dell'azienda. Il momento del suo divorzio è risolutivo e la prospettiva di cambiare completamente ambito lavorativo, dalla carriera in ospedale al mondo del vino, è un nuovo punto di partenza. Mi viene naturale chiedermi se questo padre avesse capito che Marilisa aveva dei grandi numeri da spendere a favore dell'azienda, oppure se avesse quella naturale predilezione che spesso i padri dimostrano nei confronti delle figlie femmine. Probabilmente entrambe le cose.
Marilisa "Mi prendeva in giro, diceva che ero l'intellettuale di famiglia. A volte, in ambito lavorativo, tra uomo e donna funziona meglio che tra uomo e uomo. Tu non hai avuto figlie femmine e non lo puoi sapere ma il rapporto tra un padre e una figlia è un'alchimia molto difficile da spiegare."
Oscar "Ci credo. Non ho avuto figlie femmine ma ho molti amici che ne hanno e quello che mi raccontano è la stessa cosa che mi stai dicendo tu. Le figlie femmine li fanno impazzire! I miei coetanei padri vanno fuori di testa per le figlie." Ma l'esempio più forte in questo senso l'ho avuto da mio padre e da mia sorella. Lui non riusciva a dissimulare la predilezione per lei e Paola, mia sorella, ha sempre adorato mio padre sopra ogni cosa.
Marilisa "Mio padre pensava che io fossi la ragazza più intelligente del mondo. La più bella, la più ambita." E le parole di Marilisa devono essere così universalmente vere da spingere Shigeru a dirci "Oscar, anche io! Stravedo per la mia figlia femmina!". Shigeru non si sarebbe mai inserito se non avesse condiviso così fortemente que-

sto pensiero. Ne prendo atto, e penso che anche a me, dopo i tre maschi, sarebbe piaciuto avere una femmina. Per fortuna ora è nata Celeste, la mia prima nipote, sono nonno.
Chiedo a Shigeru se è pronto a parlarci del primo vino, il Viognier 2011 di Calatrasi e Micciché. Il produttore è un mio amico, Maurizio Micciché, un grande personaggio dell'antimafia. I vigneti sono intorno a Portella della Ginestra, nella Piana degli Albanesi, dove nel 1946 il bandito Giuliano, ingaggiato dai latifondisti, fa sparare sui contadini che reclamavano una vita migliore. Siamo a più di 900 metri s.l.m., in montagna. Shigeru è bravissimo nella descrizione e dice che si sente che è un vino di altitudine. Non credo lo sapesse, o forse sì, ma apprezzo molto che dica che "si sente". Gli abbinamenti che suggerisce sono con tempura di verdure e funghi, ma non porcini, uovo sodo con crema al Marsala, frittata di rucola oppure ostriche, ma "quelle grasse". Marilisa apprezza molto la freschezza di questo Viognier, ma io incalzo: "Che ruolo ti assegna tuo padre?"
Marilisa "A mio padre dico che voglio dettare delle condizioni. Pensa, all'epoca avevamo la cantina, ma non avevamo un ufficio! La prima cosa che gli chiedo è di avere un ufficio. E questo te la dice lunga su quello che è il contributo di una donna in una realtà in cui hanno sempre lavorato maschi." – e sì che me la dice lunga, penso, ci credo anche io e infatti Marilisa arriva proprio al punto – "Sai Oscar, una donna è generalmente più ambiziosa di un uomo, vuole anche immagine, vuole decoro, comfort." Chiarissimo! La donna Marilisa di oggi infatti non è che la continuità della ragazza Marilisa di allora. Aveva già le idee chiare sull'importanza dell'immagine per vendere bene.
Oscar "Ma il tuo ruolo chi lo decide?"
Marilisa "Mio padre, e chi se no? Al tempo mio fratello Franco seguiva mio padre nella vinificazione, era il nostro enologo, mentre Walter si occupava della campagna. C'era una carenza nell'amministrazione, che è appunto l'ambito a cui mi destina mio padre. Ma non solo. Io gli dimostro di aver capito che non basta fare buoni vini, bisogna anche essere in grado di comunicarli, creando un rapporto tra chi fa il vino e chi lo consuma. E io avevo delle idee su come rendere semplice e comprensibile il messaggio: iniziando a comunicare la nostra passione nel fare vino."
Oscar "Certo, volevi fare coccodè a tuo modo." Marilisa sorride per-

ché sa benissimo che mi riferisco al mio pallino secondo cui le galline sono delle fantastiche comunicatrici, perché fanno coccodè. Sono loro che hanno inventato il marketing. Fanno l'uovo e poi lo dicono.
Marilisa "Avevo delle idee e ho detto a mio padre che volevo iniziare a viaggiare per vendere il nostro vino all'estero e comunicarlo in un certo modo. Lui, come per l'università, mi ha osteggiata moltissimo! Mi diceva che, se volevano i nostri vini, i compratori dovevano venirli a prendere da noi. A quei tempi era normale pensarla così."
Oscar "Oppure era una forma di protezione nei tuoi confronti. Quindi tu avevi avuto l'intuizione del mercato globale."
Marilisa "Sì. Esportavamo dal 1972 e negli anni ottanta facevamo già quasi il 50% delle vendite all'estero."
Ci lasciamo andare a qualche considerazione politica. Marilisa oggi vota Pd, "per il bene del Paese" dice, ma l'essere arrivata a questo punto, in totale autonomia rispetto al credo fascista del padre, non deve esserle costato poco. Mi immagino un dialogo sempre aperto con questo genitore e lei che cerca di spiegare le sue ragioni. Marilisa ci tiene a dire che oggi vota a sinistra, ma non è sempre stato quello il suo credo politico. Ma ci torneremo più avanti alla politica.
Oscar "Torno a bomba sul vino. A parte il modo di comunicarli, nei vini Allegrini c'è anche qualcosa di tuo?"
Marilisa "A Bolgheri nel 2003 abbiamo piantato i primi 11 ettari. Poi nel 2004, 7 ettari di vermentino. Nel 2003 mio fratello Walter è mancato e io mi sono trovata a dover decidere le sorti di quel vino pur non sapendo quasi nulla di eno-agronomia. Per fortuna accanto a me c'era un bravo agronomo, Stefano Bartolomei. A lui ho detto che volevo un vino strutturato, non semplice, con una buona acidità, senza legno e longevo. E tutto questo me lo aspettavo dal vermentino. Io non sono enologa o agronoma, ma so cosa voglio. Quando senti parlare di vino e di problematiche connesse all'agricoltura, da quando sei piccolo, ti resta tutto."
Oscar "Chiaro! Ma tu gli hai detto come lo volevi in base ai tuoi gusti o in base al mercato?"
Marilisa "In base ai miei gusti. Voglio che piaccia a me. Poi ci penso io a venderlo."
Oscar "E te lo hanno fatto come volevi tu?"
Marilisa "Sì, fin dalla prima vendemmia! Con questo non voglio dirti che negli anni non abbiamo mai cambiato modo di fare il vino,

anzi! Quando ho iniziato a viaggiare ho capito che il nostro Amarone era perfetto per la piccola enclave del Valpolicella, ma paragonato ai grandi vini del mondo risultava troppo ricco, pesante, passito. Troppo "Amarone" insomma. Ne ho parlato con mio fratello Franco e lui è stato in grado di togliere quelli che si potevano considerare dei difetti. È un enologo molto preparato.
Oscar "Ti racconto un fatto che riguarda il tuo Amarone. Un giorno Carlin Petrini e io andiamo a pranzo a casa di Giancarlino Ronzoni, un nostro amico di Comunione e Liberazione, c'era pure Giancarlo Cesana. Due noti comunisti in un covo di ciellini, che decidono di sfidare Carlin con una degustazione cieca. Lui assaggia uno di questi vini e dice 'Amarone Allegrini, facile!'. Era un tuo 'Tre Bicchieri'. Carlin ha un palato formidabile, ma è anche vero che il tuo Amarone è inconfondibile. Gli altri ci sono rimasti di stucco!"
Marilisa "Ti ringrazio!"
Marilisa mi guarda e si capisce che è al settimo cielo. Non avrei potuto farle un regalo più grande.

La terra è l'unico bene che non si può incrementare

Oscar "Dopo il medico, hai avuto un altro uomo immagino."
Marilisa "Certo. Sei anni dopo ho conosciuto Giancarlo con il quale ho avuto le mie due figlie."
Oscar "E l'hai sposato?"
Marilisa "No, il matrimonio è un errore che si può fare una sola volta nella vita, quindi non ci siamo mai sposati."
Oscar "E i viaggi quando iniziano?"
Marilisa "Nel 1983, l'anno in cui è mancato mio padre. Non prima. Mio padre è stato a capo dell'azienda fino a quando è esistito. Mi ricordo che quando è morto molti veronesi pensavano che noi tre fratelli in sei mesi ci saremmo mangiati tutto il patrimonio di famiglia. Non ci giudicavano in grado di continuare bene come lui."
Oscar "Aveva qualcosa di speciale? Arrivava prima degli altri?"
Marilisa "È sempre stato un grandissimo pioniere! Tu pensa che nel 1979 mio padre ha deciso di piantare i vigneti a guyot, come aveva visto fare in Francia. Il vigneto La Grola di cui quest'anno celebriamo i trent'anni, è tutto piantato a guyot. In Valpolicella fino a quel

momento si coltivava la vite a pergola, perché l'uva corvina è molto vigorosa e ha bisogno di spazio. Ma lui decide di innovare e tenta una strada nuova. Non aveva spirito innovativo nel marketing ma in agricoltura si può dire che sia stato addirittura rivoluzionario."
Oscar "È stato un anno importante quel 1979."
Marilisa "Sì, è l'anno in cui mio padre compra il vigneto Palazzo della Torre, costruisce la cantina che usiamo ancora oggi per la vinificazione dell'Amarone e... finisce i soldi! Ma non ancora soddisfatto si procura l'occasione di poter acquistare La Grola, un vigneto abbandonato da ottant'anni. Lui non si spaventa e decide di fare un investimento di 400 milioni di lire, prendendo in prestito soldi dalle banche, al 25% di interesse. Tutto questo mentre l'azienda fatturava 200 milioni di lire!"
Oscar "Ne aveva parlato con voi?"
Marilisa "Con Franco e con Walter, perché io allora non ero ancora rientrata in azienda. Per darsi coraggio diceva sempre che la terra è l'unico bene che non può aumentare di quantità. Se le cose ci fossero andate male, avremmo potuto rivenderla."
Oscar "Certo, detto in modo più scolastico, poiché tutti i prezzi sono figli della vecchie legge fisica della domanda e dell'offerta, l'unico bene al mondo in cui l'offerta è rigida è la terra. Quindi nel tempo il prezzo non può che salire. Dunque nel 1980 quando sei entrata in azienda non c'erano soldi."
Marilisa "No. C'erano i debiti."
È tempo di assaggiare il secondo vino, l'Otello, il Lambrusco delle Cantine Ceci. Shigeru ce lo racconta come un vino molto piacevole con sentori di mirtillo, sottobosco, zucchero di canna, frutta candita e prugne secche. Lo abbina con salumi di vario genere, tra cui la mortadella con il "pistaccio" (non è un refuso, lui il pistacchio lo pronuncia così). Poi si dilunga a spiegarci che la tannicità di questo vino risulta ammorbidita e mitigata dall'importante residuo zuccherino. Da parte mia aggiungo che il Lambrusco è un vino che mi piace moltissimo, ingiustamente sottovalutato. Concordo con Shigeru, con il Lambrusco mangerei pane e salame, magari quello di Varzi, oppure culatello di Zibello Dop, sentendomi un re!
Marilisa "Davvero non credevo che esistesse un Lambrusco così buono."
Oscar "Perché non conosci Alessandro Ceci. Lui è il missionario del Lambrusco. Con questo Otello ha pure preso i "5 Grappoli" dell'Ais.

Il Lambrusco è uno dei vini italiani più esportati. Merita maggior rispetto. Ma torniamo ai primi anni ottanta, che fai?"
Marilisa "Nel 1983 faccio il mio primo viaggio in Svizzera, a Zurigo. Da quel tour, in cui assaggio vini che mi piacciono moltissimo, dico a Franco che dobbiamo lavorare su struttura e acidità e fare un vino a metà strada tra il Valpolicella e l'Amarone, partendo appunto da quel concetto viticolo innovativo che nostro padre aveva impostato. Nasce così La Grola."
Oscar "Tuo fratello ti capiva sempre al volo?"
Marilisa "Sì! Dopo alcuni mesi vado negli Stati Uniti. È stata la prima volta della mia vita. Ho fatto New York, Boston e Chicago. A quel tempo avevamo un agente un po' scalcinato."
Oscar "Cosa hai detto ai tuoi fratelli quando hai deciso di dedicarti all'America?"
Marilisa "Era ancora il 1983, avevamo dei debiti… Quindi ho detto 'Vado a vendere un po' di vino in America!' E loro ne sono stati ben contenti!"
Oscar "Quanti punti in comune tra la mia storia e la tua! Hai mai pensato di non farcela?"
Marilisa "No, allora no. Un po' di panico l'ho avuto nel 2009."
Oscar "Poi mi racconti, ma restiamo all'America. Cosa hai visto lì?"
Marilisa "Viene a prendermi il mio agente un po' naïf e mi porta subito a New York. La prima cosa che mi colpisce è la sporcizia che allora c'era in strada. Qui in provincia non eravamo abituati."
Oscar "La prima cosa che ho pensato io, quando ci andai nel 1981, è che era tutto come nei film: il vapore che usciva dai tombini, le luci, i grattacieli, i taxi gialli. In realtà molti, quando si trovano per la prima volta a New York, hanno l'impressione di esserci già stati. Effetto dei telefilm."
Marilisa "Sì, può essere. A ogni modo il mio agente, come prima cosa, mi chiede di preparare una presentazione in cui metto tutto ciò che so della mia azienda. Questa fase mi ha formata e ho capito che saper comunicare in modo essenziale, toccando le corde dell'emozione, è una qualità che negli affari serve tanto."
Oscar "In quei giorni vendi? Mantieni la promessa fatta ai tuoi fratelli?"
Marilisa "Dopo un mese e mezzo torno con un ordine di duemila

casse, tutte piazzate negozio per negozio! Quell'anno, il 15 agosto, partecipiamo tutti alle operazioni di imbottigliamento, e il 16 partono già i container. Il nostro fatturato raddoppia. Usciamo dai debiti nel 1989 grazie all'incremento di fatturato in Usa. Nel 1990 siamo arrivati a fatturare un miliardo di lire."
Oscar "Complimenti! Questo significa che tu hai dato una svolta all'azienda. Da quel momento in poi l'avrai sentita davvero tua."
Marilisa "Sì, è così."
Oscar "I tuoi fratelli hanno la stessa facilità che hai tu con i numeri?"
Marilisa "Loro sono molto più bravi di me in altre cose altrettanto importanti."
Oscar "Nella gestione dell'azienda ti ricordi di grandi cambiamenti?"
Marilisa "Non ci sono state grandi virate ma una progressione."
Oscar "E quando decidi di investire in Toscana?"
Marilisa "All'inizio del 2000, ma non senza scontri con i miei fratelli. Intendiamoci, scontri tra fratelli che si adorano. L'amore e la stima tra noi non sono mai venuti meno."
Mentre Marilisa racconta non posso non pensare che anche nella mia realtà, chi si occupa di vigna e di produzione, è meno propenso al cambiamento. Tende sempre a voler ripetere i gesti che vengono dalla tradizione. Ma, abbinando tradizione e innovazione, si riesce a trovare la formula vincente. Io spendo sempre molte energie per convincere chi lavora con me a essere aperto alle innovazioni. Da quest'opera di convincimento deriva un doppio vantaggio: posso migliorare le mie teorie grazie alle loro obiezioni e innescare quel fenomeno che si chiama creatività di gruppo. Se invece impongo ai miei collaboratori di fare un cambiamento senza che ne siano convinti, il risultato è compromesso. Il racconto prosegue e mentre la ascolto parlare della crescita esponenziale di vendita nei mercati scandinavi e delle discussioni in famiglia sulle opportunità che davano i nuovi mercati, trovo il momento adatto per interromperla: "Ma in quegli anni eri già una donna elegante come lo sei oggi?" L'attenzione mi è ricaduta sulle linee rigide e "rinascimentali" della giacca.
Marilisa "Sì, ho sempre pensato che il modo in cui ci poniamo è la prima percezione che diamo. E mi piaceva molto anche l'idea di trasmettere lo stile italiano. In America ti guardano, ti giudicano e in quanto italiana io avevo il desiderio di distinguermi."

Nessun uomo mi può chiedere di allontanarmi dal mio lavoro

L'amore di Marilisa per Giancarlo, il padre delle sue figlie, dura una decina di anni. Finisce lentamente, ci spiega, per lasciare il posto a una nuova storia d'amore. L'America sarà complice. Lui è un grande importatore di vini italiani negli Usa. Non sarà, mi domando, che lo strepitoso successo dell'Amarone sul mercato americano sia figlio di questa storia d'amore? Pensandolo me la rido. Marilisa che cambia il destino di un vino gettandosi tra le braccia di un potente importatore. Non mi trattengo, glielo dico.
Marilisa "Smettila, malizioso! È stata la più lunga storia d'amore della mia vita: quindici anni, una cosa seria."
Marilisa intensifica i suoi viaggi d'affari negli Stati Uniti, rendendoli compatibili con il pellegrinaggio sentimentale. Ogni due o tre settimane è a New York. Attenzione! Lei viaggia. Non ha mai pensato di trasferirsi oltre oceano. Non avrebbe mai lasciato l'Italia.
Marilisa "Ma anche lui non avrebbe mai lasciato gli Stati Uniti. Alla fine la nostra storia non è sopravvissuta alla lontananza". I veri valori di Marilisa sono in Italia. La sua vera famiglia è in Italia. Perfino il padre delle sue figlie rimane a lavorare con gli Allegrini. Sono argomenti delicati e non voglio insistere con domande impertinenti, ma mi è chiaro che nel momento in cui si è trovata a decidere tra mollare tutto ricominciando una nuova vita o restare in Italia, ha scelto il lavoro. Nonostante il fascino di New York, nonostante le prospettive interessanti, nonostante… l'amore.
Marilisa mi sta ancora guardando con rimprovero per la mia battuta di prima sul successo dell'Amarone figlio dell'amore. Occorre cambiare discorso e la scusa c'è, eccome! Si chiama "25 Anni", è il Sagrantino di Montefalco di Arnaldo Caprai, millesimo 1999. Si tratta di uno dei vini rossi italiani che preferisco. Sarò pur contagiato dall'amicizia e dalla stima che provo per Marco Caprai, ma rimane il fatto che sono in molti a pensarla come me su questo vino. Anche Shigeru la pensa così, infatti parte come un razzo a decantarne le lodi.
Dice che è molto concentrato con sentori freschi di sottobosco e fiori rossi. Lo trova "lungo", dice che gli riempie la bocca, ma anche la testa e il cuore. È un vino che gli fa venire voglia di mangiare carne alla griglia al sangue con il sale a bordo piatto, piccione, lepre e for-

maggi di fossa. Sapori forti che possano ben sostenere il corpo del vino. D'altra parte lui abbina al contrario. Il cibo è una parentesi a sostegno del fattore principale, il vino.
Sull'onda del successo del Sagrantino, passiamo subito al quarto vino, che conosco altrettanto bene. Un altro rosso strepitoso. D'altra parte nel regno dell'Amarone non si può arrivare con dei rossi qualunque.
Oscar "Angelo Gaja mi rimprovera sempre che nelle interviste non parlo mai di Barbaresco, sempre di Barolo. Oggi lui sarebbe contento perché ti ho portato un Barbaresco fantastico."
Racconto a Marilisa di questo cru Santo Stefano. Lei naturalmente conosce quello del mitico Bruno Giacosa.
Oscar "Questo non è da meno. Le uve provengono dalla stessa collina. Il produttore è Castello di Neive, lui si chiama Italo Stupino, proprietario del castello e di vigneti molto importanti nella zona del Barbaresco. Tra cui appunto Santo Stefano. Ho scelto il 2004, che ne pensi?"
Marilisa "Hai ragione Oscar, è meraviglioso. Ritengo che il nebbiolo sia un grandissimo vitigno e, anche se amo l'Amarone, Barolo e Barbaresco mi danno sempre grandi soddisfazioni. Non hanno l'immediatezza dell'Amarone che è un vino buono anche giovane. Ma questa componente dell'attesa è molto interessante. Li rende eleganti, potenti, diversi ogni anno."
Oscar "Sono d'accordo!" Certo che sono d'accordo! Ma spiego a Marilisa che, in particolare il Barbaresco, è buono anche giovane, a soli tre anni dalla vendemmia.
Oscar "Marilisa, mentre Shigeru si prepara per dirci ciò che pensa di questo Barbaresco, io ti chiedo... ma tu, quando dici 'famiglia' a chi ti riferisci?"
Marilisa "A mio fratello, alle mie figlie e in modo diverso anche a Giancarlo, che ha continuato a lavorare in azienda nonostante la nostra separazione."
Oscar "Che rapporto hai con le tue figlie?"
Marilisa "Mi sento così fortunata ad averle, e ad averle così come sono. Nella mia vita, a causa del lavoro, ho perso i loro anni più importanti... potrei raccontarti diversi episodi."
Oscar "Quando sono nate?"
Marilisa "Carlotta nel 1989 e Caterina nel 1992. In quegli anni ero

molto felice nei panni di mamma. Le ho allattate entrambe anche se non ho fatto lunghe pause dal lavoro durante le gravidanze. Mi rendevo conto che l'azienda aveva bisogno di me e mi sono ributtata subito a capofitto a vendere vino."
Oscar "Ma non hai mai pensato di assumere un direttore commerciale? Avrebbe potuto aiutarti."
Marilisa "Ho provato, ma alla fine ho preferito occuparmene io. Ne ho avuto uno che mi ha affiancato per cinque anni, viaggiando in due si poteva sviluppare più business, ma dopo quel periodo ho preferito pensarci da sola."
Penso che Marilisa sia una fuoriclasse solitaria. Non dico che non deleghi, certo lo sa fare, altrimenti non avrebbe raggiunto questi traguardi. Semplicemente certe cose preferisce farle lei. I goal per esempio. Ricordo che quando l'ho conosciuta era già fornitrice di Eataly. Mi disse: "Appena ho capito cosa sarebbe diventato Eataly, ho cercato tuo figlio, gli ho chiesto un appuntamento e sono andata personalmente a fare il primo ordine".
Certe cose, Marilisa, le vuoi fare lei.
Oscar "Ti capisco... senti, mentre beviamo il Barbaresco, vorrei sentire da te i numeri per capire la tua azienda. Quante bottiglie?"
Marilisa "4 milioni e 100.000 l'intero gruppo, più dell'80% all'estero."
Oscar "Quante vengono dal Veneto e quante dalla Toscana?"
Marilisa "2 milioni di bottiglie di Allegrini, 1 milione e 500.000 con il marchio Corte Giara, circa 200.000 di San Polo a Montalcino e 400.000 bottiglie di Poggio al Tesoro a Bolgheri."
Oscar "Fatturato?"
Marilisa "27 milioni di euro."
Oscar "In quanti Paesi vendi?"
Marilisa "Sessantanove nazioni."
Oscar "Beh, nel mondo ce ne sono 194... hai ancora spazio! Come mai andate tutti a investire in Toscana?"
Marilisa "Non posso parlare per gli altri. La Toscana è ancora la regione vinicola italiana più conosciuta all'estero. Per quanto riguarda noi, c'è poi il tema della continuità di Allegrini. Se servisse i nostri figli potranno scegliere. Mio fratello Walter aveva tre figlie. Una purtroppo è mancata sei mesi dopo di lui per un incidente stradale in moto. Franco ha tre figli. Io ho due figlie... È una famiglia numerosa. Ma

delle mie due figlie solo una entrerà in azienda, Caterina, perché l'altra, Carlotta, ha fatto la scelta che volevo fare io, studia medicina."
Oscar "E questo splendore di Villa della Torre?"
Marilisa "L'ho voluta a tutti i costi. Era il coronamento di un sogno di bambina che mai avrei pensato potesse realizzarsi."
Oscar "Hai fatto come tuo padre!"
Marilisa "Sì, inconsciamente rivivo le azioni di mio padre."
Oscar "E nel 2008 è arrivata la crisi, la grande crisi, proprio dal Paese dove tu esporti maggiormente: gli Stati Uniti. Sei tornata ai debiti?"
Marilisa "Facile da immaginare. Odio la finanza."
Oscar "Idem, anche io."
Marilisa "Trovo che investire oggi un euro e dopo tre giorni trovartene due, non è etico. I soldi bisogna farli con il lavoro. La crisi di Lehman Brothers ha spiazzato tutti. Per noi il 2009 è iniziato con un fatturato di meno 60%! Cosa potevamo fare con i debiti da pagare? Un po' di panico mi ha dato la carica per viaggiare ancora di più! Credo di non aver mai fatto tanti viaggi come nel 2009… e pian piano ci siamo risollevati. Anche il 2009 è finito a più 8%. Nei tre anni successivi abbiamo raddoppiato il nostro fatturato."
In un momento così difficile Marilisa è stata bravissima! Come ha detto Einstein la crisi può diventare una benedizione per chi ha la capacità di reagire. La crisi genera nuova creatività nelle persone di coraggio, proattive, che invece di lamentarsi si rimboccano le maniche. Dico a Marilisa che Einstein beveva Barolo. Lei è veloce: "Ecco perché sembrava sempre ubriaco. Con l'Amarone si resiste di più." Non possiamo non ridere e poi con il Barbaresco Santo Stefano in mano è un piacere. Me lo tracannano con gioia senza tanti versi e risucchi.
Shigeru "Questo Barbaresco è elegantissimo! Sento menta, liquirizia e pepe bianco…"
Oscar "Anche la menta?… Hai ragione!"
Shigeru ha la capacità di sentire profumi e sapori che riconosco solo dopo le sue descrizioni. Da solo non ci riesco. E ogni volta mi maledico per non esserci riuscito. Meno male che Shigeru esiste. Lui è quel che si dice un "palato assoluto", un "naso assoluto". Bere con il mio socio giapponese è tutta un'altra cosa.
Shigeru "Sì, si sente. È fresco, asciutto. In bocca è morbido e ha i tannini giusti e ben bilanciati. In questo vino tutto è tipico del Nebbiolo, è l'apotesi (apoteosi) del Nebbiolo. Si abbina bene con stra-

cotto di manzo, formaggi stagionati e fontina o taleggio stagionato, ma non troppo."
Marilisa "Sono d'accordo! Il Nebbiolo fatto e invecchiato come Dio comanda (e Dio, per voi di Langa, comanda botti grandi) è uno di quei vini che assaggiato alla cieca non puoi confondere. Come il mio Amarone per Carlin." Ma quanto l'ho fatta godere con quel racconto!
Ora tocca al vino di Marilisa. Se devo essere sincero ero terrorizzato, dopo un Barbaresco così, di dovermi cuccare un Amarone. Per l'amor di Dio, è buonissimo. Ma non dopo un Barbaresco Santo Stefano 2004. E cosa si può bere invece? Ma certo, un grande bianco, magari non tanto giovane. Marilisa conosce i miei gusti e ha deciso di farci assaggiare il suo Solosole 2007, un Vermentino in purezza di Poggio al Tesoro a Bolgheri, quel vino fatto seguendo le sue indicazioni di cui ci ha parlato all'inizio del nostro incontro. Gran bella idea. Così terminiamo come avevamo incominciato.
E qui succede una cosa che voglio tentare di raccontare. Assaggio un sorso del Vermentino e mi scappa un commento non proprio elegante "Madonna! Che vino!".
L'aspetto di Marilisa l'ho già descritto: una bella donna, elegante nei modi, negli abiti, nel linguaggio. Una donna raffinata che non lascia nulla al caso, conscia del suo fascino e del fascino del contesto in cui ci riceve. Ma questa signora, nel sentire il mio commento, inizia a battersi il palmo della mano sul petto, in segno di entusiasmo, come se stesse facendo i complimenti a se stessa per il suo vino. Fantastico! Eccola qui la mia vecchia teoria dei contrasti apparenti che si avvera. Quando una donna così elegante e composta riesce ad abbandonarsi a un gesto decisamente spontaneo per me è sublime! È una roba che mi manda fuori di testa! Brava, vorrei dirle, e non solo per il vino!
Oscar "Giura, giura che in questo vino non c'è riesling."
Marilisa "Te lo giuro! Lo giuro sulle mie figlie, ma non come fa Berlusconi! Viticoltura maniacale, la chiave è lì! Quando lo assaggio la prima volta, ogni anno, mi arrabbio perché dico che non è più come quello dell'anno prima. Poi però viene fuori sulla distanza."
Oscar "Brava. Non smetto di dirti brava. Dai, dimmi cosa farai in futuro. Che progetti hai?"
Marilisa "Per prima cosa devo finire di consolidare i miei investimenti."

Oscar "E secondo te, questo Paese, dove va a finire? Tu guardi l'Italia da sessantanove nazioni diverse. Hai un vantaggio enorme rispetto a chi lavora solo sul mercato italiano. Che idea hai dell'Italia?"
Marilisa "Quando vado in giro per il mondo, nonostante tutto, sento ancora una grande simpatia per l'Italia. Nel nostro campo sento anche stima. L'Italia è il Paese dove è nato l'Umanesimo. Questo è un concetto ad ampio raggio. Noi italiani abbiamo una profondità di cuore che dobbiamo tenerci stretta e che è la nostra vera risorsa. Gli italiani sono simpatici nel mondo! Certo che questa crisi contingente deve necessariamente finire. Oggi siamo in una sorta di Medioevo della storia italiana, ma possiamo uscirne e possiamo farcela."
Oscar "E a tuo modo, per contribuire a uscire dalla crisi, nei prossimi anni continuerai ad andare in giro per il mondo a vendere vino, giusto? Non ti pesa viaggiare sempre sola?"
Marilisa "Questa vita mi piace. Quando viaggio per lavoro non ho poi così tante occasioni di essere sola, tu lo sai senz'altro quanto me."
Oscar "Vuoi ancora crescere?"
Marilisa "Non troppo. Vorrei consolidare le aziende che abbiamo. Da 27 milioni di euro possiamo tranquillamente arrivare a 40 milioni, ma non credo che ci ingrandiremo oltre. Non so se saremmo capaci di continuare a fare un prodotto vero e identitario oltre certe quantità."
Oscar "Ti faccio l'ultima domanda, poi sentiamo Shigeru che commenta il tuo vino. Ma rispondi solo se vuoi, ciò che dici andrà in un libro. Oggi hai un uomo? Sei innamorata?"
Marilisa "No."
Oscar "Vorresti averlo?"
Marilisa "In due si vive sempre meglio che soli."
Provo a essere più diretto: "Hai voglia di innamorarti da capo?"
Marilisa "Sì!" – E sorride imbarazzandosi un po' – "Come si fa a rinunciare alla possibilità di innamorarsi? Non si può!"
Oscar "E l'amore esagerato che hai per il tuo lavoro non è un freno per emozioni altrettanto forti?"
Marilisa "Assolutamente sì! Il mio lavoro mi gratifica così tanto che riesce a riempire molti vuoti. Però sono anche consapevole che l'amore è un'altra cosa."
È vero. L'amore è un'altra cosa... forse più grande, di sicuro diversa. Ma uomini, attenzione, non chiedetele di rinunciare al suo lavoro

perché non lo farebbe mai. È un compromesso che nel passato, nel presente e, io credo, anche nel futuro, Marilisa non è riuscita, non riesce e non riuscirà ad accettare. Ed è, ci dice, una dimostrazione di rispetto.
Mi viene in mente Rita Levi-Montalcini. Una sera, a Bologna, ho avuto la fortuna di cenare con lei. Aveva da poco compiuto novantanove anni. Mi raccontò che lei non si era mai messa con un uomo per rispetto della scienza. Non avrebbe mai potuto dividere la sua capacità di attenzione. Rita era già sposata con la ricerca. Il paragone può sembrare irriverente ma, perdonatemi, io penso che andare in giro per il mondo a vendere vino italiano di qualità (e non si può farlo con successo senza parlare di storia, di cultura, di tradizioni e di territorio con grande orgoglio) sia un servizio meraviglioso per il nostro Paese.
A chiudere l'incontro è Shigeru, il quale riesce a rimanere concentrato sui vini dal primo secondo fino all'ultimo. Parla del Solosole 2007 definendolo come la sublimazione del Vermentino: un vino con un'ottima mineralità, un gusto morbido in cui sente il pompelmo, in cui l'aroma è lungo. In bocca Shigeru lo trova molto persistente, asciutto, con tannini eleganti. Lo abbinerebbe a ostriche, cacciucco, mozzarella di bufala su foglia di limone, olio di oliva e pepe... E poi nomina uno dei miei piatti giapponesi preferiti, l'anguilla al forno, una favola!
Marilisa "Sai come facciamo a fare questo vino? Spingiamo al massimo la maturazione delle uve."
Oscar "Ma il 2008 è buono come questo 2007?"
Marilisa aveva messo sul tavolo anche un 2008.
Marilisa "Franco dice che è più buono."
Oscar "Forza, dobbiamo andare! Ragazzi, mentre salite in macchina rubate il 2008, che ce lo beviamo stasera a cena!"

Schede enologiche dei vini degustati con Marilisa Allegrini
Shigeru Hayashi

Viognier 2011 Calatrasi e Micciché
Tipologia bianco
Uve 100% viognier
Vinificazione e affinamento fermentazione a temperatura controllata (12 °C), macerazione sulle fecce fini, sosta di alcuni mesi in acciaio prima dell'imbottigliamento
Zona di produzione Sicilia

Colore giallo paglierino con riflessi verdi. Naso molto floreale con gelsomino siciliano in evidenza, seguito da fiori di arancio e note fruttate (albicocca, pesca, cenni di ananas). In bocca è sapido, morbido, minerale, dotato di buona acidità e piacevolezza.

Da abbinare con tutti i tipi di pesce, in particolare crostacei e molluschi (ostriche con aceto di riso). Perfetto con uovo sodo e mostarda di Dijon. Provare anche con carni bianche, per esempio pollo alla piastra con sale e pepe bianco.

Il podere da cui arriva il vino si chiama "Magnifico", e mai nome fu più azzeccato! Siamo a 1000 metri di altitudine nella conca di Corleone, dove la famiglia Micciché produce vino da generazioni. Il paesaggio è così aspro che, a volte, ricorda la luna. L'azienda partecipa al progetto Vino Libero.

Otello Nerodilambrusco Cantine Ceci
Tipologia rosso frizzante
Uve 100% lambrusco
Vinificazione e affinamento macerazione sulle bucce a bassa temperatura, rifermentazione con metodo Charmat
Zona di produzione Emilia Romagna

Colore viola brillante, profumi di frutta rossa, sottobosco, fragolina, camomilla, mirtillo, zucchero di canna e succo d'uva. Al palato è morbido, sapido, aromatico, molto piacevole.

Vino da pasto per eccellenza, è perfetto con i salumi della tradizione emiliana, *in primis* la mortadella. Io lo assaggerei anche con un piatto giapponese detto *oden* (sono spiedini di intestino in umido).

È un vino da bere in compagnia, il Lambrusco di Ceci, portatelo in spiaggia, d'estate, o gustatelo mentre guardate la finale di Champions League. È facile, ma non banale, fresco, ma non semplice, immediato, ma non passeggero. I vostri amici vi diranno per sempre "glazie"!

Sagrantino di Montefalco 25 Anni 1999 Arnaldo Caprai
Tipologia rosso
Uve 100% sagrantino
Vinificazione e affinamento 30 giorni di macerazione delle uve, invecchiamento di 24 mesi in barrique di rovere francese
Zona di produzione Umbria

Colore rosso rubino impenetrabile. Profumi molto intensi di frutta matura e fiori rossi, liquirizia, pepe verde e cuoio. In bocca torna il frutto, è persistente, vellutato, morbido, leggermente aromatico.

Da gustare con grigliate o arrosto di agnello. Con la selvaggina in generale dà il meglio di sé, specie se guarnita con tartufo nero umbro. Provatelo con formaggi piccanti o di fossa stagionati.

Caprai è "l'inventore" del Sagrantino moderno, vino che una volta era dolce e allappante, mentre ora è secco ed elegante. Pare si chiami così perché era il vino della festa, da bersi solo la domenica, giorno "sacro" del Signore. In Giappone sarebbe stato il vino perfetto per lo Shogun, grande capo samurai, che quando perdeva una battaglia faceva *harakiri*. Se dovessi scegliere l'ultimo vino da bere prima di morire, sceglierei questo!

Barbaresco Santo Stefano 2004 Castello di Neive
Tipologia rosso
Uve 100% nebbiolo
Vinificazione e affinamento 12 giorni di macerazione delle uve, 2 anni di maturazione in botti grandi di rovere, 1 anno di bottiglia
Zona di produzione Piemonte

Rosso rubino e granato brillante alla vista. Profumi molto eleganti, con rosa essiccata, viola, pepe bianco, liquirizia, cuoio e note balsamiche sul finale. In bocca è potente, equilibrato, con tannino dolce e morbido. Finale armonico e lunghissimo.

Da abbinare con agnello al rosmarino, stracotto di manzo, filetto di vitello alla piastra con salsa verde; strepitoso con formaggi stagionati o a pasta dura. Anche abbinato a una bella donna è perfetto!

Abbiamo assaggiato questo vino guardando *Show Dinner*, spettacolo televisivo in cui un celebre chef giapponese usa i coltelli come fossero spade (e a volte spade come fossero coltelli). In effetti anche questo Barbaresco, che arriva dalla vigna più bella della denominazione, è affilato come una lama.

Bolgheri Vermentino Solosole 2007 Poggio al Tesoro
Tipologia bianco
Uve 100% vermentino
Vinificazione e affinamento dopo la vendemmia a maturazione completa, fermentazione e macerazione a temperatura controllata e affinamento in acciaio
Zona di produzione Toscana

Colore giallo piuttosto carico, quasi dorato. Al naso ha profumi di albicocca, pesca a pasta bianca ed erba tagliata. Gradevoli e netti sentori minerali, quasi salmastri. In bocca è finemente ammandorlato, molto piacevole, sapido e fresco.

Può essere perfetto con svariati piatti a base di pesce. Io lo vorrei vedere con ostriche giganti al forno e salsa di crema e cedro.
E perché no? Con un cacciucco in salsa verde.

Che cosa spinge i più grandi produttori di Amarone (in Veneto) a voler fare un grande bianco da uve vermentino (in Toscana)? Secondo me l'amore per il loro lavoro e il gusto della scommessa. Ci sono riusciti? Eccome! Gli Allegrini potrebbero fare grandi vini dappertutto (anche in Giappone?).

Gravner: Josko Gravner
Poco è buono: aveva ragione mio padre

Non sai a quale terra appartieni

Cinque chilometri dopo Gorizia, saliamo sulle colline che guardano la Slovenia. Lì ci sono la casa e la cantina di Josko Gravner. Un solo piano fuori terra, bianca, pulita ed essenziale. Ci accoglie la moglie Maria, perché lui sta lavorando in campagna. Tocca quindi a lei, alla "moglie-madre", collocare per prima in Italia, in Europa e nella storia, questo angolo di Paese che non sa più o non sa ancora bene a chi appartiene. Dico: "Sono venuto per parlare dell'Italia partendo dai vostri vini." Lei risponde senza incertezze con una intonazione diretta e chiara. Nella sua voce non ci sono indecisioni o pause di riflessione. Il pensiero fluisce netto e traccia la via maestra dentro la quale noi potremo procedere per capire quel che non appare chiaro di questo pezzo d'Italia e del vissuto profondo di questa popolazione. Il padre di questa famiglia, Josko, ci parlerà più tardi, come spesso fanno gli uomini, del suo giocattolo, giorno dopo giorno, invenzione dopo invenzione, dei suoi piaceri, delle sue certezze variabili e sempre in discussione ma la madre-moglie ha detto tutto quello che bisognava dire della cornice nella quale la famiglia ha vissuto e operato.
Sono insieme da quarant'anni Maria e Josko, si sono sposati quando lei aveva diciotto anni e lui ventuno, ma basta sentirli per capire il senso del loro stare insieme: a lei la stabilità e l'assetto della famiglia, a lui i grandi progetti e le stagioni sempre diverse e sempre stimolanti. È il gioco delle parti. Le donne che pianificano e sorvegliano, gli uomini che inventano.

Maria parla come piace a me. Soggetto, verbo, complemento oggetto, punto. Senza fronzoli e senza giri di parole. In questo è sicuramente favorita dal fatto che l'italiano non è la sua prima lingua e quindi lo maneggia con cura e circospezione. Non sbaglia perché si rifà alla struttura essenziale della lingua e anche questa è una lezione. Quanta gente oggi, non essendo in grado di affrontare, semplificando, un problema, costruisce frasi complicate, piene di avverbi e parentesi, in cui ti perdi. Abbiamo un quarto d'ora prima che Josko arrivi e Maria racconta: "Fino al 1915 questa terra era austriaca, dopo la Prima guerra mondiale è arrivata l'Italia. In quel momento la minoranza slovena in Austria aveva la sua tutela, aveva le scuole bilingue. Sotto l'Italia invece no, era proibito parlare in sloveno. Adesso la situazione sta migliorando, ma ostacoli ce ne sono ancora. Chi vive qui deve conoscere una seconda lingua, ma se tu per esprimerti a modo impari bene la tua lingua e la tua storia, e poi impari bene anche la lingua dello Stato che ti ospita – dice proprio così, che ti ospita – e la sua storia vivi meglio. Io come bilingue posso parlare con te tua lingua, ma se tu come italiano non puoi parlare con me mia lingua, questo diventa un ostacolo grande."
È impossibile con la scrittura riprodurre la sua voce ferma e forte, che dà l'impressione di esprimere concetti ben incasellati nel suo ragionare e non posso rendere l'idea di un accento vagamente estraneo ma non proprio straniero, non banalmente tedesco, non banalmente slavo, ma provo a raccontarlo perché aiuta a capire. Anche queste piccole licenze, "parlare tua lingua", senza invece errori di sintassi, dimostrano che Maria distingue bene le questioni essenziali (la costruzione della frase e i verbi per esempio) e se ne cura, ma sa che a volte qualche preposizione non è indispensabile per capire e quindi sorvola, dimentica il dettaglio. Mi sembra un approccio maturo e una bella forma di integrazione: applico le regole importanti di questo Paese che mi ospita, ma mi baso sulla mia cultura d'origine, che preferisce andare al punto. Dunque ci sono ancora ostacoli nell'integrazione della comunità slovena da parte dello Stato italiano, così dice Maria.
Oscar "Ma tu ti consideri italiana o slovena?"
Maria "Io sono slovena nata slovena."
Oscar "E Josko?"
Maria "Lui è di nazionalità slovena ma è nato italiano."
Oscar "E tu?" (Lo chiedo alla figlia che ci ha raggiunti)
Jana "Io sono Jana." (Bella risposta!)

Oscar "Volevo dire: ti senti italiana o slovena?"
Jana "Io non mi posso definire, sono in parte slovena e in parte italiana."
Ci raggiunge Josko, scende da un trattore perché sta lavorando a un nuovo terreno e lo sta progettando, non con la matita, ma direttamente con il trattore. Lui e Maria fisicamente un po' si somigliano, longilinei e chiari di pelle e di capelli, e anche nello stile: per intenderci jeans e camicia di flanella, maglione e giacca di fustagno con tante tasche. Ci ricevono in una sala bianca e legno con travi a vista quasi bianche, tavoli della stessa essenza e colore, pareti bianche e nude, un pensile per bicchieri e sedie: nessuna distrazione, nessuna decorazione.
Racconto il progetto di questa visita e di tutte le altre visite che fanno parte di questo giro. E calo il mio jolly: tre fantastiche bottiglie di Barolo Borgogno (1961, 1967 e 1978) e una bottiglia della Riserva 2010 di Lune Teo Musso, perché so che Josko ama le birre di Teo. Le bottiglie di Barolo le ho scelte pensando a Josko e alla sua ricerca di purezza, genuinità e tradizione. Valori che anche il vecchio Cesare Borgogno sapeva mettere nei suoi Baroli. Mi sento fiero di queste tre bottiglie anche se l'unico mio merito è di averle trovate in cantina quando ho comprato la Borgogno. Apro subito il 1978. È perfetta, me ne innamoro al primo sorso e comincio a decantarne le lodi, anche se forse non spetta a me. Vorrei che ci vedeste, seduti intorno a quel tavolo bianco: io decanto e gioisco mentre loro mi ascoltano e tacciono. Non perché il vino non sia eccellente, ma perché io ho scelto: 1978 *for ever*, senza possibilità di ribattere. Ho sbagliato. Un padre (anche se adottivo) non deve dire a uno dei suoi figli "Ti amo più degli altri", perché quelli che lo ascoltano si interesseranno di più agli altri figli, per capire come sono davvero e finiranno per amarli di più. Capirete leggendo.
Ci raggiungono anche Jana e Filippo Polidori, grande amico di Josko e pure mio. Filippo aiuta Josko a distribuire i suoi vini con l'immagine e il valore che meritano. È giovane ma in meravigliosa sintonia con quest'uomo che ha venticinque anni più di lui. È sorprendente come Josko riesca a conquistare la scena e a diventare protagonista con poche battute. Tiene la testa un po' incassata tra le spalle e un po' protesa in avanti, soprattutto quando deve comporre ed esprimere un pensiero. Come se ci volesse un'energia particolare per spingere queste idee fuori dalla sua testa. Ci guarda con gli occhi color sottobosco (potrei dire anche "color foglia di vite in autunno", ma mi sembra troppo ovvio) e ci sorride spesso.

Il numero caratteristico di Josko: quarantasei vendemmie, che è un bel dato perché racconta le opportunità che lui ha avuto per cambiare idea e verificare la bontà delle sue innovazioni. E Josko ha fatto molta strada nel cambiamento.

Oscar "Dicci dove siamo, Josko."

Josko "Qua siamo in un paese piccolo di 250 persone che vivono praticamente sulla coltivazione della terra; ed è un posto dove sono passate tutte le guerre. Quindi è una terra sofferta; dopo ogni guerra qui si doveva ripartire daccapo. La Prima guerra mondiale è stata la più crudele, fai conto che soltanto nel sacrario di Oslavia ci sono 52.000 morti italiani. Oltre naturalmente ai molti dispersi e altrettanti morti dalla parte degli austroungarici. La nostra casa qui era l'unica rimasta in piedi perché era un presidio medico della Croce Rossa, aveva anche la croce rossa sul tetto. Solo per questa ragione è stata risparmiata. Questa era la casa di mio nonno Gravner, già costruita quando lui si è sposato. Poi noi siamo andati avanti."

Oscar "Qui era Austria, vero? Quindi tuo nonno era austriaco?"

Josko "Sì, mio nonno era militare austriaco. Invece mio papà e i miei zii, suoi fratelli, sono stati profughi a Ivrea. Durante tutta la guerra i civili sono stati portati lontano, in molte regioni d'Italia."

Oscar "E tuo papà parlava solo sloveno?"

Josko "La mia famiglia è slovena, mio papà parlava sloveno ma noi siamo di origine tedesca, il cognome è tedesco, proveniente dalla bassa bavarese."

Oscar "Quindi tu sei nato in questa casa. Ma era già bella così?"

Sono un po' incalzante con le mie domande, forse troppo, ma mi appassiona il vissuto di una famiglia "trapiantata" più volte, anche senza muoversi di casa. È così lontano da quello di chi, come me, ha una storia che ruota intorno a pochi comuni vicini, da rendere assai più concreto il concetto di "radici" della civiltà. L'unico cambiamento vissuto dai miei nonni e genitori è stato quello di passare da una monarchia italiana a una repubblica italiana. Nella terra dei Savoia è stato un cambiamento di peso.

Josko "No, era più bella ma poi io l'ho distrutta. Ho fatto una prima sistemazione con un geometra quando avevo venticinque anni e non capivo. Adesso ho cercato di rimediare un po', ma non ho ancora finito; devo ancora occuparmi della torretta. Comunque ci sono dei problemi burocratici tremendi, qui in Italia. È veramente impossibile

lavorare, io penso che stiamo vivendo in un'epoca di autolesionismo. Anche di là c'è un po' di burocrazia, meno però. Ma sta cominciando a esserci Europa anche lì e quindi arrivano regole più stringenti. Di là puoi ancora fare i vigneti quasi senza burocrazia; qui fare un vigneto è quasi come fare una casa."
Oscar "Quindi tu nasci qui nel 1952. Hai due anni più di me."
Josko "Sì, vivo e cresco in questa casa con quattro sorelle, che adesso fanno altri mestieri."
Oscar "È tuo papà cosa faceva?"
Josko "Mio papà faceva il contadino come si faceva una volta: faceva il vino, aveva le bestie nella stalla, la frutta sugli alberi, le ciliegie... Mio padre mi ha insegnato a fare il vino perché faceva un vino veramente buono. Ma mi ha soprattutto insegnato i valori della vita."
Oscar "Quindi tuo padre era un uomo giusto."
Josko "Sì, era uomo giusto, ma aveva fatto solo la quinta elementare."
Oscar "Come il mio. Hai imparato più da tuo padre o da tua madre?"
Josko, senza esitazione, risponde "Da mio padre! Mio nonno nel 1926, dopo la guerra, aveva aperto proprio qui un'osteria che lavorava molto. Poi questa osteria è stata chiusa nel 1932, perché in Italia non potevi lavorare se non eri iscritto al partito fascista e mio nonno ha preferito chiudere. Il fascismo ha abolito le scuole slovene. Qui non potevi più parlare sloveno. Dopo la Seconda guerra mondiale non è cambiato molto perché c'era il problema della Jugoslavia e automaticamente chi parlava sloveno era un comunista. Dopo la guerra chi era di madrelingua slovena era tagliato fuori da tutti i benefici che avevano invece gli italiani, per esempio le sovvenzioni. In quella situazione tu non sai di chi sei. Di qua mi dicevano vai di là che sei slavo, di là mi dicevano vai di là che sei italiano. Io rispondevo: andate tutti a quel paese. Io sono cittadino del mondo. Se guardiamo all'Europa avremo ugualmente un grande problema perché questa non è l'Europa dei popoli, ma è l'Europa dell'interesse."

Quando lavori troppo non hai il tempo di pensare

L'ho conosciuto nel 2008 a Torino. Josko era venuto per una degustazione pubblica dei suoi vini. Al secondo bicchiere mi ha detto: "Diamoci del tu: il vino serve proprio per questo, per darsi del tu!". Trovo

che ci sia grande poesia in questa frase. Ne ho fatto fare una pagina pubblicitaria per Eataly. E poi lui dopo il nostro incontro ha detto: "In tutta la mia vita non ho mai parlato così tanto!" Di solito in effetti Josko è piuttosto taciturno.
Oscar "Ma tuo papà dove lo teneva il vino? Non aveva ancora le anfore come te, vero?"
Josko "No mio papà lo teneva nelle botti, in grandi botti di legno."
Oscar "Come noi in Langa, ma quali vini faceva tuo padre?"
Josko "Prevalentemente ribolla gialla, che è un vitigno tipico di questa zona, al di qua e al di là del confine politico. La natura non conosce i confini. La ribolla gialla, come la gran parte dei vitigni, è originaria del Caucaso."
Mi viene voglia di saperne di più sulla sua storia personale e lo assillo con altre domande. L'italiano lo ha imparato alle scuole elementari, perché non è la sua prima lingua. Ma lo parla bene, con un accento che a noi piemontesi pare tedesco. Ottima grammatica e termini essenziali. Solo quando il pensiero è più profondo cerca le parole in un archivio meno raggiungibile e ci vuole più tempo, ma non per questo si esprime con meno precisione nel concetto. Dopo le medie frequenta un istituto professionale, osservato con impazienza dal padre che lo aspetta al lavoro e si meraviglia di non vederlo ancora produrre all'età di quattordici anni! "Se aspetti di avere venticinque anni per sceglierti un mestiere hai già perso un treno!" gli dice...
Come è vero! Tutta questa disoccupazione giovanile in Italia crea un secondo svantaggio: le persone che non lavorano da giovani non sanno vivere di lavoro, non per colpa, ma per mancanza di abitudine. A ragionare con la testa e con il cuore si impara tra gli otto e i dodici anni, ma il lavoro si impara tra i diciotto e i ventotto: passato quel treno, socialmente è un disastro! Se anche usciremo dalla crisi, rischiamo di trovarci una generazione di trenta-quarantenni che hanno acquisito uno stile di vita che non comprende il lavoro continuativo. Ricevo molte domande di lavoro da giovani laureati che vogliono tutti lavorare nel marketing o nelle pubbliche relazioni o negli eventi... Rispondo a tutti nello stesso modo: a Eataly si comincia come hanno fatto i miei figli, scaricando camion, servendo a tavola, sistemando la merce sugli scaffali. Non si capisce nulla del marketing se prima non ti vengono i calli alle mani.
Josko "È vero... Io in principio pensavo di lavorare lontano da mio

padre, volevo guidare una ruspa perché il lavoro della campagna mi sembrava troppo pesante. Poi invece ho capito che mi piaceva. Lavoravo sempre, anche la domenica… e ho fatto tanti errori… quando lavori troppo non hai tempo di pensare. Mio padre aveva 10 ettari di terra e adesso io ne ho 35."

I francesi parlano di terroir perché non ce l'hanno

Bene. Adesso possiamo assaggiare con calma questo Barolo del 1978. Simona che nasce nel 1978 è un po' restia a bere Barolo di mattina, prima di pranzo, ma è un'occasione unica, così si convince e si prende i suoi auguri e complimenti per l'ottima annata.
Josko "Tra i vini vecchi che ho bevuto, il migliore era un Borgogno del 1931, che ho bevuto il 1° maggio del 2001 a Gorizia. Non lo dimenticherò mai. Un Barolo di settant'anni, perfetto."
Faccio un rapido calcolo relativamente alle bottiglie del 1961 che ho ancora in cantina. Dovrò assolutamente lasciarne qualcuna per il 2031. Salvo sfiga, a settantasette anni dovrei essere ancora vivo. Potrò anch'io godere di un Borgogno di settant'anni.
Shigeru parte con la descrizione del 1978. È al settimo cielo. Ci trova di tutto: animali, fiori, spezie. Ci tiene dieci minuti ad ascoltare i profumi e i sapori più reconditi che sente. È una mitraglia. Alla fine sentenzia che non vuole fare abbinamenti. Qualunque cibo non sarebbe all'altezza. Josko lo osserva come si guarda un marziano. Fermo Shigeru.
Oscar "E tu, Josko, cosa pensi di questo vino?"
Josko "Io non so fare tutte queste classificazioni del vino, per me il vino deve avere l'anima, se il vino ha l'anima, l'anima raggruppa tutto il resto. E poi se il vino ha l'anima è un vino vivo, se non è vivo non vale la pena farsi del male bevendolo!"
Oscar "Questo Barolo ha l'anima?"
Josko "Certo che ha l'anima!"
Oscar "Come lo capisci?"
Josko "Non so dirlo! Ognuno sente l'anima a modo suo. Anche un delinquente sente l'anima. Ma senti subito se il vino è vivo o morto!"
Shigeru "Questo è interessante! Noi non parliamo mai di anima per il vino, questo è nuovo e interessante!"
Filippo interviene per raccontarci di un famoso giornalista che, du-

rante un'intervista, si sentì rispondere da Josko che quando lui va in cantina i suoi vini capiscono di che umore è, se è felice o se è arrabbiato. E allo stesso modo i suoi vini si "chiudono" di fronte a visitatori non interessanti. "Ci manca solo che anche i vini abbiano un'anima!" Ha commentato stupito il giornalista mentre Josko lo guardava con commiserazione: "Ci sono cose che chi non fa il vino non può capire".
Oscar "Ma fammi capire, quindi tu sostieni che un tuo vino, o un vino in genere, vivo, bello, che ti piace, se bevuto da una persona cinica, perde l'anima?"
Josko "Ascolta: il valore del vino in cinque-seimila anni di storia sta proprio in questo: generazioni e generazioni cercano la vetta irraggiungibile del vino perfetto, del vino vivo, un vino con l'anima."
Sentiremo più volte, nelle interviste di questo libro, racconti di utopie. L'utopia accomuna questi produttori. La ricerca di una bellezza che per quanto grande sarà sempre incompiuta. Perché l'anno successivo cercheranno di fare un vino migliore, nella certezza che si può fare, nella speranza che sia il vino perfetto. Un'utopia buona e generosa che dà il senso a una vita. Il commento di Josko prosegue confermando i miei pensieri.
Josko "Non si riesce a raggiungere il vino perfetto. Ogni anno ti sfugge qualcosa, la natura è sempre diversa e questa ricerca continua di arrivare sulla vetta è il valore del vino e la spiegazione di una storia lunga millenni, altrimenti perché continuare?"
Oscar "Ma come ti sei formato questi concetti, li pensavi già quando eri piccolo?"
Josko "Ma no, allora contestavo mio padre. Lui diceva: poco è buono! E io ribattevo: no, papà, sei vecchio: tanto è buono! Ma lui diceva anche: vigneti concimati dai conigli! Che vuol dire viti non forzate, e quindi poca uva. Ti faccio un esempio. Il 2012 è stato un anno da dimenticare, anno bisestile, con tanta pioggia in primavera, siccità in estate, e di nuovo forti piogge in autunno. Chi ha concimato tanto in primavera ha avuto i maggiori danni perché le viti erano troppo vigorose e la siccità le ha bloccate. Poi è arrivata la pioggia e ha fatto marcire l'uva... ma quest'anno è uguale: due giorni di sole e già corrono a concimare, non si accorgono di sbagliare. Ma questa è la scuola, fanno ciò che gli hanno insegnato, non ascoltano la terra."
Oscar "Alla fine il tuo 2012 come è venuto?"

Josko "Bene! 165 ettolitri da 17 ettari di vigneto. Ho finito la vendemmia il 9 di novembre."
Oscar "Forse un po' più basso della tua media."
Josko "Sì, la mia media è 220/230 ettolitri da 18 ettari."
Oscar "Torniamo alla storia. Tu a diciotto anni volevi fare tanto vino, abbassare i costi, guadagnare soldi, giusto?"
Josko "Ma non so neppure perché. Forse perché a scuola ti insegnavano così, poi dicevo a papà: sbagli, sei vecchio, bisogna togliere le botti di legno per passare all'acciaio e così ho fatto. Poi nel 1982 mi sono accorto di avere sbagliato e ho fatto un altro errore: sono passato alle barrique, perché in quegli anni viaggiavo in Francia e mi erano piaciuti certi vini francesi, volevo fare come loro. Non avevo ancora capito che i francesi parlano tanto di 'terroir' perché non ce l'hanno e quindi devono ricorrere alla barrique per portare al vino tostatura e tannini."

Questa è mitica! I francesi parlano tanto di terroir perché non ce l'hanno. È un concetto raffinato che in poche parole descrive il modo di vedere il popolo d'Oltralpe: il grande orgoglio per la propria terra diventa marketing e supplisce a potenzialità che rispetto ai nostri territori sono inferiori. Noi italiani dovremmo imparare da loro. La mitica capacità di raccontare dei francesi, quella di saper caricare di valori immateriali i loro prodotti, di farli percepire come valori reali. Sarà per questo che vendono più del doppio di noi, a valore, di vino all'estero. Dovremmo fare come Josko, che di valori ne ha da vendere, e appunto, con grande poesia, li sa vendere. Poche bottiglie ma con un prezzo medio da far invidia a molti francesi. Lui i suoi valori li sa raccontare, eccome!

Oscar "Perché vendono tanto più di noi? Perché hanno un prezzo medio tanto più alto? Perché fanno 11 miliardi di esportazione, mentre noi arriviamo a malapena a 5?"
Josko "Perché già 250 anni fa gli inglesi parlavano e scrivevano del vino francese mentre da noi in Italia il vino si beveva e basta."
Oscar "È vero: un grande vantaggio che deriva dalla capacità di marketing."
Josko "E poi perché molti consumatori badano più all'immagine che alla sostanza, pagano 900 euro per un vino che sa di sudore di cavallo e dicono che è buono."
Oscar "Certo che se spendi 900 euro non puoi dire che è cattivo."

Josko "Qualcuno però lo butta nel lavandino, ma sono pochi."
Ridiamo fragorosamente, all'idea del vino che sa di sudore di cavallo e che a qualcuno piace, o se lo fa piacere. Noi abbiamo in mano un bicchiere di Barolo Borgogno 1978. Dopo che Josko ha detto che "è vivo" pare sia diventato ancora più buono. Avrà l'anima?

Fiutavo quando era l'ora di cambiare

Filippo ci riporta alle fasi fondamentali del cammino di evoluzione di questo formidabile vignaiolo.
Filippo "È fondamentale, quando si parla del percorso di Josko, riflettere su alcuni fatti molto importanti. Lui passa dal legno all'acciaio, dall'acciaio alla barrique, toglie la barrique e passa a botti grandi e tini per la lunga macerazione, infine arriva all'anfora. Prima di passare dall'acciaio alla barrique Josko era considerato uno dei più grandi produttori di bianco a livello mondiale. In quel momento ricevevamo ordini in bianco perché non si riusciva a rispondere a tutti. Ma quando è all'apice del successo, il riferimento di un mercato, lui decide di cambiare metodo."
Josko "Io fiutavo quando era ora di cambiare per vendere... di meno! Al contrario di te!" Ma mi guarda sorridendo.
Oscar "Sto cominciando ad assomigliarti anch'io."
Filippo "Fatemi ancora raccontare questo episodio. Quando Josko va a fare un giro in Francia, comincia con Romanée-Conti, ma ha in programma altre visite. Quando la visita termina decide di lasciar perdere gli altri e di tornare a casa, perché è convinto di aver visto il meglio e per rispetto torna a casa, non voleva vedere altro!"
Josko "È vero. Non si può fare turismo enologico tanto per fare, quando vedi il meglio non vuoi vedere altro! Da me a volte arrivano visitatori che hanno già visto tre o quattro cantine e capisco che sono già ubriachi, non sono veramente interessati e mi incazzo. Cerco di gestire al meglio la situazione perché anch'io devo vendere, ma mi incazzo!"
Oscar "Tornando alla tua storia: nel 1982 passi alla barrique..."
Josko "Un anno nell'acciaio e un anno nella barrique."
Oscar "Nel 1982 eri già famoso. Avevi un bel mercato. Perché?"
Josko "Perché c'era richiesta. Forse mancava il vino e poi, rispetto agli altri, sembrava che i miei vini avessero una marcia in più. Ma è

difficile dirlo. È come parlare dei propri figli. Poi sempre nel 1982 ho fatto per la prima volta il diradamento del grappolo e qui davvero mi prendevano per matto. Nessuno buttava l'uva per terra!"
Oscar "Tu invece hai cominciato con il diradamento. Ma la ribolla gialla ha una resa alta per ettaro?"
Josko "Altissima."
Oscar "E tu come diradi?"
Josko "Lascio sei grappoli tagliati a metà, perché il marciume acido inizia a metà grappolo."
Tintinnio di calici. Continuo a bermi il mio Barolo 1978 e a decantarne le doti. Per la miseria se è buono! Me lo berrei tutto ma non posso perché potrei star male. Incominciamo ad assaggiare il 1967, che io trovo meno buono del 1978, anche se l'annata in Langa è stata giudicata migliore. Per Borgogno l'annata migliore dicono sia il 1961 anche perché più si va indietro e più la produzione era naturale.
Oscar "Josko, ci racconti questo vino a tuo modo?"
Josko "Io non sono capace, però alla mia maniera, se devo scegliere preferisco il 1967."
Oscar "Perché?"
Josko "Eh! Perché? Perché sa più di vino!"
Oscar "Allora man mano che andiamo indietro ti piacerà sempre di più perché l'azienda lavorava in modo più naturale. Nel 1961 questa azienda era mitica! Cesare Borgogno muore nel 1968, quindi il 1961 e il 1967 li ha curati ancora lui, e Cesare era un fanatico totale della naturalità e del rispetto. Fanatico totale! Mio figlio Andrea ha deciso di tornare a quei valori. Quest'anno esce il primo vino completamente suo, il 2008. Non vedo l'ora di fartelo assaggiare."
Josko "Ma dobbiamo tornare lì!"
Oscar "Torniamo alla tua storia. Tu continui con acciaio e barrique e diventi sempre più famoso."
Josko "Sì ma non so perché."
Oscar "Questo è normale. I grandi non sanno mai perché sono grandi. Poi che succede?"
Josko "Succede che quel che facevo non mi piaceva più. Avevo sbagliato a portare la barrique qui, in questa terra fantastica per i vini bianchi. Qui il terroir lo abbiamo davvero e non abbiamo bisogno della barrique. E inoltre non era giusto torchiare subito le uve di ribolla che ha una buccia talmente spessa e succosa, che bisogna strizzarla

molto delicatamente altrimenti spruzza dappertutto e finisce che il meglio se ne va da Nonino per la grappa. Così nel 1994, 1995 (anche 1996, ma abbiamo avuto la grandine), ho fatto le prime prove di macerazione e fermentazione con la buccia. Ho fatto altre prove con lieviti e senza lieviti, con solforosa e senza solforosa. Il risultato peggiore l'ho avuto con l'aggiunta di lieviti. In quel caso il vino era proprio degradato."
Filippo Polidori ci richiama all'esperienza californiana del 1987. "Dieci giorni, mille vini degustati" e quando torna Maria chiede: "Cosa hai imparato?" La risposta di Josko è: "Tutto quello che non bisogna fare!"
Josko "Sì, vero. Avevo assaggiato i primi vini con l'aggiunta di aroma sintetico. Questo succedeva a giugno e a settembre ho già assaggiato qualche vino del Collio con aggiunta di aromi sintetici. Anche da noi! Perché la gente di qui lavorava in California a ha imparato. Successone! Grandi punteggi da tutte le parti."
Oscar "Nella tua vita i grandi viaggi guidano il tuo percorso: 1987 California e capisci cosa non bisogna fare, 1993 Romanée-Conti e capisci cosa bisogna fare…"
Josko "Ma capisco anche che devo abbandonare la barrique."
Oscar "E quando decidi per le anfore?"
Josko "Ero da Veronelli nel 1997-1998 e c'era Attilio Scienza, per caso mi parlava del Caucaso e mi ha messo una pulce nell'orecchio, così ho deciso che il mio viaggio successivo sarebbe stato in Anatolia, Mesopotamia e Caucaso. Ci sono stato nel 2000. Però nel 1997 avevo già fatto la prima sperimentazione di fermentazione in anfora e avevo già deciso che sarei passato alle anfore."
Oscar "Anch'io andrò presto da quelle parti, tra il Tigri e l'Eufrate, dove più di undicimila anni fa è nata l'agricoltura, perché voglio dedicare Eataly Bari al Levante e quindi vado a fare un giro proprio con Attilio Scienza che mi spiegherà tutto."

Fare il vino è come cercare l'acqua pulita: si va alle fonti

Josko "Le tecnologie moderne durano dieci-quindici anni, dopo quel periodo non funzionano più e bisogna cambiare. Questo vuol dire che già non funzionano quando le adotti. Per questo bisogna tornare alle origini. È come con l'acqua, più ti avvicini alla foce e più la trovi inquinata. Per trovarla pura devi tornare alle origini. La stessa cosa è

vera per l'enologia. Oggi l'enologia è molto inquinata. Io trovo certi vini moderni assolutamente imbevibili. Mi odiano quando lo dico, ma non posso farne a meno."
Oscar "Quindi tu pensi che sia ancora peggiorata da quando in California usavano i gusti chimici."
Josko "Certamente. Già mio padre mi diceva che i vini del suo tempo erano migliori. Io lo prendevo in giro, dicevo 'perché avevate fame'. Invece adesso penso che avesse ragione. Non si facevano aggiunte allora. E mi dispiace che mio padre sia morto prima che io abbia potuto capire che aveva ragione lui, decidendo di tornare alle origini."
Ancora tintinnio di calici e ci dedichiamo al Barolo 1967, ma anche al 1961 che abbiamo deciso di versare subito accanto al 1967.
Shigeru "Non ho parole per descrivere questi vini. Sono commosso. E poi mi sento imbarazzato davanti a Josko che mi massacra con una parola. Farò poi le schede. Vi dico solo che ci sono quadri di Modigliani e di Picasso che ti lasciano senza respiro. Non sai bene perché. Ti incantano e basta. Oggi a me succede questo."
Josko sorride. È contento di aver addomesticato il giapponese. Non ci sono dubbi per lui: il migliore è il 1961! Ha più anima di tutti!
Oscar "Torniamo alla tua storia. Perché passi alle anfore? Cosa significa passare alle anfore, in poche parole?"
Josko "La terra ha la vite per far nascere l'uva e l'uva serve per far nascere il vino. Il cerchio si chiude. Non controllo più da anni il tasso zuccherino o l'acidità del mio vino, semplicemente perché non aggiungo e non tolgo nulla. Non voglio sapere, lascio fare alla natura. Un anno un mio collaboratore mi ha chiesto il permesso di misurare l'acidità. Ho detto di no, ma poi ci ho ripensato. Ho detto: misura pure, ma non dirmi nulla. Non mi interessa."
Oscar "Guardi il meteo?"
Josko "Sì quello lo guardo."
Oscar "Non pensi che ci tolga lo stupore?"
Josko "Io guardo le previsioni… poi penso: sbagliano, non sarà così. Poi invece ci azzeccano. Ma io quest'anno ho ugualmente finito la vendemmia il 9 novembre."
Oscar "Fammi capire tecnicamente cosa significa usare le anfore."
Josko "Io dalla cantina ho eliminato l'acciaio, la pressa pneumatica che ho sostituito con il torchio, e il frigorifero che non serve perché non c'è l'acciaio. Non chiarifico, non uso lieviti e non filtro."

Filippo "Per Josko parlare di vini naturali e utilizzare l'acciaio è un controsenso per le correnti galvaniche che si creano e per il fatto che l'acciaio cede metalli pesanti." Filippo interviene sempre a proposito per chiarire e aggiungere. Lui è un commerciale speciale perché conosce il prodotto e il processo produttivo, ma anche perché è emotivamente coinvolto nei valori di Josko.
Josko "Quello che non mi piace è che se dico quel che penso mi guardano male. Mentre se criticano il mio vino, io non mi offendo. È un po' come la messa in Italia, se non vai a messa ti guardano male, ma io non faccio il pecorone. Non vado a messa perché non ne ho bisogno, cerco di non peccare così non ho bisogno di confessarmi. Non serve confessarsi e poi ripetere il peccato. Eppure è così che gira e tutto ciò ha portato il mondo a questo punto."
Oscar "Dimmelo cosa pensi del mondo di oggi."
Josko "Viviamo sulla falsità e sull'esteriorità, conta solo ciò che appare. Ma io mi sono proprio staccato da questo modo di essere. Non ho la televisione, non compro il giornale, apprendo le notizie da qualche quotidiano sloveno ma sempre con ritardo. Non mi interesso di politica e mi considero anarchico... ma non violento, non da buttare bombe, intendiamoci. Io devo fare bene il mio lavoro e il resto non mi interessa. E sai perché sono arrivato a questa conclusione? Venti-venticinque anni fa votavo Craxi, perché la mia famiglia, che non è mai stata fascista, era socialista. Dopo il fascismo qui non si poteva votare la destra. Poi si è saputo che anche lui rubava e per di più giustificandosi 'così fan tutti'. Qui se non eri fascista ti davano l'olio di ricino se ti andava bene, oppure olio bruciato delle macchine, e questo a scuola non si insegna. L'Italia non ha mai chiesto scusa ai territori che ha invaso. I tedeschi hanno chiesto scusa, gli italiani no. Il fascismo arrivava fino a Lubiana e lì ci sono famiglie che hanno perso tutto sotto il fascismo. Ma di questo non si parla mai. Invece si parla delle foibe! Finché il Paese non sistema queste questioni non può andare avanti. C'è ancora del marcio sotto. E manca la coscienza."
Oscar "Hai ragione. Sai che non tutte le scimmie sono diventate umani. Già possedevano scienza e conoscenza; il grande passaggio dalla scimmia all'uomo è stata l'acquisizione della coscienza, l'anima, la poesia, quella musica interiore che ti fa scegliere il giusto senza dover leggere le regole. E dopo Craxi per chi hai votato?"

Josko "Ho ancora votato poche volte sempre per la sinistra. Però adesso sono almeno vent'anni che non vado più a votare."
Oscar "Hai voglia di parlarmi ancora un po' della tua famiglia?"

La natura ci dà tutto, ogni tanto ha il diritto di prendere

Oscar "Prima c'erano tuo padre e tua madre. Poi?"
Josko "Avevo tre sorelle: una a Trieste, una a Gorizia e una è morta di tumore a quarantasette anni. Abbiamo buoni rapporti. Certo non tutte pensano ugualmente bene di me. Ma questo capita quando vai contro corrente. Io ho avuto l'azienda perché ero il più piccolo. Era un destino."
Oscar "Poi ti sei sposato. La moglie sei andato a prenderla 'di là'. Ma come l'hai conosciuta se lavoravi sempre?"
Josko "Non proprio sempre. L'ho conosciuta a una festa. L'ho sposata quarantadue anni fa."
Oscar "In chiesa?"
Josko "Sì allora ci andavo. Adesso non ci vado più. Non ho nulla di specifico contro la Chiesa, anzi conosco ottimi parroci, ma… Poi ho avuto quattro figli: tre femmine e un maschio."
Oscar "Quando è morto tuo figlio?"
Josko "Nel 2009. Miha aveva ventisette anni. Un incidente di moto."
Oscar "La sua morte ti ha cambiato?"
La voce di Josko si spegne un po', diventa debole.
Josko "Sì molto. Mio figlio era super. Ma tu non puoi chiedere a un padre com'era suo figlio. Era già in azienda e aveva le idee molto chiare."
Più tardi, Josko, parlando dei danni di una grandinata dirà: "La natura ci dà tutto, ogni tanto ha il diritto di prendere". Penso che in realtà parlasse a se stesso di una perdita ben più grave per la quale non c'è consolazione e io non posso neppure provare a mettermi nei suoi panni. Ho la pelle d'oca.
Josko "Lui aveva iniziato giovane con me in azienda e poi se la sarebbe portata avanti. Adesso con me c'è una delle mie figlie, Jana, ma lei non ha iniziato da giovane come lui, e ci vuole tempo per inserirsi."
Provo a chiedere: "E come si reagisce nella vita quando capita una cosa così tremenda, cosa si fa?"

Josko "Non si fa nulla, cosa puoi fare? Capisci che la vita è un passaggio, che quelli che ti sembravano obiettivi importanti, in fondo non lo sono più. Adesso il mio obiettivo è fare architettura di vigneti. In questi giorni sto lavorando un pezzo di terra qui sotto. A volte penso che dovrei farlo senza permessi perché trovo assurdo spendere 15.000 euro per pezzi di carta, pretesi da persone che capiscono poco della terra e non si sono mai sporcati le mani. Forse Miha avrebbe avuto il coraggio di farlo sul serio."
Oscar "La burocrazia ti fa arrabbiare?"
Josko "Qualcosa ci deve essere, ma non come qui adesso. In Austria se vuoi fare una casa in un mese hai la licenza edilizia. I tecnici vanno sul posto con il sindaco, valutano e decidono. Qui invece solo documenti su documenti e nessuno viene mai a vedere quel che fai."
Si sente che oltre all'incommensurabile dolore del genitore c'è il rimpianto del socio-padre, delle grandi cose che avrebbero potuto fare insieme. Compreso l'affrontare insieme con coraggio una burocrazia sbagliata e omicida.
Oscar "Adesso parliamo di tutti i cambiamenti della tua vita. Il futuro è cambiamento ma non necessariamente è progresso. Per questo cerco spesso di spiegare ai giovani che una scala può essere molto più futuro di un ascensore e un cavallo più futuro di un'automobile. Il telefono cellulare esplode quando lo dotano della funzione più antica del mondo: scrivere. Tu ti poni sempre dei dubbi. Cerchi sempre di migliorare nelle cose che fai, ricerchi l'utopia, il vino perfetto, ben sapendo che non ci arriverai mai. Tua moglie ti ha sempre seguito nei tuoi pensieri e progetti? Gliene parli?"
Josko "Sì certo… Però, sai, adesso sto costruendo qui sotto, in un pezzo di terra, un giardino botanico che da queste parti, con le nostre specie, di fatto è un bosco. Però io non lo potrei fare con un progetto perché quando lavoro con la ruspa vado dietro al terreno. Per fare un vigneto mi hanno chiesto il progetto, ma non si può fare un progetto sulla carta. Ho cercato di realizzare un''acqua stagna', mi hanno bocciato il progetto; ho dovuto far fare una relazione da Attilio Scienza, mentre invece stanno dando sovvenzioni per piscine private che fanno passare come 'riserve idriche'! Con i contributi dello Stato!"
Di fatto dice: non parlo dei miei progetti perché non sono veri progetti, mi limito ad accompagnare la natura, a seguirla. I miei famigliari lo sanno quindi non si aspettano grandi discorsi programmatici ma mi

seguono quando capisco il cammino che la natura suggerisce. In ogni suo commento incombe il rospo della burocrazia e delle ingiustizie.
Oscar "Tu ti incazzi, ma perché non denunci?"
Josko "Ma con chi vuoi parlare? Denunciare significa perdere altro tempo."
Filippo ci racconta che Josko riceve un sacco di visite e controlli provocati da gente invidiosa. Addirittura è capitato che uno di questi ispettori dell'antifrode si complimentasse con lui per quello che sta facendo. Giornalisti onesti raccontano che a casa di certi produttori si spendono pochi minuti a parlare della propria azienda e ore a criticare le scelte di Josko, che ha il solo torto di starsene a casa propria e non partecipare ad associazioni di categoria o lobby varie.
Intanto il 1961 ha ulteriormente cambiato marcia. A ogni bicchiere sembra un vino diverso.
Io, imperterrito, continuo a difendere il 1978 e intanto ci raggiunge la figlia che lavora con lui, Jana. Insieme degustiamo il 1978. Le piace, ma Josko è lapidario. Guarda i tre bicchieri che ha davanti e sentenzia "Non c'è gara, vince il 1961".
Oscar "Capire un vino è come capire una persona. La prima impressione è importante, ma poi devi approfondire. Ma tu di solito ci azzecchi con la prima impressione?"
Josko "Abbastanza."
Oscar "Quando faccio i colloqui di assunzione di solito capisco bene se uno è più o meno intelligente e capisco anche al primo colpo se sa ragionare con la testa e con il cuore, perché ragionare solo con la testa o solo con il cuore non va bene, bisogna ragionare con entrambi. Fin qui capisco, ma quello che non riesco a capire in un colloquio è se hanno voglia di lavorare. E se non ne hanno è difficile fargliela venire. Invece con il vino è come dici tu. Di solito la prima impressione è quella giusta, ma questi tre Borgogno cambiano nel bicchiere ogni quarto d'ora. Non trovi?"
Jana interviene: "Allora lasciatemene un po'. Voglio provarli ancora più tardi."
Oscar "Se sei come tuo padre, la grande emozione la proverai con il 1961! Adesso invece proviamo una birra, ma è nato prima il vino o prima la birra?"
Jana "Prima la birra, sin dagli antichi Egizi!"
Oscar "Questa è una birra che vi stupirà molto, perché sembra vino.

La fa Teo Musso, è invecchiata in botti che si fa dare dai produttori di vino. Quindi è birra invecchiata nelle cantine di Baladin nelle botti di grandi vini bianchi. Questa è del 2010. Secondo me è un'idea straordinaria. Ti piace?"
Josko "Sì, delle birre semplici di Baladin, quella che mi piace di più è la Nora."
Oscar "A me l'Elisir. Ti farò assaggiare l'Elisir e la Super. Ma l'ultima idea di Teo è questa birra invecchiata nelle botti del vino. Ma prima di parlare della birra, dimmi ancora una cosa: tra tutte le tue vendemmie, quarantasei abbiamo detto, ne ricordi una in particolare?"
Josko "Il 1982: bellissima annata, molto asciutta, pochi trattamenti, il primo diradamento che ho fatto, è nato Miha, andava tutto bene... poi adesso, negli ultimi anni, ho capito che non bisogna fare graduatorie: tutte le annate sono grandissime!"
Oscar "Che bella frase! Tutte le annate sono grandissime! C'è stata un'annata in cui non hai fatto il vino?"
Josko "Il 1996. Ed era una grandissima annata anche quella, perché ha fatto maturare molta uva. Io ho perso un'annata, ho perso lavoro, ma ho guadagnato nel pensiero. Ricordo bene: la grandine è venuta il 19 giugno dal nord e il giorno dopo dal sud, sempre sugli stessi vigneti. Su 4 ettari ho raccolto 200 chili di uva. Guardavo grandinare e bestemmiavo, lo zio mi ha detto: 'Perché bestemmi? Ci dà tutto la natura, qualche volta ha anche diritto di prendere. Fa parte del nostro lavoro. La nostra è un'azienda senza tetto, quindi dobbiamo accettare anche queste cose'. Mi ricordo bene anche il 2008, l'ultimo anno che abbiamo fatto insieme a Miha; ricordo che verso metà ottobre è passato un enologo e si è stupito che non avevo ancora vendemmiato. Mi ha detto: tutti hanno vendemmiato a metà settembre e la ribolla era matura e io ho risposto: anche un ragazzo di diciotto anni è adulto ma non è maturo. Adesso cercano di vendemmiare sempre prima e così, secondo le ultime tecnologie, devi controllare l'acidità... tutte balle. Quest'anno l'uva non era matura, era gialla ma non era matura, perché il secco aveva bloccato la maturazione, bisognava che arrivasse la pioggia per far ripartire la maturazione."
Oscar "Quindi tu vai nei filari e assaggi l'uva."
Josko "Io non assaggio l'uva, io la mangio e anche tanta!"
Filippo ancora "In quel periodo lui mangerebbe solo uva e nel periodo delle ciliegie solo ciliegie. E il fatto che non faccia analisi fa impaz-

zire tutti. Alcuni vengono a prendere le sue uve per farle analizzare. Ma lui una volta ha risposto a qualcuno che lo interrogava: il vino è nel pensiero di chi lo fa e il pensiero non si può analizzare."
Oscar "Quindi torniamo a parlare del futuro. Cosa c'è nel tuo futuro?"
Josko "Voglio fare un grande vino."
Capito? Lui, Gravner, vuole fare un grande vino. Come se Baricco dicesse: "Vorrei fare un grande romanzo". Infatti lo dice e, come Josko, è sincero. Gente così compensa la tristezza di vedere tanti in giro convinti di aver fatto grandi cose, mentre non hanno combinato un tubo.
Oscar "Sei pessimista sul futuro dell'umanità?"
Josko "Non sono pessimista, ma noto un degrado per come stanno le cose. Un contadino non può fare nulla senza chiedere permesso a persone che lavorano in giacca e cravatta. Ma come può un signore che lavora in giacca e cravatta insegnare a me il mio mestiere? Fai conto che per fare il vigneto ero lì ogni giorno con l'ombrello, sotto la pioggia, per guardare come scorrono le acque, se ci sono sorgenti, e cose così. Mi sono fatto in testa la foto di come volevo il vigneto e poi è arrivato un tecnico da Udine a dirmi come dovevo farlo. Ed era la prima volta che vedeva il posto. Come può funzionare? È anche vero che non tutti i contadini hanno la visione corretta per cui un po' di controllo deve esserci. Per esempio in questo momento in Slovenia stanno rifacendo un vigneto sotto un castello. Questo vigneto era stato fatto ai tempi del comunismo, ma era fatto bene: piccole terrazze e piccoli trattori. Che fanno ora? Caterpillar da 600 quintali grandi come questa casa e stanno abbassando la collina e sotto trovano roccia. Vogliono fare coltura meccanizzata, ma se erano terrazze da 2 metri adesso non puoi buttare sotto tutto il terreno da vegetazione. Ecco, in questi casi sì, serve un ente di controllo. Ma fatto di gente che sa cos'è una vigna."
Oscar "Noti un degrado nei rapporti umani e con le istituzioni pubbliche rispetto a quando eri giovane?"
Josko "Sì."
Oscar "Ti arrabbi ma non protesti, sei un anarchico moderato?"
Josko "Ho provato a riunire in questa sala i produttori e anche i contadini, ma non ho ottenuto nulla. Quando si alzavano e se ne andavano dicevano: 'questo è un cretino'. E andavano a comprare l'acciaio.

Non serve a nulla. Perché devo perdere il mio tempo? Io cerco di cambiare il mio mondo. Ognuno cambi il suo come vuole."
Oscar "Su questo dobbiamo ragionare, perché noi vogliamo bene alla terra. Cosa dobbiamo o possiamo fare per fermare il degrado? Come possiamo fare per convincere la gente a mollare questa visione del denaro, dell'interesse al centro di tutto e acquisire un po' di poesia? Possiamo fare qualcosa. Tu ci hai già provato."
Josko "Io vivo già così: non faccio conti, ci pensano Jana e mia moglie. Ho comprato per poco un piccolo caterpillar di trentacinque anni, giapponese. Lo abbiamo completamente smontato, ricostruito e riverniciato in officina. Adesso funziona…"
Oscar "Allora Shigeru, dicci della birra!"
Shigeru "Incredibile come questa birra assomiglia a vino. Porca miseria, è molto buona. Se si fa attenzione si sente l'orzo ma anche il farro. Sembra vino passito di quasi 12 gradi. Questa è una birra da divano. Un bicchiere tranquilli dopo una buona cena, pensando alla vita…"
Oggi Shigeru pensa ad altro. Evidentemente la presenza monolitica di Josko lo ha contagiato. Si vede che si sentirebbe riduttivo a descrivere solo tecnicamente, e, incredibile, la beve tutta, come già ha fatto prima con i Baroli. Oggi Shigeru, per la prima volta, non sputa.
Intanto Josko ha chiesto a Jana di portare una bottiglia di Ribolla Gialla, il nostro quinto vino. Dico: "Josko, raccontaci di questo vino…"
Josko "Questo è l'ultima annata in commercio. In vendita da dieci giorni. È una Ribolla del 2006; ha fatto 6 anni di affinamento di cui un anno di anfora e 5 di botte. Il prossimo sarà il 2007 che farà 6 anni di botte e uno di anfora. Queste uve stanno fino a marzo con le bucce, poi torchiatura e un anno di anfora."
Questo vino mi piace da pazzi, ma tutti i suoi vini mi piacciono.
Oscar "Quante bottiglie fai in media in un anno?"
Josko "Da 25 a 35.000 bottiglie."
Oscar "E tu da grande hai intenzione di fare più vino, comprare altri terreni?"
Josko "No. Da grande, se ne avrò l'occasione, vorrei vendere un vigneto per comprarne un altro. Dovrei fare un'operazione con un vicino disponibile a cedermi un terreno nel quale si incunea una mia piccola fetta. Lui in questo modo può comprare un mio terreno che gli interessa."

Oscar "Ecco questa è civiltà: ci sono persone che non ti venderebbero nulla pur di non consentirti di migliorare. In questo caso il tuo vicino si è comportato bene. I tuoi terreni sono sparsi?"
Josko "Certo, ma ho della bellissima terra."
Oscar "Pensi che una donna possa fare il vino bene come un uomo?"
Josko "Certamente! Penso che possa anche lavorare la campagna. È la testa che comanda tutto. Non serve che vai lì con la zappa."
Oscar "E questa ragazza?" Naturalmente lo dico indicando sua figlia che è ancora presente.
Josko "Vedremo… voglio lasciarle tempo e spazio."
Oscar "Ma tu non spingi. Non pensi che un figlio debba fare per forza il mestiere del padre?"
Josko "No, non spingevo neppure con Miha."
Oscar "Qual è il tuo futuro, oltre cercare di fare un grande vino?"
Josko "Se fosse solo quello, secondo qualcuno sarei già fallito, ma io non mi ritengo un fallito…"
Oscar "Certo che no! Quindi tu finché avrai un respiro cercherai di fare il vino sempre più buono?"
Josko "Sì. E lo farò badando sempre meno alla questione finanziaria! Perché se pensi alla questione finanziaria il vino ne risente. Una volta uno mi ha portato un vino e mi ha chiesto cosa ne pensavo. Ho detto: è il classico vino di un puttaniere."
Oscar "Di un puttaniere?!"
Josko "E poi mi ha scoperto la bottiglia e mi ha detto: 'È così, ma come lo sai?' E io ho risposto: 'Si sente dal vino!'"
Oscar "Cioè tu dal vino hai sentito che questo va a puttane. Incredibile! – Torno a rivolgermi alla figlia – Ma tu, Jana, sei andata a votare?"
Jana "No, io, da quando ho diritto al voto, ho votato solo due volte. Io credo che il cambiamento venga dalla persona. Faccio del mio meglio senza ferire quelli che ho intorno. Quando si imparerà a non ferire il vicino, ci sarà l'etica giusta."
Oscar "… E si vivrà in armonia: faccio il massimo che posso fare senza mai danneggiare il prossimo, è così!"
Jana "Comunque penso che abbiamo la politica che ci meritiamo!"
Oscar "Sull'interesse per il guadagno vi regalo questa frase che ho scoperto l'altro giorno, di Leo Longanesi, che a un certo punto ha scritto: 'Vissero infelici, perché costava meno'. Vi piace?"

La risata di Josko è addirittura fragorosa e copre il suono delle altre risate. Molto più timida quella di Shigeru che capisce tutto ma non esce dai panni del lavoro che non ha ancora terminato e gli impone di continuare a osservare un rigore scalfito solo dai suoi occhi da ragazzino... Shigeru è giapponese e i giapponesi non ridono, sorridono.
Oscar "Vi cito anche il mio grande amico Tonino Guerra che diceva: 'Il denaro allontana dalla poesia.' Lui sosteneva che un ricco non può essere felice. Infatti all'inizio non si fidava di me perché ero ricco, poi però siamo diventati grandi amici, ma gli ci è voluto un po' per scoprire che esistono le eccezioni."
Siamo quasi alla fine, le nostre due ore insieme sono volate e nessuno ha voglia di andare via. Condividiamo ancora alcune considerazioni sull'ingordigia di certi ricchi che non fermerebbero mai la corsa al guadagno più grande e per questo motivo non riescono mai a trovare appagamento. Ma io voglio aggiungere le considerazioni che mi stanno a cuore. Vorrei spiegare cosa mi spinge a volere sempre di più, a crescere con le mie aziende. Mi spinge la voglia di creare posti di lavoro, che sono la soluzione di vita per tante persone che non possono o non vogliono fare impresa ma hanno il diritto di trovare un gradevole ambiente di lavoro. Penso che lavorare per Eataly sia meglio che stare in catena di montaggio... Provo a dare delle speranze ai giovani che hanno voglia di lavorare e questo, secondo me, è un modo di far politica oggi.
Oscar "Vedi come funziona il lavoro oggi: il muratore è a casa, l'operaio è a casa, un sacco di laureati sono a casa. Ma hai visto qualche ufficio pubblico che ha diminuito i dipendenti? È colpa nostra che non siamo capaci di cambiare classe dirigente. Il pubblico impiego in certi casi è diventato welfare, assistenzialismo. I trentamila forestali della Sicilia ne sono un esempio e, come spesso accade, buttiamo sul tavolo tutta la nostra rabbia per queste evidenti assurdità che tolgono futuro e competitività al nostro Paese, ma non facciamo niente di risolutivo per cambiare."
Non parlo della mia visione del lavoro in Eataly. Apposta non lo faccio. Penso che Josko svolga una funzione altrettanto importante con il suo esempio. Lui è generoso e racconta volentieri la sua esperienza. Lui è contagioso. Giovani, se vi piace la terra, venite da Gravner. Lui vi farà venir voglia di intraprendere. Non lo dico, ma nello stesso momento in cui lo penso, Josko e io ci guardiamo negli occhi. Sarà mica pure telepatico?

Shigeru per fortuna irrompe: "Vorrei parlare di questa Ribolla. Ha il colore dell'ambra con nervature rosse. Nel naso sento frutta sotto spirito ed erba di prato. In bocca è secco, potente e sapido. È un vino importante ma nello stesso tempo, è beverino. Difficile trovare insieme struttura e facilità di beva. Incredibile, è così buono dopo il Barolo." E non sputa neppure la Ribolla!

Il pendolo: se ti fai prendere vai fuori di testa!

La nostra permanenza deve necessariamente finire perché i tempi stretti che abbiamo ci impongono altri chilometri, un'altra intervista nella stessa giornata e poi ancora chilometri. Prima di partire e salutare, però, non possiamo non visitare la cantina di Josko, il luogo magico dove riposano le sue anfore, dove covano i ventri materni dei suoi vini.
Oscar "Josko, spiegami il pendolo!"
Josko "Il pendolo è una cosa che non ti deve prendere troppo altrimenti perdi la testa. Io lo tiro fuori dal cassetto due tre volte l'anno per capire certe cose. Mi sono convinto che il pendolo abbia ragione quando lo interrogo a proposito delle anfore. La coibentazione dell'anfora si può fare in due modi: con la cera d'api o con il catrame. E quando mi hanno presentato questa scelta, ho istintivamente risposto: no catrame, cera d'api! Ma il pendolo ha preferito il catrame, naturalmente catrame minerale, non quello chimico."
Oscar "Ma come funziona?"
Josko "Tu prendi il pendolo e lo metti sopra l'anfora, in quel caso, oppure sopra una persona, o sopra un oggetto e gli chiedi la positività. Se il pendolo ruota in senso antiorario, la risposta è positiva e va bene, se invece ruota in senso orario la risposta è negativa e non va bene. Naturalmente sotto l'equatore funziona al contrario e la positività è anche proporzionale alla velocità con cui gira. Sul catrame il pendolo era praticamente impazzito. Ma non ti devi far prendere la mano, soprattutto quando si tratta di usarlo con le persone."
Oscar "Lo hai provato su quelle persone in giacca e cravatta che vengono a farti i controlli? Lo provi sulle persone in genere?"
Josko "L'ho provato per capire il pensiero che avevano su di me: positivo/negativo e ho capito, ma soprattutto l'ho provato sulla canti-

na e mi dà positivo in tutti gli angoli. Ma lo tiro fuori solo due o tre volte l'anno. Mai di più!"
Oscar "Il risultato può cambiare da un anno all'altro?"
Josko "Certo."
Questa ultima chiacchierata avviene mentre ci troviamo proprio nella cantina delle anfore: sono imbucate nella terra, spunta solo l'apertura coperta da assi di legno. Una strana sensazione camminare sopra al vino! Non ci tengo mai, ma questa volta sono proprio io a volere una foto qui, con Josko, Shigeru e le sue anfore. Questo luogo mi ricorda una cripta, un luogo sacro. Ci sono solo le anfore, i vecchi muri in mattoni e una sedia impolverata. Una bella sintesi di purezza, tradizione e rispetto.
Oscar "E qui tu hai un'anfora preferita?"
Josko "No, sono tutte uguali. Una, quella coperta, ha un difetto... che viene dalla costruzione."
Oscar "Ci sono altri in Italia che fanno il vino nelle anfore?"
Josko "Ricordo che c'era qui Miha che rispondeva a giornalisti inglesi che gli facevano la stessa domanda: no, siamo gli unici, risponde lui in inglese. Ma io ho capito e ho reagito: non è vero, Miha! E lui mi ha detto: 'Papà avere un'anfora non vuol dire fare il vino in anfora! Sai come funziona: tengono il vino in botte, in barrique, in acciaio e anche in anfora per rispondere a tutto il mercato. Noi invece facciamo tutto il vino in anfora. È diverso'."
Ecco! Ho adorato tutto di quest'uomo: ma la cifra che mi ha colpito è questo mix di filosofia razionale, superstizione e nostalgia. Frasi folgoranti che sintetizzano un pensiero complesso ma diretto all'essenza dei problemi, il ritorno al ruolo primario della natura, il rifiuto delle convenzioni inutili, un giudizio feroce rivolto ai burocrati e alla burocrazia e poi il coraggio, un coraggio alto, fiero, contagioso. Il tempo scandito dal suo dolore privato sempre presente sotto traccia: "È successo l'anno in cui è nato Miha…", "Miha rispondeva ai giornalisti inglesi…". E poi l'attenzione contadina alle superstizioni: "Era l'anno bisestile, l'anno della peggior vendemmia…". E l'uso incredibile del pendolo che risponde alle sue domande e lui ne segue i suggerimenti. Meditazione, osservazione e capacità di farsi sorprendere dalla natura e dal caso: una combinazione davvero rara che ci ha fatto trascorrere il tempo in modo piacevole e costruttivo e ci ha riportato ai valori autentici del vivere. Non ci sono cattive annate, perché la natura ci dà tutto e qualche volta ha il diritto di togliere! Mi domando con un buco nel cuore: vale anche per un figlio?

Schede enologiche dei vini degustati con Josko Gravner
Shigeru Hayashi

Barolo Riserva 1978 Borgogno
Tipologia rosso
Uve 100% nebbiolo
Vinificazione e affinamento almeno 12-15 giorni di fermentazione e successiva macerazione; 4-5 anni di maturazione in botti grandi di rovere di Slavonia da 60 hl
Zona di produzione Piemonte

Colore rosso ancora pieno e rubino, con lievi riflessi granata e arancioni. Al naso avverto viola, pesca, pepe bianco e molte altre spezie difficili da definire, oltre a castagno e cuoio. In bocca è strutturato, con tannini vellutati. Asciutto, equilibrato ed elegante.

Lo gusterei con un brasato anche stracotto, o con il famoso filetto di carne giapponese *maezawa* alla piastra, con sale e wasabi. E perché no?, con un formaggio come il Bitto della Valtellina.

Abbiamo assaggiato questo vino con Josko Gravner e lui ha esclamato: "Questo vino è vivo!". Ha ragione Josko, questo Barolo è come quelle belle donne di quasi quarant'anni che le guardi e sembrano ancora ragazzine. Se sei elegante, sei giovane per sempre. E questo vino è elegantissimo!

Barolo Riserva 1967 Borgogno
Tipologia rosso
Uve 100% nebbiolo
Vinificazione e affinamento almeno 15 giorni di fermentazione e successiva macerazione a cappello sommerso; 4-5 anni di maturazione in botti grandi di rovere di Slavonia da 60 hl
Zona di produzione Piemonte

Colore rosso granato con lievi riflessi arancioni. Profumi di frutti rossi maturi, in particolare prugna. Sento anche spezie, cuoio, pepe, liquirizia e ferro. In bocca è ben bilanciato e piacevole. Tannino setoso, quasi scorrevole.

Lo abbinerei con stracotto al Barolo, ma anche con un filetto al forno e pepe bianco sarebbe perfetto. Con un formaggio come il Bra stagionato credo che darebbe spettacolo.
Ideale anche dopo cena come vino da meditazione.

Altro vino straordinario, che vorrei bere insieme ai miei genitori, al mio migliore amico o alla donna della mia vita: questo Barolo è come una medicina per la mente e per lo spirito. Bevetelo quando e con chi volete, sarete felici come lo sono stato io!

Barolo Riserva 1961 Borgogno
Tipologia rosso
Uve 100% nebbiolo
Vinificazione e affinamento 15 giorni di fermentazione e successiva macerazione a cappello sommerso; almeno 4 anni di maturazione in botti grandi di rovere di Slavonia da 60 hl
Zona di produzione Piemonte

Colore rosso granato scarico con riflessi arancioni. Profumi di incredibile ampiezza e intensità, con frutta rossa, melograno, rosa essiccata, erbe aromatiche, tabacco, muschio e liquirizia in evidenza. Cenni balsamici nel finale di naso. In bocca è un'esplosione di morbidezza ed eleganza; tannini finissimi ma ancora presenti. Finale eterno.

Abbinare con stufato e brasato al Barolo. Provatelo insieme a un sushi di ventresca di tonno alla brace con salsa di soia e wasabi.

Chi è nato nello stesso anno di questo vino, è una persona fortunata. Siamo oltre il Barolo, oltre il vino, al di là di tutto. Qui davvero possiamo sentire l'*umami*, il "quinto gusto". Un rosso con l'anima.

Lune Riserva Teo Musso 2010 Baladin
Tipologia birra Barley Wine
Materia prima di partenza: farro del Mulino Marino e orzo dei poderi di proprietà
Vinificazione e affinamento affinata a lungo in botti e barrique all'interno della Cantina Baladin
Zona di produzione Piemonte

Colore che oscilla dal dorato all'ambrato, leggermente scarico. Al naso riconosco bene le albicocche, poi frutta secca, tabacco, miele, orzo e note tostate. In bocca è morbida, suadente, delicata di caramello e dattero.

Abbinare con zuppa di pesce e carciofi, brodetto al burro e pomodoro, scaloppine con limone e salsa di soia. Insieme a un hamburger con senape giapponese sarebbe perfetta. Io la gusterei anche a fine cena, come un vino... una birra da meditazione.

Il "mitico" Teo Musso decide di fare un regalo alla tradizione dei grandi bianchi italiani e pensa (e poi produce) una birra come se fosse un vino, invecchiandola nelle barrique dove hanno dormito alcune delle più grandi selezioni del mondo. Bevuta alla cieca, potrei dire davvero che è un vino!

Ribolla Gialla Anfora 2006 Gravner
Tipologia bianco
Uve 100% ribolla
Vinificazione e affinamento in anfora 7 mesi, senza aggiunta di lieviti né controllo della temperatura; maturazione in botti di rovere, imbottigliamento con la luna calante senza chiarifica né filtrazione
Zona di produzione Friuli Venezia Giulia

Colore giallo ambrato intenso. Al naso si sentono erbe aromatiche (salvia, origano), frutta matura come albicocca, pesca e mela, poi note di fumo, vaniglia e grafite. In bocca è sapido, pieno, rotondo e persistente.

Proviamolo con polipo alla griglia, sale e sette spezie; oppure con pasta al sugo di verdure, risotto ai funghi porcini, sgombro affumicato con tocco di senape giapponese.
Ideale con *shabu-shabu* di pancetta, salsa di soia e aceto di riso.

Da dove viene il vino? Dalle viti? Dalla terra? Dall'uomo? Questa Ribolla secondo me (e anche secondo Josko) arriva direttamente dalla luna! Un bianco-non-bianco stellare che, una volta bevuto, ci mette in armonia con tutto l'universo.

Marchesi Antinori: Piero Antinori
Sono stato fortunato a vivere i quarantacinque anni più belli della storia del vino

Sono contento di essere marchese ma non me la tiro

"Il vero bel seno è quello in cui consiste tutto il petto, acuminato in due, e ha quindi radici fino alle costole..."
(Cesare Pavese, *Il mestiere di vivere*)

Paragonare le colline della Langa a quelle del Chianti... troppo banale! Ma noi siamo tra le colline del Chianti classico, in mezzo a queste mammellone addormentate, e, tra queste, dentro una in particolare, a Bargino, nella cantina dei Marchesi Antinori. Cantina o astronave? Non so, ma è un luogo bellissimo, tra quelli moderni il più bello che io abbia mai visto.... La più bella cantina nuova del mondo! Per costruirla Piero Antinori ha speso quasi quanto abbiamo speso noi per comprare tutta Fontanafredda! L'entrata è una ferita orizzontale come una bocca aperta, l'accesso è una rampa elicoidale come il ricciolo di legno di una pialla, l'interno una cattedrale dedicata al vino... dove ci si può perdere per la sindrome della bellezza o per la difficoltà logistica delle dimensioni. Ci si può trovare di tutto: un desk di accoglienza con ragazze giovani, belle ed efficienti, una splendida sala d'attesa, sale riunioni, biblioteche, un ristorante, un anfiteatro, un susseguirsi che pare infinito di tini di acciaio, di barrique, di botti, di anfore per l'olio, di bottiglie... L'intera cantina è scavata dentro la collina, ha pareti color terra, un tunnel di collegamento tra i diversi settori, una scala monumentale: tutto è armonico, tranquillo, naturale nella scelta dei materiali e nella sinuosità delle linee. E dall'esterno,

l'unico profilo visibile è quello immutato del vero bel seno…. Sono un po' fissato? Forse, come tutti i langaroli davanti alle colline, ma qui è proprio inevitabile. Questa opera monumentale è ancora più bella di come me l'avevano descritta.
In sintesi 90 milioni di investimento per il vino! Per i secoli a venire, non di certo solo per la gloria degli Antinori di oggi.
Prendiamo un ascensore per scendere al secondo piano, chiediamo di Piero Antinori e ci rispondono in modo gentilissimo di accomodarci che il Marchese arriva subito. Il Marchese. Mi vengono in mente molte domande, ma intanto Piero Antinori ci raggiunge. Nell'insieme una gran bella persona. È nato nel 1938, dunque ha settantacinque anni ma si vede che il vino buono gli ha fatto bene. Non gli daresti più di sessantacinque anni, insieme ad Angelo Gaja è uno degli italiani più importanti del vino al mondo: 150 milioni di fatturato, un Ebitda (utile prima delle tasse, ammortamenti e finanza) da far invidia ai più e vini buoni, molto buoni. Come unire l'utile al dilettevole. Per questa e per altre ragioni stiamo probabilmente parlando del viaggio più significativo e più completo che si possa fare nella storia del vino in Italia. Sono parole grosse, ma stiamo parlando di una famiglia che fa e vende vino da settecento anni, dal 1300 quindi, attraverso i secoli più belli di questo Paese, attraverso le età che hanno reso il nome dell'Italia un mito nel mondo… Purtroppo oggi stiamo facendo del nostro meglio per rovinare l'opera dei nostri antenati. Io sono però un ottimista. Il mio viaggio nel vino ha anche lo scopo di portare alla luce una realtà di persone che, in modi diversi ma sempre alla ricerca del vino perfetto, disegnano il proprio futuro, che non è mai rinunciatario, mai gregario, sempre di grande respiro e grandemente innovativo, ma nel rispetto delle nostre grandi tradizioni.
Parliamo del vino, ma è troppo facile far risalire questo approccio alla realtà complessiva dell'Italia e trovare delle analogie sorprendenti e inevitabili. "C'è un grande futuro nel nostro passato!"… Mi pare sia una battuta di Tognazzi in uno dei suoi film. È esattamente così: dopo cinque o seimila vendemmie stiamo ancora cercando il vino perfetto, dopo molte migliaia di anni intorno al nostro mare stiamo ancora cercando una forma di civiltà che ci consenta di vivere in modo armonioso e di essere tutti più felici.
Piero Antinori ha sicuramente molte cose da raccontarci e da insegnarci. Già non è male quel suo accento toscano e la signorile elegan-

za dell'eloquio, poco a che vedere con le vocali larghe di noi piemontesi, che abbiamo sempre un bel complesso di inferiorità quando si tratta di accento. Almeno Shigeru è giustificato.
Oscar "Perché alla tua età lavori ancora così tanto? Investi tutti questi soldi nel vino?"
Piero "Intanto quando siamo partiti, sette anni fa, ero più giovane, ma soprattutto pensavo di completare l'opera molto prima, poi per una serie di ostacoli burocratici, di vicende esterne, causate da difficoltà dell'impresa costruttrice, di problemi geologici che hanno richiesto indagini supplementari e interventi importanti di rafforzamento della collina, è passato più tempo di quanto avevamo preventivato, almeno due o tre anni in più. Poi è arrivata la crisi. Certo, sapendo che sarebbe arrivata, non so se avremmo affrontato un simile investimento."
Oscar "L'hai sentita la crisi?"
Piero "Beh, sì! Soprattutto psicologicamente, anche se dal punto di vista aziendale non ne siamo stati colpiti pesantemente. Abbiamo reagito bene. C'è il mondo intorno a noi."
Oscar "Parli del 2008, quindi dopo Lehman Brothers? Da quel momento ci siamo sentiti tutti precipitare in un altro mondo! Quanto vale per te l'esportazione?"
Piero "Quando ho cominciato a lavorare in questa azienda facevamo 80% in Italia e 20% all'estero. Abbiamo puntato a invertire queste percentuali. Oggi siamo al 70% di esportazione."
Oscar "Quindi la vicenda L.B. ti ha fatto preoccupare molto?"
Piero "Sì. Si diceva che il mondo non sarebbe più stato come lo avevamo conosciuto, per cui nei ragionamenti è entrata questa incognita importante, anche se io sono sempre stato ottimista e continuo a esserlo, per il nostro settore, e non per ragioni emotive o sentimentali. La produzione mondiale in questo momento è ferma se non addirittura in calo mentre i consumi continuano a crescere. Se è vero che tra trent'anni ci sarà un miliardo di persone in più in grado di spendere per consumi non solo strettamente necessari, il vino sarà uno dei prodotti più richiesti. Questo naturalmente se noi saremo bravi, sia nel produrre sia nel comunicare il valore dei nostri prodotti. Nei prossimi trent'anni potremo continuare a divertirci come abbiamo fatto negli ultimi trenta-quaranta..."
Oscar "Io penso sempre che noi siamo lo 0,83% della popolazione

mondiale, là fuori c'è un potenziale 99,17% di clienti. Anche io investo molto nel vino e la penso esattamente come te… Tu sei un Marchese! Sei contento di essere un nobile o non te ne frega nulla?"

Faccio fare un salto logico alla conversazione, ma la nobiltà è un tema intrigante, e poi qui siamo di fronte a una doppia visibilità: antichissima nobiltà e altissima produttività industriale. Mi piacerebbe dimostrare con l'aiuto di Piero che lui è un contrasto apparente. La sua risposta non arriva di getto ma lui ci ha già un po' abituati al fluire pacato delle sue parole e aspettiamo di cogliere il suo pensiero compiuto.

Piero "Sento certamente della responsabilità, perché nel passato il titolo nobiliare era il riconoscimento di un merito. Detto questo però io, come già mio padre, sono molto orgoglioso delle nostre origini mercantili. Do più importanza al nostro passato di mercanti nell'antica Repubblica Fiorentina piuttosto che al titolo che è venuto dopo. Per quanto mi riguarda personalmente, sono più orgoglioso di quel che ho fatto e del mio titolo di Cavaliere del Lavoro della Repubblica, piuttosto che dei meriti dei miei antenati."

Un bel rovesciamento di prospettiva: la nobiltà come responsabilità e non come privilegio e orgoglio per i propri meriti qui e ora. Pudore forse? Senso di colpa? Penso a Gaja che ha rifiutato il cavalierato mentre Piero ne va orgoglioso. "Il mondo è bello perché è variabile" si dice. Due approcci molto diversi ma in entrambi c'è bellezza. Indago ancora: "Ma la vostra famiglia da quanto tempo esiste?"

Piero "Facciamo vino da ventisette generazioni. La ventisettesima generazione è quella delle mie figlie."

Oscar "Però a me è stato detto che il merito della crescita di questa azienda è soprattutto tuo, la ventiseiesima."

Piero "Ho avuto fortuna, primo perché ho una grande passione per questa attività, e poi perché ho potuto operare negli ultimi quarantacinque anni che hanno rappresentato una vera rivoluzione nel mondo del vino italiano."

Mio padre diceva: "Il lavoro non è un passatempo"

Oscar "Anche tuo padre ha dedicato tutto questo tempo al vino, come fai tu?"

Piero "Mio padre fa parte di una generazione che ha vissuto due guerre, che gli hanno portato via molto tempo e poi si è interessato anche della 'cosa pubblica', è stato presidente della Croce Rossa, presidente dell'Ente del Turismo di Firenze, per esempio, pur avendo anche lui una grandissima passione per il vino."
Oscar "Come si chiamava? Tu ci andavi d'accordo?"
Piero "Si chiamava Niccolò. Ci andavo d'accordo. Ho sempre avuto un rapporto molto facile con mio padre, nonostante fossi maschio. Io ho tre figlie femmine e mi accorgo che è più semplice per un padre intendersi con le proprie figlie. Mio padre mi ha sempre incoraggiato, stimolato e mi ha trasmesso la passione per questo mestiere. Ha avuto un coraggio eccezionale: avevo solo ventisette anni quando mi ha lasciato completa autonomia nell'azienda."
Oscar "Te l'ha mollata che avevi ventisette anni!" Forse mi faccio prendere la mano dal mio linguaggio molto diretto e arriva subito la bacchettata:
Piero "Non me l'ha mollata, me l'ha affidata! Mi ha detto 'Fai tutto quello che ritieni giusto', pur senza mai farmi mancare i suoi consigli e la sua guida. Gliene sono stato molto grato, anche se la responsabilità mi ha forse impedito di vivere la vita come avrei potuto, coerentemente con i miei ventisette anni."
Oscar "Ti ricordi i numeri dell'azienda di allora?"
Piero "Allora avevamo 50 ettari di vigneto, ora ne abbiamo in tutto 2000. Avevamo due cantine, ora ne abbiamo una quindicina, anche perché cerchiamo di preservare un'identità specifica a ciascuna delle nostre aziende. Ogni azienda ha anche il suo enologo e il suo viticoltore che insieme ne conoscono ogni centimetro quadrato."
Oscar "E il fatturato?" Non c'è un modo meno diretto di chiederlo e io voglio capire l'evoluzione Antinori anche attraverso le cifre caratteristiche di questa azienda.
Piero "Oggi 150 milioni di euro, quando ho incominciato circa 200-300 milioni di lire di allora." Parte spontaneo il mio trip per il calcolo. Da 150.000 a 150 milioni equivale ad aver moltiplicato per mille. Penso che nessuno nel vino abbia compiuto un'impresa simile. Parlo di vino buono, di valore ovviamente.
Oscar "Il merito di questa svolta relativa ai volumi è quindi esclusivamente tuo?"
Piero "Però il fatturato è cresciuto più che proporzionalmente rispet-

to al numero di bottiglie; nel passato il Chianti si vendeva soprattutto nei fiaschi da un litro o da un litro e 750 ml, e poi allora si lavoravano anche uve di terzi. La vera decisione strategica, maturata gradualmente, è stata di lavorare solo uve di nostra produzione. Il culmine è stato circa vent'anni fa. Ripeto, ho avuto la fortuna di operare negli anni giusti."

Oscar "Ma tu hai potuto crescere in modo così esponenziale perché tuo padre ti ha lasciato un mucchio di soldi o perché hai reinvestito i tuoi guadagni?"

Crepi il bon ton! Ecco, il sorrisino di imbarazzo arriva puntuale insieme alla risposta: "Le aziende vinicole non sono adatte a strutture diverse da quella famigliare. Il fatto di essere azienda famigliare consente di operare investimenti di lunghissimo periodo. Un'azienda a struttura societaria non potrebbe mai giustificare, con la redditività di breve periodo, un investimento come questo. Altro vantaggio di un'azienda famigliare è quello di non avere necessità di distribuire dividendi ai soci. Dal 1966, da quando ne sono responsabile, non ho mai distribuito dividendi! Oggi le azioni di questa azienda sono nelle mani di un trust, a cui le mie figlie hanno trasferito la loro nuda proprietà che già avevano. Di questo siamo molto contenti perché abbiamo la certezza che per novantanove anni sarà mantenuto questo legame forte tra famiglia e azienda. Oggi va tutto bene, ma non si può sapere cosa potrebbe succedere nelle prossime due o tre generazioni."

Bisogna avere settecento anni di storia di famiglia alle spalle per guardare avanti di novantanove anni! Altro che le stock option dei grandi manager che vengono premiati anche quando il risultato di esercizio è deludente e le aziende escono distrutte dalla loro gestione. Top manager valutati sulla base di budget già oggetto di contrattazione, per cui succede che uno sia osannato perché perde meno di quello che si era messo a budget. Diciamo che la visione di Piero Antinori è semplice e diretta, l'azienda è il patrimonio di famiglia e tutti operiamo per preservarlo e farlo crescere, negli anni o nei secoli. Così ragionano i buoni padri di famiglia, non importa quanto grande sia il patrimonio, e così dovrebbero ragionare i politici che dovrebbero sentirsi padri e non predoni. Ma sul trust Piero continua, mentre io sono nei miei pensieri.

Piero "Il trust è una garanzia dell'unione tra famiglia e azienda, a cui tengo moltissimo. Dopo ventisette generazioni non vorrei che per dis-

sidi o ragioni varie il giocattolo si rompesse. In questo modo mi sento abbastanza tranquillo."
Oscar "Riprendiamo il discorso alto dopo la degustazione di questo Verdicchio, il primo vino che ho portato. Lo fa un'amica, Fulvia Tombolini, che io stimo molto per la passione che mette nel valorizzare questo splendido vitigno dei Castelli di Jesi, nelle Marche. A me piace molto. Tu cosa ne pensi?"
Piero "Secondo me questa è una bellissima espressione di vino bianco italiano: fresco, facile, gradevole, molto equilibrato, acidità non eccessiva, si può bere anche in grande quantità. Questo Verdicchio è gradevolissimo, nella tradizione dell'Orvieto, del Soave. Sono abituato fin da piccolo a questa tipologia di vino." Bella descrizione, la sua. Sono curioso di sentire Shigeru che, sincronizzato, attacca: "Questo vino profuma di frutta a polpa bianca come mela e pera. Profuma anche di erbe di campo e in bocca è fresco e ben bilanciato, asciutto. Chiude con un amarognolo finale. È il vino perfetto per una ricca grigliata di pesce, per risotto sempre con pesce ma anche sulle carni bianche cucinate sulla pietra con sale e limone. È un vino delicato, quindi bisogna fare un abbinamento delicato." Shigeru fa colpo e affascina il nostro ospite, devo dire che sentire lui e Piero parlare di vino è davvero istruttivo per me.
Dopo il Verdicchio torniamo a parlare della famiglia Antinori. Piero ha una sorella e un fratello più giovane. La sorella viene liquidata immediatamente dal padre in quanto non manifesta alcun interesse nell'azienda vinicola di famiglia. Il fratello attraversa una storia personale molto variegata: prima in America a lavorare con l'agente importatore degli Antinori, poi, convinto che il vino italiano non farà strada all'estero, torna in Italia a fine anni sessanta e diventa a sua volta importatore in Italia di vini e liquori francesi. Lascia anche questa strada per imbarcarsi in altre avventure manageriali, salvo poi tornare al vino mettendo a frutto una tenuta di famiglia e inventando l'Ornellaia. In questa attività si distingue e ha successo. Oggi si occupa nuovamente di una sua azienda vinicola nella quale l'Azienda Antinori è socio di minoranza. Fin qui la storia, mi piacerebbe qualche pettegolezzo di famiglia, qualche dissidio, qualche divergenza. Vediamo se vengono fuori.
Oscar "Come è stato liquidato tuo fratello?"
Piero "Eravamo all'inizio degli anni ottanta, io avevo figlie piccole e non credevo che si sarebbero appassionate al vino."

Oscar "Ti è dispiaciuto non avere maschi?" (Mi colpisce che, per ricordare l'anno di nascita della prima figlia, fa riferimento all'anno in cui ha ricevuto l'azienda dal padre, che deve essere un vero spartiacque emozionale nella storia di Piero Antinori).
Piero "No, sono stato contento delle mie figlie, ma non pensavo che si sarebbero mai occupate di vino. Allora le donne avevano altri interessi, mentre oggi si può dire che nel vino lavorino più donne che uomini, in generale in tutti i ruoli della catena produttiva. È indubbio che fu un momento difficile. Io decisi di far entrare in società un partner inglese, che era già il nostro importatore, e con l'apporto di questo partner riuscii a liquidare mio fratello. Dopo sette/otto anni di esperienza positiva questo partner decise di uscire e noi abbiamo riacquistato le quote in più tranche."
Oscar "Ma tu avresti preferito continuare con tuo fratello?"
Piero "Mi sarebbe piaciuto, a patto però che non si generassero problemi nelle relazioni personali e questo forse sarebbe potuto succedere. Io e lui siamo abbastanza complementari e questo poteva essere un bene."
Oscar "Che rapporto avete voi Antinori con i numeri? Io credo nella supremazia della matematica."
Piero "Anche io sono sempre molto attento ai problemi gestionali, pur restando innamorato del mio mestiere. Mio fratello è bravissimo nel marketing ma non è attento come me ai dati di bilancio. In questa realtà, in cui è necessario investire in ricerca e in qualità, bisogna avere bilanci sani e profittevoli."
Abbiamo camminato sulle uova in questa storia di famiglia ma alla fine abbiamo capito perché l'azienda Antinori è tornata nelle mani abili di Piero!
Oscar "Adesso assaggiamo questo Tocai. Lo fa un mio fratello, si fa per dire, Pierluigi Zamò: 60 ettari nei colli orientali del Friuli, 600.000 bottiglie. Ho comprato il 50% della sua azienda, Le Vigne di Zamò, nel 2010. Questo è il suo vino di punta, 100% friulano, una vigna con esposizione meravigliosa! Ti ho portato un altro bianco, perché poi voglio che tu mi dica perché i francesi sono più bravi di noi a fare vini bianchi. Che ne pensi?"
Piero "Mi piace perché ha personalità. Il tocai è un grande vitigno che mantiene la sua personalità anche fuori dal territorio friulano, in California per esempio, dove ho avuto occasione di assaggiarne di

ottimi. Ha un sapore inconfondibile. Io penso che un grande vino debba avere una grande personalità."
Oscar "Lo chiedo a te che sei produttore di uno dei vini bianchi migliori in Italia, il Cervaro della Sala. Perché i francesi sono più considerati di noi sui bianchi?"
Piero "I francesi non sono in generale più bravi di noi. In Borgogna fanno dei grandissimi vini bianchi, in altre zone, a parte qualche prodotto di nicchia, non si può dire la stessa cosa. In generale credo che sia merito delle loro condizioni ambientali, il famoso 'terroir', che significa tutto, clima, terreno, vitigno, l'interazione del vitigno con l'ambiente, l'uomo, che non va dimenticato."
Oscar "Josko Gravner qualche giorno fa ci ha detto che i francesi parlano tanto di terroir perché non ce l'hanno! Cosa ne dici?"
A parte la risata che la battuta di Josko suscita ogni volta, Piero ci fa capire che secondo lui i francesi il terroir ce l'hanno, eccome, ma poi continua con le stesse considerazioni di Josko e cioè che in Italia purtroppo l'attenzione alla qualità del vino è recente, ha una quarantina d'anni, mentre in Francia sono centocinquant'anni anni che si investe sul valore del vino e sono altrettanti anni che la legislazione e il marketing sono orientati alla qualità.
Oscar "Shigeru, tu sei pronto a dirci cosa pensi di questo friulano?"
Shigeru "Pronto! Concordo e dico che questo vino ha una grande personalità. Viene da vigne che hanno sessant'anni e questo è un grande pregio. Gli aspetti minerali sono accentuati. Si sentono la mela, le erbe di campo, il miele allungato con acqua e la frutta matura. È un vino sapido e gustoso molto interessante nell'abbinamento con i crostacei, con l'aragosta alla griglia, con gli scampi, lo sgombro in sottaceto con la senape ma anche con il *narasushi* che facciamo a Tokyo."
L'intervento di Shigeru è spesso un buon momento di spartiacque tra un argomento e un altro. Dopo la sua descrizione mi viene sempre facile voltare pagina e passare a nuove domande.
Oscar "Quando è morto tuo padre?"
Piero "Nel 1993 senza riuscire a vedere il riacquisto delle quote dal nostro partner inglese, cosa che gli avrebbe fatto molto piacere. Non aveva sofferto per la mia scelta perché ne aveva capito le ragioni, ma sapeva anche che era una situazione temporanea. Purtroppo non ne ha visto la fine."
Oscar "Cosa hai imparato da tuo padre?"

Piero "Che il lavoro non è un passatempo. Diceva: 'Non bisogna prendersi troppo sul serio ma il lavoro è una cosa seria!' E diceva anche: 'Il profitto in una azienda non è il fine ultimo, ma una prova di efficienza e una garanzia di continuità'. Io lo condivido."
Oscar "Eccome! Io penso persino che non guadagnare non sia etico perché non ti consente di pagare gli stipendi e di far star bene quelli che lavorano con te, ma lavorare solo per far soldi è da piccoli aridi e infelici. Però voi non siete attaccati al denaro."
Piero "Mia madre era una persona molto generosa, intelligente, religiosa e per tutta la vita si è sempre dedicata al prossimo. Lei mi ha insegnato a ragionare anche con il cuore. È morta nel sonno il giorno del suo novantanovesimo compleanno dopo aver festeggiato con tutta la famiglia."
Oscar "Quali sono stati i tuoi momenti difficili?"
Piero "Quando ho preso in mano le redini dell'azienda, alla fine degli anni sessanta, in Toscana si attraversava un periodo difficile, perché stava finendo il regime della mezzadria. Una modalità feudale di gestire i fondi. Il proprietario divideva i frutti della terra in percentuale con i mezzadri, senza però rischiare nulla nelle annate magre. Una forma di compartecipazione, ma nella famiglia del mezzadro lavoravano tutti, compresi i bambini di sei anni e si prendevano tutti i rischi. La mezzadria in quegli anni fu abolita per legge e i proprietari in tutta l'Italia centrale si trovarono in una situazione nuova, nella necessità di gestire in modo imprenditoriale i loro terreni e per molti non fu facile. Nella mezzadria vigeva la cultura promiscua, tutti coltivavano un po' di tutto: olivo, vite, grano, ortaggi e allevavano anche il bestiame. Il passaggio alla conduzione diretta ha indotto i grandi proprietari a specializzare i terreni e a concentrare tutti i vigneti, provocando anche sensibili cambiamenti nel paesaggio. Purtroppo però non c'era la cultura per gestire questo grande cambiamento. In quegli anni i vivai non riuscivano ad approvvigionare le viti corrette e di buona qualità. La viticoltura toscana in dieci anni si è trasformata ma il risultato è stato un disastro dal punto di vista qualitativo! Era crollata la qualità del vino, e di conseguenza i prezzi e il prestigio del Chianti. Questa era la situazione quando io ho preso in mano l'azienda. Fai conto che in quegli anni anche molti amici miei che facevano questo mestiere si sono ritirati."

Mentre la voce pacata di Piero Antinori racconta, faccio un pensiero mio: in quel momento di grave difficoltà, il privilegio di nascita decade e passano in primo piano il carattere e la capacità personale dell'uomo. Se altri, con pari privilegi, si sono ritirati e lui invece è arrivato con i risultati che oggi apprezziamo, dobbiamo pensare che la qualità dell'uomo abbia fatto la differenza. Questo pensiero mi rallegra perché è frustrante pensare che le grandi fortune debbano dipendere solo dai privilegi (anzi dalla casualità) della nascita. La quale aiuta certo, ma in questo caso non è la leva determinante.

Piero "Questo primo momento di difficoltà mi ha anche stimolato ad andare un po' in giro a vedere cosa facevano gli altri: in Francia, in California. Ho assunto un bravissimo consulente francese, Émile Peynaud, che mi ha influenzato molto e, con l'aiuto del nostro enologo Giacomo Tachis, abbiamo creato il Tignanello come reazione a quelle difficoltà."

Ecco la storia dell'Italia che conta, quella delle persone nei territori, raccontata da un protagonista autorevole. Una lezione molto interessante, che mi porta a ragionare sul presente. Una legge della Repubblica, in una sua specifica manifestazione territoriale, può generare negatività non previste dal legislatore, se il cambiamento non è adeguatamente governato in tutte le sue manifestazioni, penso per esempio agli esodati.

Piero "Anche negli anni novanta abbiamo avuto momenti difficili, quando sono stato costretto a indebitarmi fortemente e non era la prima volta, per ripagare le quote ai partner uscenti. In quell'occasione ci ha aiutato Mediobanca seppure senza molta convinzione. Abbiamo dovuto tirare la cinghia per diversi anni. Poi la situazione si è ripianata."

Oscar "Oggi tu hai un Ebitda tra i migliori in Italia."

Piero "Nel nostro settore il Roe (ritorno sul capitale) è strutturalmente basso perché gli investimenti fissi sono molto alti, per cui devi per forza aver un Ebitda alto se vuoi sostenere la gestione e continuare a crescere. Questa cantina, dove ci troviamo ora, non sarebbe potuta nascere senza guadagni e, sottolineo, senza lasciarli in azienda."

Oscar "Vorrei che adesso mi parlassi delle tue figlie, e vorrei che lo facessi mentre assaggi il Barolo Vigna La Rosa 2008 di Fontanafred-

da, il 2008 è stato l'anno della nostra prima vendemmia piena. Ti piace il nebbiolo?"
Piero "Mi piace, ma mi piace soprattutto quando viene dalle posizioni giuste. I vitigni si dividono in due categorie: quelli facili a capirsi e a prodursi e quelli difficili. Il nebbiolo appartiene alla seconda categoria. Questo in particolare mi piace molto perché conosco questa vigna meravigliosa, La Rosa, a Serralunga. Ti ha dato un gran voto 'Wine Spectator'."
Oscar "I premi li prendiamo quasi tutti su questa vigna. Io preferisco Lazzarito, ma alla fine premiano La Rosa."
Piero "Il Nebbiolo è un vino che va capito, un vino trasparente, non un vino 'nero'."
Oscar "Ti riferisci all'Amarone? (provo a scuoterlo con una goccetta di veleno, ma mi guadagno solo un piccolo sorriso).
Piero "No, sto parlando di vini italiani o anche californiani che hanno avuto un momento di gloria, ma che sono ormai completamente superati."
Oscar "Quelli cosiddetti 'di profilo internazionale'."
Piero "Sto parlando di quei vini monumentali che fanno anche 15 gradi, super concentrati."
Shigeru annuisce con larghi movimenti della testa.
Piero "Il Nebbiolo poi è un vino di grande personalità, come si diceva del Tocai, che ti dà un piacere edonistico, ma anche un piacere intellettuale. Infine, il vino rosso deve avere un potenziale di invecchiamento, tutte qualità che il Nebbiolo possiede e quindi è un grande vino. Anche un grande quadro ti dà un piacere estetico ma poi devi anche saperne di più sull'autore, sulla storia. Lo stesso vale per il vino."
Oscar "Come far l'amore con una bella donna, di cui devi conoscere bene le caratteristiche fisiche e intellettuali per avere il massimo del piacere. Il Creatore, questo gran furbacchione, ha messo il piacere, anzi l'orgasmo, in due atti che garantiscono la continuazione della specie: il cibo e l'amore. Così come il piacere di stare con una donna è più grande se la conosci bene e più grande ancora se anche la ami, lo stesso succede con il vino: si può amare anche un grande vino!"
Shigeru trova il momento giusto per inserirsi e raccontarci questo Barolo dal suo punto di vista. Lo descrive con profumi di viola e

rosa, pepe bianco, liquirizia, cuoio e in bocca lo sente sapido e vellutato con tannini regolari. Dice che è un grande vino da invecchiamento e siamo tutti d'accordo. Lo abbinerebbe non solo al classico brasato al Barolo, ma anche con un buon misto di carne alla piastra condito solo con pepe nero e senape giapponese. E alla fine ci dice che è un vino che va bevuto a piccoli sorsi, ideale per conversare con gli amici di argomenti delicati… e felici. Bravissimo Shigeru! Questa storia che alcuni vini gli suggeriscono anche gli abbinamenti con alcuni tipi di conversazione è davvero interessante.
Oscar "Piero, mentre ci beviamo questo Barolo, parlaci delle tue bambine. Quando hai capito che ce l'avrebbero fatta?"
Piero "Quale è stato l'anno dello scandalo del metanolo?"
Il 1986. Ecco! I fatti della vita per Antinori sono scanditi dalla storia del vino e questa è senza dubbio la sua caratteristica più saliente. Anche i ricordi di famiglia sono legati agli eventi del vino.
Piero "Nel 1986 ho fatto un giro in Canada con altri del settore. C'era anche qualcuno di Fontanafredda. Portai con me mia figlia Albiera che aveva quasi vent'anni. È nata nel 1966. L'anno in cui mi sono sposato, ho avuto l'azienda, è nata la prima figlia e c'è stata l'alluvione a Firenze! Nel 1986 ero presidente di Federvini e a metà di questo giro mi chiamarono dall'Italia, perché era successo lo scandalo del metanolo. Poiché dovetti rientrare in Italia dissi a mia figlia 'Vai avanti tu…', come quelli che buttano i figli a mare perché imparino a nuotare. Per lei è stata la prova del fuoco che le ha fatto decidere di entrare in questo settore. Le altre figlie, con l'esempio della sorella maggiore, si sono appassionate e ora sono tutte e tre nell'azienda. Sono bravissime!"
Oscar "Come le hai inserite?"
Piero "Albiera si occupa principalmente di comunicazione, a 360 gradi, quindi marketing, packaging ecc. Ma è anche vicepresidente, per cui, pur non essendo operativa, è molto informata e presente sulle decisioni importanti. Ha seguito personalmente con gli architetti la costruzione di questa cantina."
Oscar "Ma veniva da te con le decisioni già prese?"
Piero "Quasi prese…"
Fantastico, "quasi prese". Nuovamente penso ad Angelo Gaja che ci aveva detto "Le figlie accettano meglio i nostri consigli". I due mostri del vino italiano vivono tra le femmine e ne sono felici.

Finché mi diverto continuo a lavorare

Oscar "Ma tu non hai fatto come tuo padre!"
Piero "No, non ho fatto come lui, essenzialmente perché questo lavoro mi diverte e mi appassiona ancora. Chi me lo fa fare di lasciare? Anche se ho delegato moltissimo. Soprattutto al mio braccio destro, Renzo Cotarella, con il quale facciamo ogni giorno lunghe chiacchierate parlando di strategia. Lui è un bravissimo enologo, ma è anche un grande manager e poi caratterialmente andiamo molto d'accordo. È con me da trentacinque anni."
Ma, incredibile, si danno ancora del lei!
Oscar "La seconda figlia come si chiama?"
Piero "Allegra ed è nata nel 1971, l'anno del Tignanello."
Oscar "Nomi strani…"
Piero "Albiera, non so perché, è un nome di famiglia. Allegra è il nome di una mia nipote che è stata molto vicina a mia moglie durante la gravidanza. La terza si chiama Alessia, nata nel 1976, ma non ricordo la ragione del suo nome. La seconda è quella meno attiva in azienda in questo momento perché ha due figli piccoli da seguire, ma ha comunque la responsabilità delle PR e della ristorazione, e poi, siccome è un'ottima comunicatrice, si spende in occasione di degustazioni o visite importanti. Alessia è enologa."
Oscar "Possiamo abbinare un evento anche alla nascita di Alessia?"
Piero "No, non mi viene in mente. Lei ha fatto la scuola di enologia, una bella esperienza come enologa e poi ha voluto fare un'esperienza commerciale. È stata alcuni anni in Cina, come nostra responsabile per quella parte del mondo, poi ha svolto lo stesso ruolo a New York. Ora si è sposata e vive a Roma. Si occupa di quel mercato, ma anche di una piccola azienda vinicola, la Tenuta di Fiorano, che le mie figlie hanno ereditato dal nonno materno. Sai, il marchio Fiorano? Lei vuole un po' ricreare questo mito del vino di Fiorano che mio suocero aveva dovuto abbandonare per malattia."

Facciamo il mestiere più bello del mondo

Oscar "Consideri un tuo successo personale il fatto che le tue figlie abbiano voluto fare lo stesso tuo mestiere?"

Piero "Per me è il massimo della soddisfazione, ma non mi stupisce perché questo nostro mestiere è talmente affascinante e talmente bello che mi meraviglio quando qualcuno, avendo la possibilità di occuparsene, si dedica invece ad altro."
Oscar "È uno dei mestieri più belli del mondo. Lo penso sempre!"
Piero "Assolutamente sì! Il prodotto è meraviglioso, vivi in mezzo alle vigne, e se ti piace viaggiare hai l'occasione di farlo, la comunità vinicola internazionale è straordinaria."
Oscar "Io ho iniziato tardi perché vengo da un altro mondo, quello degli elettrodomestici e dell'elettronica che vive di ricerca, ma noto che il livello culturale dei vigneron è molto alto. Incontro gente che legge, che sa di politica, che filosofeggia. È il vino che ti porta a essere curioso e a meditare. Questo è un settore ricco di bellezza. Hai ragione tu: chi, potendolo fare, non lo fa, è un cretino!"
Piero "È un mondo meraviglioso dal punto di vista umano, dal punto di vista paesaggistico, i migliori vini vengono sempre da posti bellissimi."
Oscar "Ci dedichiamo al prossimo vino ma prima, se vuoi, mi dici per chi hai votato alle ultime politiche?"
Piero "Ho votato Monti convinto. Vista la concorrenza."
Oscar "Conosco Monti. Lo stimo. A suo tempo mi ha offerto il posto da capolista in Piemonte. Ma non potevo accettare. Tu sai come la penso. Però mi ha fatto piacere. Oggi ne pensi ancora bene?"
Piero "Penso che abbia fatto qualche errore, probabilmente per inesperienza politica. È stato massacrato da tutti e quindi ha subito attacchi anche un po' ingiustificati. I risultati elettorali deludenti che ha avuto dipendono forse anche dal fatto che non è un comunicatore, come in politica si deve essere. Non è un Renzi! E ha un atteggiamento un po' professorale che può dar fastidio. Ma, va detto, è una persona seria, che nel panorama politico italiano di oggi è già qualcosa, e per questo merita fiducia!"
Oscar "Prima di parlare del Barbaresco di Gaja, voglio ancora parlare un po' del passato. Tu hai vissuto l'Italia del grande boom, e le grandi crisi, quelle degli anni novanta, la crisi di Craxi, l'ultimo ventennio. Che idea hai di questo Paese oggi?"
Piero "L'amore per questo Paese me lo ha inculcato mio padre. Lui ne era innamorato e per questo si è anche dedicato alla 'cosa pubblica'. Io poi penso che l'Italia potrebbe essere un Paese straordinario

per le potenzialità che ha. Sembrano banalità, perché lo dicono tutti, ma è proprio così. La storia, la cultura, la bellezza e poi anche la creatività degli italiani, il buon gusto. L'Italia ha tutti questi doni. Nessun altro Paese li ha in ugual misura e tutti insieme. Quindi fa rabbia vedere questa crisi. Non so se essere pessimista o ottimista sul futuro dell'Italia. Io sono sempre stato ottimista, ma ora il livello di crisi, nel breve periodo, mi rende meno ottimista. Quando si tocca il fondo poi si dovrebbe ripartire, ma bisogna vedere quando, perché i problemi sono strutturali. Probabilmente non abbiamo ancora toccato il fondo e questo è preoccupante proprio per la serenità sociale. Si incontrano troppe resistenze al cambiamento. Non si riesce a portare alcuna innovazione sociale, politica, burocratica.
Oscar "E il mondo dell'impresa come lo vedi?"
Piero "Ci sono ancora straordinarie potenzialità inespresse. Bisogna riorientare le risorse verso i settori che hanno un futuro e abbandonare altri settori che un futuro non l'hanno più, come l'industria pesante, per esempio."
Oscar "Investiamo sulle nostre vocazioni, quindi."
Piero "Certo. L'agroalimentare, il turismo, che è una miniera d'oro che non riusciamo a sfruttare, l'alto artigianato. L'Italia ha vissuto al di sopra delle sue possibilità e questo ha creato delle aspettative. Non vi è nulla di peggio che creare delle aspettative e poi deluderle. E poi ci sono i giovani, che spesso sono più attenti ai diritti che ai doveri."
Oscar "Quindi tu il mondo dei giovani lo vedi come un problema?"
Piero "Non sono loro il problema, ma la loro situazione è oggettivamente difficile perché c'è poco lavoro in questo momento e per molti di loro è difficile trovare l'atteggiamento giusto."
Oscar "In Italia come sei messo come vendite?"
Piero "Siamo piatti. Teniamo. Siamo soddisfatti. All'estero invece cresciamo."
Oscar "Ma dei giovani cosa pensi? Della loro testa? Hanno voglia di lavorare, non ne hanno?"
Piero "Difficile giudicare. Ma soprattutto è importante che non si rassegnino. Questa incertezza sul futuro comincia davvero a pesare, ma non devono rassegnarsi, altrimenti, da rassegnati, combinano poco."
Oscar "È la prima volta nella tua vita che ti capita di non essere ottimista?"

Piero "Sì."
Oscar "Siamo al quarto vino, Sorì Tildin 2004. Parlami di questo Barbaresco. È del tuo amico Angelo Gaja. Te l'ho portato apposta! Angelo è anche un mio amico…"
Piero "Il Sorì Tildin è un grandissimo vino, qui siamo nell'area mitica. C'è una grandissima intensità e complessità di sapori e di profumi pur non essendo un vino pesante che a me non piacerebbe. Come il Barolo di prima. Sono vini che hanno una straordinaria eleganza, finezza, classe. Secondo me nel futuro si venderanno sempre meglio i vini meno alcolici ma con più mineralità, che è data dal terreno e dall'età delle vigne, come diceva Hayashi-san, è una caratteristica molto importante. Io quando vedo una vigna di cento anni mi emoziono ancora! E queste credo ne abbiano almeno sessanta."
Oscar "Parliamo anche dei prezzi di questi vini che sono elevatissimi. Questa bottiglia costa al pubblico forse 300 euro. I francesi, alcuni francesi, riescono anche a batterci su questo fronte. Cosa ne pensi? È giusto perseguire questa politica di prezzi alti nel momento in cui il consumo di vino si sta diffondendo nel mondo?"
Piero "Secondo me sì, anzi bisognerebbe anche aumentare il numero dei vini per i quali si possono spuntare prezzi altissimi, pur se in quantità limitate. Questo aiuterebbe ad aumentare il prestigio del vino e a vendere anche gli altri vini. Il lavoro che fa Angelo (e spero anche un po' il mio) apre le porte a tanti piccoli bravi artigiani del vino italiano nel mondo. Questo non va dimenticato."

Il vino perfetto è un sogno che non si raggiunge mai

Oscar "Tu sei riuscito a fare il tuo vino perfetto o continui ancora a cercarlo?"
Piero "Il vino perfetto è un sogno che non si raggiunge mai! Ci si avvicina, ma non si raggiunge mai!"
Oscar "È un'utopia, giusto! Da *eutopos*, il luogo felice che non si raggiunge mai, ma ci fa andare avanti. Shigeru, cosa pensi di questo Barbaresco? Ti piace?"
Oggi Shigeru è in forma strepitosa, e anche di questo vino fa una descrizione talmente elegante che soddisfa tutti. Ci parla di intensità percepita al naso e in bocca, ci parla di sapori di cuoio, caffè, fieno,

menta e rosmarino. Insiste sui frutti maturi, sul pepe "balsamico" sulla mineralità e poi in bocca lo trova sapido, vellutato, con la giusta acidità. Ma prima di passare agli abbinamenti ci dice ancora che è un vino sexy perché ha un carattere che bisogna saper prendere nel verso giusto. In cucina sta bene con costata alla griglia, anguilla con pepe nero (un piatto giapponese favoloso!) e stufato di manzo. È quasi l'ora di pranzo e io, davvero, a questo punto sogno una bella costata mangiata in qualche trattoria tra queste splendide colline. Piero ci invita a pranzo ma non possiamo fermarci. Dobbiamo correre da suo cugino a Bolgheri, il Marchese Incisa della Rocchetta, l'inventore del Sassicaia. Oggi il vino buono non mancherà, ma mi sa che salterà pure la trattoria. Preferisco parlare ancora un po' con Piero.
Oscar "Piero, manca solo il tuo vino, ma prima parliamo un po' di futuro. Anzi, come suggerisce Shigeru, vorrei abbinare il discorso del futuro con il tuo Solaia, perché credo sia il vino giusto per questo argomento."
Ma prima di entrare in tema Piero ci parla dei personaggi che gli hanno consentito di far fare ai suoi vini un grande salto di qualità. Ci parla di Émile Peynaud, che lui ha trovato all'Università di Bordeaux, grande uomo di cantina, consulente dei grandi vigneron francesi e di Tachis, altro enologo storico delle sue cantine, ma non solo. Due persone che gli hanno cambiato la vita e l'azienda. Dall'incontro di queste due personalità nasce tecnicamente il Tignanello, che è circa 85% sangiovese e il resto cabernet. E poi Veronelli entra nel giro e ispira la strategia commerciale: vendere un vino da tavola a un prezzo più alto degli altri. Nel frattempo è arrivato Renzo Cotarella, il vero numero due della Antinori, enologo formidabile. Avrà sentito il profumo del Sorì Tildin. Se ne versa un bicchiere, ma gli impongo di provare anche La Rosa 2008. I complimenti di Cotarella non me li voglio perdere.
Piero "Così il Tignanello è diventato il nostro vino di punta ed è stato il vero giro di boa. Oggi se ne fanno 25-30.000 casse da dodici e va a circa 70 euro la bottiglia."
Oscar "Dopo il Tignanello nasce il Solaia, giusto?"
Piero "Nel 1978. Quell'anno avevamo troppo cabernet per il fabbisogno del Tignanello e così abbiamo deciso di vinificarlo a parte. In principio quindi era 100% cabernet, oggi è 80% cabernet e 20% sangiovese. Questo è il vino più importante della mia azienda. Ed è

anche il primo vino italiano, nel 2000, a conquistare la vetta dei cento migliori vini del mondo di 'Wine Spectator'. L'anno dopo abbiamo ancora vinto con l'Ornellaia e poi nessun altro vino italiano. Il nome arriva dal nome del podere Solaia, evidentemente perché era ben esposto al sole."
Oscar "Anche Solaia è figlio di Peynaud e Tachis?"
Piero "Certo."
Oscar "Cosa pensi del futuro del vino? Sarà nel Far East: Cina, India?"
Piero "La Cina diventerà sicuramente un grande importatore di vino. Difficile dire quando ciò succederà. Sulla Cina bisogna senz'altro puntare, senza però dimenticare altri mercati importantissimi come gli Stati Uniti, che sono diventati il primo paese consumatore di vino al mondo: cosa che fino a dieci anni fa nessuno poteva prevedere. Negli Usa gli italiani hanno una posizione solida e invidiabile e possono ancora avanzare."
Oscar "Il nostro futuro è sicuramente il mondo, ma io vedo i francesi di nuovo molto agguerriti e ci faranno trovare lungo."
Piero "Bisogna fare molta attenzione e non abbassare mai la guardia."
Oscar "Vuoi ancora crescere? Comprerai altre aziende?"
Piero "Dobbiamo ancora digerire i grossi investimenti già fatti e vogliamo soprattutto crescere in qualità piuttosto che in quantità. Quindi aumentare un po' il prezzo medio per mettere a frutto tutte le cose che abbiamo fatto in campagna."
Oscar "Il Sud dell'Italia?"
Piero "Noi abbiamo investito in Puglia: lì c'è un grande potenziale che non è ancora riuscito a emergere. Come invece sono già emerse la Sicilia e la Campania. Ma il potenziale della Puglia è forse anche maggiore."
Oscar "Noi quest'anno apriamo Eataly a Bari. Ottomila metri quadrati alla Fiera del Levante. Lo dedicherò all'Est del mondo, il Levante. Il Tigri e l'Eufrate, dove è nata l'agricoltura. Ma non farmi parlare di Eataly, che altrimenti non mi fermo più. Il tuo futuro personale? Che farai? Scapperai con una trentenne?" Lo stuzzico un po', ma questa volta ride sereno.
Piero "Io voglio continuare a occuparmi di questa azienda che mi fa divertire."
Oscar "Come capo?"

Piero "Come capo spirituale. Il mio ruolo è quello di stabilire l'indirizzo stilistico dei vini, che la proprietà non può delegare a nessuno. Su questo voglio essere io a dire l'ultima parola. Praticamente su tutti i vini."

Oscar "Quindi tu pensi di conoscere meglio di altri i desideri del pubblico? Qual è la tua memoria più antica del sentore di un vino?"

Piero "Era la fine della guerra, i tedeschi se ne stavano andando. Mio padre fu chiamato d'urgenza alle cantine di San Casciano, che erano state mitragliate dai tedeschi. Mi portò con sé, avevo sei anni e ricordo l'odore di cantina nell'aria a due chilometri di distanza. L'odore, quell'odore, già lo conoscevo, ma la circostanza mi è rimasta impressa. Poi naturalmente dalla faccia di mio padre capii che era successo qualcosa di grave."

Ecco la poesia: la follia della guerra arriva a mitragliare le botti nelle cantine, ma il naso di un bimbo di sei anni sente il profumo del vino e viene segnato per sempre da una passione.

"Dal letame nascono i fior", cantava il più grande di tutti.

Dobbiamo andare perché è tardi e perché Piero, tirato letteralmente per la giacca da Cotarella, ha clienti stranieri che vogliono conoscerlo. Invito Shigeru a descriverci l'ultimo vino, il Solaia Antinori 2009, e invito Simona a berlo, almeno questo. Ci sono occasioni che non vanno perdute! Shigeru lo trova erbaceo, con sentore di frutti rossi, tannini delicatissimi e morbidi ma ottima persistenza in bocca. È un vino con una certa consistenza, dice, e forse intende dire corpo, o struttura. Il Solaia gli si rivela come un vino internazionale del quale tuttavia si comprende l'origine italiana. Lo abbina con un controfiletto stufato con salsa di soia e senape, e con l'abbacchio al pepe verde. E questo mi dimostra una volta di più quanto il mio amico giapponese sia preparato sulla nostra enogastronomia. A me, l'abbacchio, non verrebbe mai in mente. Essendo in Toscana avrei detto la solita fiorentina.

Sulle parole di Shigeru prendiamo commiato e ci lasciamo dietro le spalle questa sorprendente cantina astronave che ci ha davvero emozionato. Ascoltare Piero è stato molto istruttivo e mi rendo conto che oggi abbiamo messo al suo posto una tessera importante del complesso mosaico dei grandi vini d'Italia. Salgo in macchina ripensando a Pavese: finché si avranno passioni non si cesserà di scoprire il mondo.

Schede enologiche dei vini degustati con Piero Antinori
Shigeru Hayashi

Verdicchio dei Castelli di Jesi Classico Superiore 2011
Fulvia Tombolini
Tipologia bianco
Uve 100% verdicchio
Vinificazione e affinamento macerazione a freddo in acciaio, alcuni mesi di bottiglia
Zona di produzione Marche

Colore giallo paglierino tenue. Al naso è delicato, fresco, con gradevoli note di pesca e pera. Sul finale affiorano sensazioni di erbe officinali e cenni minerali. Gusto asciutto e ben bilanciato.

Abbinamento ideale con antipasti di pesce, anche crudo. Vorrei gustarlo con un brodo, oppure con pasta ai frutti di mare e risotto. In realtà ha la struttura giusta per essere goduto a tutto pasto.

Mi ricordo quando, negli anni ottanta, ero direttore al Suntory, a Milano: di bianchi italiani in carta avevamo solo Gavi, Arneis e Chardonnay generici. Zero Verdicchi, ed era un peccato! Oggi questo vino è famoso nel mondo anche grazie a Tombolini, che oltre tutto aderisce al gruppo Vino Libero. Brava, Fulvia!

Friulano Vigne 50 anni 2008 Le Vigne di Zamò
Tipologia bianco
Uve 100% friulano
Vinificazione e affinamento parziale macerazione a freddo per 48 ore, 10 mesi di affinamento sulle fecce
Zona di produzione Friuli Venezia Giulia

Colore giallo dorato carico. Si sentono la mela, le erbe di campo, il miele allungato con acqua e la frutta matura. Grande complessità. In bocca è sapido, gustoso, con ritorno molto interessante delle note minerali (pietra focaia).

Abbinare con crostacei alla griglia, pesce al sale e un tocco di salsa di soia. Lo vedo benissimo con lo sgombro alla senape giapponese, o con scaloppine al limone.

Pierluigi deve cambiare nome al suo vino, perché le vigne sono cresciute e adesso hanno sessant'anni, non più solo cinquanta! Non dico quasi mai qual è il mio vino bianco preferito, forse perché non lo so. Ma se devo sceglierne uno, scelgo questo Tocai (adesso non si può più chiamare così, voi italiani siete molto strani).

Barolo La Rosa 2008 Fontanafredda
Tipologia rosso
Uve 100% nebbiolo
Vinificazione e affinamento macerazione lunga tradizionale, 24 mesi di maturazione nel legno, parte piccolo (barrique di rovere francese), parte grande (botti di rovere di Slavonia)
Zona di produzione Piemonte

Colore rosso rubino intenso con riflessi granata. Profumi immediati di viola e rosa secca, poi emergono spezie, tabacco, frutta rossa e leggera vaniglia. In bocca il frutto è ben presente, i tannini maturi, morbidi ed equilibrati. Un grande rosso sapido, vorrei dire.

Abbinamento con carni rosse, arrosti in particolare. "Blasato al Barolo" è il top, di sicuro! Ma io lo berrei anche con formaggi stagionati come il Castelmagno. Oppure con un'amica. Oppure da solo!

A Fontanafredda ho dormito tante volte sotto la vigna La Rosa: ti senti nel cuore della storia del Barolo, perché è qui che è nato il vino più famoso d'Italia, tanto tempo fa! Il Barolo è un rosso non facile da produrre e ancora meno da capire. Però non sempre per emozionarsi bisogna capire.

Langhe Nebbiolo Sorì Tildìn 2004 Gaja
Tipologia rosso
Uve 95% nebbiolo, 5% barbera
Vinificazione e affinamento 12 mesi di barrique, 12 mesi di botte grande, affinamento finale in bottiglia
Zona di produzione Piemonte

Colore rosso rubino intenso. Al naso sfodera aromi complessi, di amarena, cedro, spezie dolci e cenni balsamici. Il frutto è compatto e rigoroso. In bocca è verticale, sapido, pieno, un abbraccio raro di potenza ed eleganza. Finisce lunghissimo (anzi, non finisce mai!).

Abbinare con costata alla griglia e mostarda di Dijon, stufato di manzo o anguilla in umido con pomodoro, olio di oliva e senape giapponese. Secondo me è fantastico con Parmigiano Reggiano di 60 mesi.

Come al pugilato: Ko al primo sorso! Un vino-romanzo, da leggere più che da parlare. I vini di Gaja non si possono descrivere, si possono solo godere. Chiunque abbia la fortuna di assaggiarli, capisce perché lui è "il Re".

Solaia 2009 Marchesi Antinori
Tipologia rosso
Uve 75% cabernet sauvignon, 20% sangiovese, 5% cabernet franc
Vinificazione e affinamento fermentazione e macerazione in tini troncoconici, 18 mesi di affinamento in fusti di rovere francese e ungherese
Zona di produzione Toscana

Colore rosso rubino intenso con riflessi violacei. Al naso è molto ampio e complesso: riconosco frutta rossa (ciliegia, ribes), pepe rosa, erbe aromatiche, cacao, caffè e liquirizia. In bocca è esplosivo, potente e rotondo, ma anche elegante, fine, vellutato e morbido. Finale lunghissimo e armonico.

Abbinare con abbacchio al forno al pepe verde, Kobe-Beef alla piastra con salsa di sesamo, formaggi stagionati come taleggio e gorgonzola piccante.

Il primo vino italiano in vetta alla classifica di "Wine Spectator" non si scorda mai! Era il 2000, ma da allora il Solaia è rimasto nel mito. Il vino ideale da offrire al Primo Ministro Giapponese in occasione della sua prossima visita ufficiale in Italia: devo ricordarmelo.

Sassicaia: Niccolò Incisa della Rocchetta
Vivo nella speranza di tirare fuori un altro Ribot

"Finché si avranno passioni non si cesserà di scoprire il mondo."
(Cesare Pavese, *Il mestiere di vivere*)

Siamo ancora in Toscana. Ma quella del Mare. Ripartiamo da dove abbiamo chiuso con Antinori: è un piccolo divertimento per giocare intorno al senso delle passioni della vita.
Dopo aver visto la cantina Bargino degli Antinori, quella della tenuta San Guido di Bolgheri sembra veramente una piccola casa. Ma voglio subito citare la battuta di un grande giornalista del vino riferita al Sassicaia: "Finalmente un vino in cui il contenuto è superiore al contenitore!". Parliamo del vino italiano più glamour nel mondo!
Stiamo per incontrare un altro Marchese, Niccolò Incisa della Rocchetta. Bolgheri è un nome famoso, almeno per la mia generazione, perché a scuola abbiamo tutti imparato a memoria la storia dei "Cipressi che a Bolgheri alti e schietti van da San Guido in duplice filar, giganti giovinetti...". Anche gli Incisa della Rocchetta sono molto conosciuti, ma in un altro gruppo sociale, quello degli amanti dell'ippica. A tutti il nome Ribot dice qualcosa.
Il paesaggio è bellissimo, proprio come nella descrizione del Carducci. Doppia fila di cipressi, ulivi, vigne e così fino al mare. La cantina, come dicevo, appare piccola in rapporto alla grandezza del Sassicaia. "Cinque anni fa ho costruito quest'ala nuova, altrimenti per cinquant'anni la sede della nostra cantina era lì..." e il Marchese indica una costruzione ancora più piccola ma deliziosa, un po' inglese, un po' francese, molto in linea con gli Incisa della Rocchetta, nobili gi-

ramondo. Appena entrati, la grande sala di accoglienza si presenta in tutto il suo splendore. Un bel mix di modernità tra acciaio e vetro, nei toni del grigio, con legni rustici, sedie impagliate e panche di legno. Ha pareti di cristallo che, verso l'esterno, guardano un viale, manco a dirlo, di cipressi, mentre verso l'interno mostrano altri grandi viali, ma questa volta di barrique allineate a perdita d'occhio: ve ne sono ottocento. Un gran bel guardare.
Niccolò nasce nel 1936, da madre tosco-americana e da padre piemontese. Anche lui come il papa arriva dal Monferrato, in Piemonte. Rocchetta Tanaro è un piccolo paese di millequattrocento abitanti in provincia di Asti. Mario, così si chiamava il padre del Sassicaia e di Niccolò, è stato un personaggio immenso, per le ragioni che diremo. Niccolò è un gentiluomo: ha un bel viso aperto e accattivante. Una parlata lenta e misurata, un po' monocorde, per timidezza credo. Ho sempre pensato che spesso la timidezza sia figlia dell'intelligenza, del rispetto e della sincerità. Oggi avremo modo di constatarlo.
Al Marchese racconto le ragioni di questa chiacchierata, il trucco dei quattro vini più uno da degustare, il progetto del libro che dovrebbe, con la scusa del vino, disegnare un affresco della nostra Italia. La mia speranza di riuscire a comporre un mosaico che non sia solo un ammasso di tessere più o meno colorite ma che mostri una visione complessiva. Cercare di capire da dove veniamo e dove stiamo andando. È una speranza, un sogno. Non sono assolutamente certo di riuscirci. Ma il provarci è già bello di per sé. Utile di sicuro a noi tre, ma qualche spunto per riflettere su se stessi i lettori potranno scovarlo. Butto sul tavolo tutti i nomi delle cantine visitate e da visitare, per visualizzare il contesto. Niccolò mi ascolta con attenzione. Sono lusingato che un tipo speciale, come lui è, dimostri di dare importanza alla nostra visita.

Fino agli anni settanta fare il vino era un hobby

Oscar "Quanto vino esportate in percentuale?"
Niccolò "Il 60% circa."
Oscar "In che anno ha cominciato a occuparsi di questa azienda?"
Niccolò "A fine degli anni sessanta. Fino ad allora il vino si produceva per il solo consumo della famiglia in poche bottiglie. Mio padre ne

era molto geloso. In effetti quando gliene propongo la commercializzazione attraverso gli Antinori lui si preoccupa perché teme che il vino si snaturi."
Oscar "Suo padre, Mario Incisa, cosa faceva di mestiere?"
Niccolò "Era laureato in agraria, aveva la passione dell'agricoltura ma si occupava soprattutto dell'allevamento dei cavalli da corsa. Per lui il vino era un hobby. Lui era piemontese di Rocchetta Tanaro, ma venne a Bolgheri quando sposò mia madre."
Oscar "Parlava piemontese, il dialetto?"
Niccolò "Non molto perché stava spesso a Roma. Era nato a Roma da madre romana, il nonno era di Rocchetta. Il vino non è mai stato l'attività principale della famiglia ma sempre una passione. Un prozio nell'Ottocento si era distinto per una vastissima collezione ampelografica e aveva a Rocchetta Tanaro un vivaio con più di trecento varietà di cloni di vitigni che aveva importato dalla Francia. La sua corrispondenza con i vivaisti francesi è stata pubblicata e ha suscitato molto interesse tra gli addetti. In realtà la famiglia ha continuato a produrre il vino per sé. È stato poi a metà degli anni sessanta che abbiamo cominciato a darlo a qualche ristoratore per farlo provare. Si chiamava già Sassicaia."
Il Marchese prende fiato mentre Shigeru prepara i vini da degustare. Niccolò li guarda curioso. Probabilmente nota che tra un Barolo e uno Spumante c'è un Lambrusco. Un Lambrusco dentro casa del Sassicaia, ma da nobiluomo qual è non si scompone.
Oscar "Dove sono le vigne?"
Niccolò "Sassicaia era ed è la nostra tenuta più lontana dal mare. Vede quelle colline sotto le montagne? – indica la vetrata che ci divide dal panorama – Perché allora si pensava che i vini rossi non avrebbero tratto giovamento dal salmastro e dalle libecciate, quindi vicino al mare si coltivavano soprattutto uve bianche. L'immagine del vino toscano a quei tempi era piuttosto scadente e a mio padre, da piemontese, questo non andava bene. Per lui è stata una sfida per dimostrare che i toscani non ne capivano di enologia."
Oscar "La formula era la stessa di adesso?"
Niccolò "Sì, era prevalentemente cabernet sauvignon. Le marze di cabernet venivano da una vigna di amici di mio padre nelle vicinanze di Pisa, che facevano da sempre un vino dai profumi per lui completamente nuovi, diversi da quelli del sangiovese. Non potevano venire

dalla Francia, perché si era in tempo di guerra. La prima vigna infatti fu impiantata nel 1944. Il vino ha preso il nome Sassicaia dal podere, che si chiamava in quel modo per via della natura sassosa del terreno. Dal 1944 agli anni sessanta mio padre ha continuato i suoi esperimenti su questo vino fino a quando il risultato è stato addirittura superiore alle sue aspettative. Ma lo faceva sempre solo per il piacere della famiglia e degli amici. Quando nel 1968 le bottiglie sono diventate alcune migliaia, troppe per il consumo famigliare, abbiamo dato l'incarico dell'imbottigliamento e della distribuzione ad Antinori.

Oscar "Con Piero Antinori lei è cugino primo per parte di madre?"
Niccolò "Si, le nostre madri erano sorelle, entrambe di Bolgheri."
Oscar "Con Piero siete quasi coetanei."
Niccolò "Infatti ci siamo frequentati molto negli anni giovanili. Passavamo entrambi molto tempo qui a Bolgheri."
Oscar "Fino a quando Antinori ha curato la distribuzione del Sassicaia?"
Niccolò "Fino all'inizio degli anni ottanta, nel frattempo erano usciti il Tignanello, il Solaia e non era più opportuno distribuire tutti questi vini insieme."
Oscar "Mi parli ancora di suo padre. In che anno è nato?"
Niccolò "Nel 1899 e morì nel 1983. È stato un uomo molto fantasioso e un grande precursore. Uno dei primi in Italia a sposare le teorie ambientaliste. Ha praticamente fondato il Wwf Italia insieme a Fulco Pratesi. Diciamo che in questo è stato fortemente influenzato da mia madre che, pur essendo più introversa, era da sempre ambientalista. Mio padre invece era addirittura stato cacciatore da giovane. Nel 1958 ha fondato il Rifugio Faunistico di Bolgheri, un'oasi verso il mare. È il passaggio obbligato dei migratori che vanno verso il sud, un posto bellissimo!"
Oscar "Lei aveva più o meno vent'anni. Seguiva le attività di suo padre?"
Niccolò "Certamente. Eravamo in tre: avevo un fratello che ha vissuto molto in Inghilterra e si occupava di cavalli da corsa, mentre mia sorella viveva qui a Bolgheri e seguiva le attività del vino oltre a quelle dei cavalli."
Oscar "Quindi lei ha ereditato da suo padre la passione per il vino."
Niccolò "È venuta gradualmente. Mio padre era un appassionato e un collezionista. A quei tempi beveva vini francesi, Bordeaux e Bor-

gogna. Poi abbiamo vissuto in Svizzera dopo la guerra, io stesso ho studiato in Svizzera e lì si beveva francese."
Oscar "Suo padre ha seguito l'azienda fino all'ultimo, fino a ottant'anni, giusto?"
Niccolò "Sì, e io ho collaborato con lui dal 1970 circa come suo braccio destro, c'erano delle discussioni perché avevamo caratteri diversi. Lui molto più visionario, io con i piedi più piantati per terra, ma ci siamo compensati bene."
Oscar "Avete avuto scontri?"
Niccolò "Allora lui era soprattutto preoccupato che i grandi volumi nuocessero alla qualità del vino. In quegli anni gli Antinori avevano mandato qui il loro enologo Giacomo Tachis, che si è poi dimostrato la migliore sentinella possibile della qualità del nostro vino. Entrambi dicevano che non dovevamo guastare quello che la natura spontaneamente faceva."
Oscar "Come vi staccate dagli Antinori?"
Niccolò "Gradualmente ma di comune accordo, senza traumi. Nel 1981 incominciamo a imbottigliare e a esportare in proprio, lasciando ancora a loro la distribuzione in Italia. Poi dal 1985, che incidentalmente è stato l'anno del decollo del Sassicaia, riprendiamo tutto in mano."
Oscar "Quante bottiglie facevate agli inizi degli anni ottanta?"
Niccolò "Circa 50.000. Ora ne facciamo 220-230.000."
Oscar "Suo padre adesso sarebbe contento di vedere che avete saputo far crescere la produzione senza intaccare la qualità del vostro vino?"
Niccolò "Lui si preoccupava. Soleva dire: 'Farai fare al Sassicaia la fine del...', non dico il nome del vino per un motivo di rispetto. Ne discutevamo molto. I miei fratelli non si interessavano direttamente, mi avevano dato questa grande dimostrazione di fiducia."
Oscar "E la distribuzione?"
Niccolò "Mi sono sempre affidato a dei professionisti: in Italia alla ditta Meregalli che se ne occupa ancora oggi e all'estero abbiamo degli importatori locali in ogni paese."
Oscar "Nel frattempo lei si è sposato?"
Niccolò "Sì a metà degli anni settanta. Ho una figlia che mi dà una mano soprattutto ora che mi muovo meno. Si occupa lei delle presentazioni e degli eventi."
Oscar "Quindi il futuro è nella famiglia."

Niccolò "Bisogna tenere presente che ci sono anche i figli di mio fratello e mia sorella. Per ora nessuno lavora a tempo pieno per il vino. Parzialmente se ne occupa mia figlia e poi se ne è occupato un nipote figlio di mio fratello che viveva negli Stati Uniti. Adesso questo nipote fa un Pinot nero in Patagonia per conto suo."

Oscar "Giramondo questi Incisa!"

Stiamo per degustare il primo vino, Cabochon 2008 di Monte Rossa, un Franciacorta. Quella zona sul lago d'Iseo dove lo spumante italiano metodo classico ha avuto un successo clamoroso negli ultimi vent'anni.

Oscar "Cabochon è per l'80% chardonnay e per il 20% pinot nero. Un vino che ambisce a essere accostato ai grandi Champagne. A farlo è Emanuele Rabotti. Lui ha saputo dare una svolta potente verso la qualità a Monte Rossa da ormai diversi anni. È molto ambizioso, tiene le sue vigne come un giardino e in cantina si è dotato delle migliori tecnologie, ma senza rinunciare alla tradizione. Nel 2009 ho comprato il 33,3°% di Monte Rossa e ne vado fiero. Ogni volta che stappo un Cabochon mi sento in Paradiso. Cosa ne pensa?"

Niccolò "Mi piace, mi piace molto. Le bollicine mi riempiono con piacevolezza la bocca e il naso, ma rendono più difficile riconoscere i vitigni."

Oscar "Emanuele da molti anni si avvale della consulenza di Pascal Vautier, un grande *maître de cave* di Reims, che ora aiuta anche Fontanafredda per l'Alta Langa. Invece, per i vostri vini, chi degusta, chi decide lo stile?"

Niccolò "Fino al 2009 è stato con noi Tachis, dopo quell'anno abbiamo assunto una enologa molto capace, Graziana Grassini, e degustiamo insieme. Partecipa anche il nostro direttore che ha, oltre ad altre qualità, anche un ottimo palato. Per noi è importante analizzare bene il vino e garantire sempre lo stesso standard di qualità."

Oscar "Quante persone lavorano qui nel vino?"

Niccolò "In cantina da otto a venti a seconda dei momenti e delle fasi di lavorazione; in campagna circa trenta, ma in totale abbiamo centocinquanta dipendenti che si occupano anche dei cavalli e dell'agricoltura tradizionale."

Oscar "Quanti ettari?"

Niccolò "In tutto, compresi i boschi 2500, ma di vigna 75 con la Doc Sassicaia, più altri 10 per gli altri vini. In tutto, con le vigne in affitto, lavoriamo circa 120 ettari."

Oscar "Quali uve usate per il Sassicaia?"
Niccolò "80% minimo di cabernet sauvignon."
Oscar "Da quando non lo vendete più come vino da tavola?"
Niccolò "Dal 1994."
Oscar "Incredibile! Il più caro vino italiano era venduto come vino da tavola!"
È nota la mia antipatia per la burocrazia, in particolare per leggi e leggine che regolano le altezze dei caratteri nelle etichette, ciò che si può e non si può scrivere, a volte legiferato in modo controverso. Mi hanno fatto una multa di 55.000 euro perché ho scritto che il mio Già è un vino fresco e giovane. Spesso mi è venuta voglia di declassare a vino da tavola alcune Docg. Per smorzare i miei pensieri chiedo a Shigeru di descriverci il Cabochon.
Shigeru "Questo vino ha colore giallo dorato. Al naso si sente vaniglia, pane tostato e spezie. Ha aroma di pera e fieno. In bocca il sapore è ampio e strutturato. Armonico ed equilibrato come donna matura. È ottimo come aperitivo, antipasto misto, pesce di acqua dolce come la trota 'alla ghiotta' con tartufo nero oppure aragosta alla catalana. Può andare bene anche con la burrata pugliese."

Mio padre mi ha lasciato due attività: il vino e i cavalli, ma la passione più grande restano i cavalli!

Evidentemente è la prima volta che il Marchese vede Shigeru al lavoro. Noto che lo guarda incuriosito. Rimette il naso nel bicchiere, riassaggia e sorride.
Oscar "È il momento di parlare di cavalli, ne ha voglia?"
Se ne ha voglia! Niccolò parte a razzo.
Niccolò "La nostra scuderia fu fondata a fine Ottocento (1898-1899) da Federico Tesio, piemontese anche lui, che ancora oggi è considerato il più grande allevatore mai esistito. La prima scuderia era sul Lago Maggiore, a Dormello. Ora abbiamo ancora una piccola tenuta da quelle parti, ma quella zona è ormai una linea ininterrotta di supermercati e di centri commerciali. Il sindaco voleva addirittura esproriarci un pezzo di terra per fare una rotonda e metterci ancora un altro centro commerciale!"
L'indignazione del Marchese la devi indovinare dalla sintassi delle

sue frasi perché il sentimento non traspare dalla voce. Ma ormai ci siamo abituati a non perdere neppure una parola di quel che dice: le perle vengono fuori una dopo l'altra ma senza l'accompagnamento dell'enfasi o dell'accento.

Niccolò "Quel sindaco era fissato. Voleva portare Eataly e costruire capannoni su capannoni...", sorride.

Io invece lo dico con enfasi: "Eataly non va nei non luoghi! Una delle missioni di Eataly è proprio quella di ridare vita, attraverso la ristrutturazione conservativa, ai luoghi dimenticati. A Milano sarà il vecchio teatro Smeraldo, a Firenze la vecchia libreria di via Martelli vicino al Duomo, a Bari un'ala della Fiera del Levante. Figurarsi se vado nei centri commerciali! Sarebbe come vendere il Sassicaia nei discount! Torniamo ai cavalli. Lei ama più il vino o i cavalli?" Questa è la madre di tutte le domande.

Niccolò "Sono due cose diverse..."

Il Marchese ci prova a svicolare, ma io lo stringo e insisto: "È meglio veder vincere il proprio cavallo o ottenere novantotto punti da 'Wine Spectator' per il Sassicaia?"

Niccolò "La scarica di adrenalina più forte viene dai cavalli! Giorni fa è venuto un allevatore dalla Mongolia, tre milioni di abitanti e tre milioni di cavalli. È venuto qui perché conosceva il nome di Tesio: ha baciato la terra dove Tesio lavorava! Questo per darle un'idea dell'immagine di queste scuderie nel mondo."

Oscar "Dove li tenete i cavalli e quanti ne avete?"

Niccolò "Un po' qui e un po' sul Lago Maggiore, a Dormello. Oggi ne abbiamo in tutto novanta, tra cavalli giovani e cavalli che corrono già."

Oscar "L'obiettivo è costruire cavalli da corsa vincenti, immagino. Ma si guadagna o si perde?"

Niccolò "Dipende come va. Fino alla fine degli anni ottanta la scuderia si autofinanziava, dagli anni novanta è diventato più difficile per la concorrenza. Ad esempio gli emiri arabi pagano qualunque cifra per garantirsi i cavalli migliori. Prima della guerra qui c'era un cavallo che si chiamava Nearco; ebbene, ancora oggi, il 70% dei cavalli che vincono ha il sangue di quel campione."

Oscar "Anche Ribot aveva quel sangue?"

Niccolò "No, Ribot aveva un altro sangue. Ribot è stato leggendario, il più grande campione di tutti i tempi (parliamo degli anni cinquanta). Tutti lo ricordano, anche quelli nati dopo. La rivista 'Panorama'

all'inizio di questo secolo ha lanciato un sondaggio sugli italiani più famosi nel mondo e Ribot è uscito al quindicesimo posto."
Oscar "Un cavallo!"
Niccolò "Anche la 'Gazzetta dello Sport' ha fatto un sondaggio sugli sportivi italiani più famosi nel mondo e Ribot è uscito al terzo posto, prima anche dei calciatori più famosi. Al primo posto c'era Yuri Chechi."
Ribot è stato l'amore dei vent'anni del Marchese e mi sembra di capire che, mentre ne parla, lo vede e ne sente il rumore degli zoccoli. Un fantasma ingombrante come quello del padre, ma senza problematiche freudiane di contorno!
Oscar "L'avete comprato o è nato in casa? Avete capito subito che era un campione?"
Niccolò "Nato in casa, figlio di una fattrice che fino ad allora aveva dato prodotti abbastanza deludenti, quindi è stato una vera sorpresa."
Oscar "Negli anni cinquanta nella scuderia comandava suo padre?"
Niccolò "Sì e prima c'era stato Tesio, che, non avendo eredi, aveva accolto mio padre e mia madre i quali volevano una scuderia. Questo nel 1930. Tesio è poi morto nel 1954 e quindi non ha visto Ribot! Dopo la morte di Tesio mio padre ha preso in mano la scuderia e ha avuto il grosso merito di comprare delle ottime fattrici. La maggior parte dei risultati li abbiamo poi avuti dai cavalli che ha comprato mio padre. Fino agli anni settanta il vino era un hobby e i cavalli erano la nostra attività principale. Allora si guadagnava perché avevamo Ribot e quando un cavallo così va in razza si guadagna."
Oscar "Anche il sangue di Ribot è stato buono?"
Niccolò "Non come quello di Nearco. Se il sangue di Nearco è nel 70% dei cavalli che vincono, quello di Ribot sarà nel 5%."
Oscar "Quando ero bambino ricordo un cavallo che si chiamava Tornese."
Niccolò "Sì era un trottatore." E mi guarda come prima aveva fatto con il Lambrusco.
Oscar "Come si fa a guadagnare con i cavalli?"
Niccolò "Qualche anno fa c'è stato un cavallo in Inghilterra che è andato in monta ed è stato valutato 80 milioni di euro. Un cavallo così può rendere 100.000 euro per monta e coprire cento-centocinquanta cavalle all'anno. Sono 15 milioni all'anno. Ma questi sono eventi eccezionali."

Oscar "Mi sembra che con i cavalli giochi molto la fortuna, più che con il vino. È vero?"
Niccolò "Certo il Sassicaia ormai viene quasi sempre di uguale livello, mentre per avere un buon cavallo non basta investire nella monta, non è detto che un buono stallone e un'ottima fattrice diano sempre un prodotto all'altezza. Non è matematico e poi comunque il cavallo è delicato, può farsi male."
Oscar "È una scommessa. Dunque il mondo dei cavalli ruota intorno a un mondo di scommesse. A proposito, lei scommette? Sulle corse intendo."
Niccolò "No. Per scaramanzia. Se andassi in un Paese dove non abbiamo cavalli forse scommetterei."
Oscar "Cosa pensa del gioco d'azzardo in generale? Perché in Italia è cresciuto così tanto il vizio del gioco?"
Niccolò "Fino a dieci-quindici anni fa si scommetteva solo sul gioco del calcio e sui cavalli. Adesso in Italia le scommesse sui cavalli sono molto diminuite perché le sale corse sono state aperte a tutti i tipi di scommessa senza alcuna contropartita per l'ippica, come invece è stato fatto in Francia. In Italia dieci anni fa si spendevano dieci miliardi, metà per il Totocalcio e metà per l'ippica. Adesso questo dato per l'ippica si è praticamente dimezzato, mentre in totale nel gioco d'azzardo si spendono svariate decine di miliardi."
La verità è che il fatturato del gioco d'azzardo, in tutte le sue forme, on-land e on-line, legali e illegali, oggi in Italia si avvicina ai 100 miliardi di euro. Una cifra mostruosa, pari a quanto spendiamo nel mangiare (110 miliardi). Un giorno, verso la fine del 2012, ho preso una pagina pubblicitaria sui principali quotidiani e ho scritto: "Noi italiani spendiamo in gioco d'azzardo quanto nel cibo. Ma siamo impazziti? Dai, smettiamola di scommettere e mangiamo meglio! Firmato Eataly". Lottomatica mi ha fatto scrivere da un avvocato.
Il gioco è una malattia dell'anima, più grave di certe malattie del corpo e lo Stato non dovrebbe rendersi complice. Ai tempi delle scommesse sui cavalli e sul calcio, come sul pallone elastico dalle mie parti, si poteva intravedere una relazione tra la causa (il risultato di una gara) e l'effetto (vittoria o sconfitta), perché potevi in qualche modo vedere premiata una tua capacità (quella di prevedere il vincitore). Anche in presenza di un conflitto tra passioni. Come si fa a prevedere perdente la squadra del cuore o il cavallo amato, per guadagnare soldi

da un pronostico azzeccato? Ora è veramente una follia, perché nei giochi d'azzardo che portano miliardi alle casse dello Stato (e a quelle della criminalità organizzata) non vedi alcun nesso. Sei in balia del caso: molti investono apparentemente poco sperando di guadagnare molto o moltissimo rispetto all'investimento, in funzione di una lotteria o di un "gratta e vinci", o di una slot. Totalmente diseducativo per una Repubblica che si proclama fondata sul lavoro. Vizio puro che sottrae risorse alle famiglie, al cibo di qualità, ai figli, alla scuola, allo sport, alle letture, alla musica, al sano divertimento, o anche agli investimenti produttivi, per dirottarle verso una speranza improbabile in un gioco comunque iniquo. Fa parte dell'allontanamento progressivo dai valori reali, contrapposti ai valori virtuali, alla moltiplicazione fittizia del denaro circolante per effetto della valorizzazione delle scommesse. Non parliamo delle scommesse nel mondo della finanza. Swap e derivati di vario genere hanno provocato danni mostruosi.
L'ozio è davvero il padre di questo vizio. Anche l'ozio forzato dalla mancanza di lavoro.
Niccolò "In questo momento siamo costretti quindi a finanziare i cavalli con i proventi del vino."
Oscar "Ma lei ai cavalli non rinuncia?"
Niccolò "No. È anche un dovere nei confronti di tutti quelli che ci conoscono. È venuto un australiano e ha detto che per un amante dei cavalli venire da noi è come per un musulmano andare alla Mecca. La razza dei nostri cavalli è definita Dormello-Olgiata, dai luoghi storici delle nostre tenute: Dormello sul Lago Maggiore e Olgiata nei pressi di Roma (quest'ultima tenuta non l'abbiamo più). Intendiamoci, l'ippica è in crisi solo in Italia. Nel resto del mondo ha ancora un grande successo, anche in Giappone, per esempio.
Oscar "Qual è il fatturato del vino e quello dei cavalli?"
Niccolò "Ventidue milioni il vino. Per i cavalli è difficile da quantificare. Varia sensibilmente di anno in anno a seconda delle performance dei nostri puledri.

Nell'ippica si vive di speranza

Oscar "Chi altro in famiglia si occupa di cavalli?"
Niccolò "Per ora nessuno, solo una nipotina di tre anni."

Oscar "Bellissimo: tre anni! Qual è l'ultima grande soddisfazione che ha avuto dai cavalli?"
Niccolò "In questo momento abbiamo dei cavalli che corrono in Francia, mi aspetto buone cose."
Oscar "Passiamo al secondo vino: questo è un Timorasso. È un vitigno abbastanza raro, tipico del Tortonese, vicino ad Alessandria e lanciato da un fenomeno che si chiama Walter Massa. Ormai lo vende in tutto il mondo, a prezzo elevato, anche se non quanto il suo Sassicaia. Questo è il 2009, ed è il suo cru più importante che si chiama Sterpi. È un vino bianco diventato di moda soprattutto negli ultimi cinque-sei anni, ma ha una storia antica. Shigeru, vuoi dirci cosa ne pensi?"
Shigeru "Colore paglierino carico con riflessi sul verde. Ha sentore di miele e frutta secca. Il profumo è di pietra focaia, fieno, ed è molto minerale. In bocca lo sento sapido e morbido. È un vino elegante e persistente. Abbiniamo con crostacei, zuppa di pesce al pomodoro e funghi ma anche con filetto di orata con pâté di olive verdi al forno o pecorino toscano medio stagionato."

Io aggiungo che Walter lo ha chiamato così perché dove oggi c'è la vigna un tempo c'erano sterpaglie ed è lui che ha fatto l'enorme lavoro di ricominciare a coltivare il timorasso. Non devo insistere molto per capire che il Marchese lo apprezza, anche se non lo conosceva. Io spendo solo qualche parola in più per promuovere il rilancio di questi vitigni autoctoni e preparo già il palato al Barolo. Anche se prima del Barolo assaggiamo un Lambrusco. Un Lambrusco nella casa del Sassicaia. Contrasto apparente!

Oscar "Torniamo a parlare del mercato del vino. Dopo la crisi del 2008 ci siamo spaventati tutti molto e abbiamo pensato che stavamo per entrare in un altro mondo. Che idea ha lei del mercato del vino? Che futuro vede per il Sassicaia? Ne aumenterete la quantità?"
Niccolò "No. Io credo che abbiamo raggiunto il massimo in termini di quantità. È meglio farne una bottiglia in meno che una in più di ciò che il mercato chiede."

Mi rendo conto all'improvviso dell'assurdo della situazione: parliamo del futuro del Sassicaia bevendo Lambrusco. Siamo praticamente agli antipodi. Un'azienda media di Lambrusco ne produce almeno 5 milioni (ho detto milioni!) di bottiglie. È un vino piacevole, adatto per sgrassare la bocca quando si mangiano salumi. È molto esportato, certo a prezzi medi bassi, ma è, come il Sassicaia, un prodotto

italiano e l'Italia è grande anche per questa capacità di inglobare gli estremi con la massima disinvoltura ed eleganza.
Oscar "Lei finora ha lavorato in una situazione di domanda sempre superiore all'offerta e questo è sicuramente merito suo. È sempre stato così?"
Niccolò "Con il Sassicaia sì. A ogni vendemmia sentiamo le richieste e poi decidiamo quanto assegnarne a ciascun Paese o importatore, ma siamo obbligati a tenerli tutti un po' a stecchetto, facendo anche attenzione a non farli troppo arrabbiare e a non far sviluppare il mercato parallelo di chi compra per rivendere in altri Paesi."
Oscar "Prezzo medio di vendita al pubblico?"
Niccolò "Nelle enoteche 140 euro, nei ristoranti 180-200. I prezzi sono simili nei vari mercati, salvo in Brasile dove è molto più caro per gli oneri doganali che lo colpiscono."
Oscar "E nel Far East?"
Niccolò "Il nostro importatore indiano lo vende nelle Maldive. La Cina è esplosa in questi ultimi tre anni, un po' anche perché i francesi hanno esagerato con i prezzi dei loro vini. Ma la politica dei prezzi, in presenza di quantità relativamente limitate, è molto delicata."
Oscar "Praticamente nel mondo si stappano seicento bottiglie di Sassicaia al giorno. Se è vero che presto si affaccerà sul mercato di questi vini pregiati almeno un miliardo di nuovi consumatori, ci si rende conto che parliamo davvero di piccolissimi volumi." Lo dico bevendo il Lambrusco, quello che ho portato è il Chiarli Premium Honorable 2011, e immediatamente sogno di poter affondare un coltello in una bella forma di Parmigiano Reggiano. Il Lambrusco sembra un vino fatto apposta per la cucina emiliana, povera ma generosa nei sapori. Non ho bisogno di chiedere a Shigeru cosa ne pensa, lui è preparato e interviene.
Shigeru "Intanto devo dire che ci sono diversi tipi di Lambrusco. Questo è un Lambrusco di Sorbara. Si produce in provincia di Modena, in una decina di comuni specifici. Ci deve essere un minimo del 60% di lambrusco di Sorbara, per il resto si può usare lambrusco salamino. In questo caso è un Lambrusco di alta qualità con 100% vitigno Sorbara. Il produttore è Chiarli. Un'azienda di lunga storia, fondata nel 1860. Il colore è un bel rosso ciliegia. Al naso ha sentore di frutta rossa, fragola, caramella e frutta candita. In bocca è sapido e aromatico e ha un piacevole senso di pulizia. È ottimo abbinato

con salumi in generale e va benissimo con prosciutto di Parma e mortadella o con il bollito con mostarda di frutta."
Non ha citato il Parmigiano, io ce l'avrei messo.
Oscar "Dopo il Lambrusco passiamo al Barolo e sul Barolo facciamo altri discorsi perché, come ci suggerisce Shigeru ogni tanto, i vini vanno abbinati anche ai temi di discussione. Dunque, lei è nato nel 1936, come Berlusconi. Cosa pensa di questi ultimi vent'anni di politica italiana?"
Niccolò "Mi sembra che ci sia molta confusione. Molta gente ha perso la trebisonda. In qualunque altro Paese un personaggio come Berlusconi, oggetto di critiche e attacchi pubblici, sarebbe già fuori dalla politica e peraltro non si capisce perché lui insista a starci dentro. È un ottimo imprenditore. Dovrebbe tornare alle sue imprese. Uno come lui, che ama godersi la vita, potrebbe farlo senza apparire così tanto."
Oscar "Sì, ma magari ha l'orgasmo da apparizione. Forse se non può farlo sapere non si diverte! Ma lei pensa che questa classe politica sia in grado di rappresentare la bellezza e la creatività italiane nel mondo?"
Niccolò "La nostra immagine si è molto degradata nell'ultimo decennio. Mi è difficile esprimere un giudizio."
Oscar "Anche io penso che, dal dopoguerra e fino agli anni ottanta, i politici fossero più galantuomini e cercassero di fare qualcosa per il proprio Paese. Ora ho l'impressione che, di fronte a un problema, la prima cosa che pensano è come ne uscirà la propria immagine personale."
Quest'ultima frase l'abbiamo quasi detta in coro, il Marchese e io.
Oscar "C'è bisogno di cambiamento. Lei va a votare?"
Niccolò "Nelle ultime due tornate non ho votato. Ma sono cittadino svizzero, sia pure residente in Italia."
Oscar "E suo padre che idee politiche aveva?"
Niccolò "Non se ne occupava. Scherzando diceva di essere pre-rivoluzione francese. Però erano entrambi, anche mia madre, molto attenti ai problemi sociali. A San Guido avevano fondato la prima scuola elementare d'Italia a tempo pieno e gratuita. E i bambini vi arrivavano con un pulmino che li andava a prendere a casa."
Oscar "Erano piuttosto orientati a sinistra, senza ovviamente essere comunisti, giusto?"
Niccolò "Erano persone che sapevano prendere iniziative in nome della collettività. Se la gente pensasse di più al prossimo non ci sa-

rebbe bisogno di tante istituzioni per garantire più benessere per tutti. Da mio padre e mia madre ho imparato molto e la nostra azienda in questo momento di crisi tende a salvaguardare i posti di lavoro, garantendo anche più salariati del necessario. La scuola invece è stata chiusa quando il comune ha aperto la propria a Castagneto Carducci."
Il Marchese dimostra una leggerezza meravigliosa, anche nell'affrontare temi grevi. Ammiro le persone così. La leggerezza di Calvino, quella musica dell'anima che ti mette in armonia con il mondo.

Non sono un fanatico della barrique nuova

Oscar "Adesso parliamo di questo Barolo, Casa E. di Mirafiore Riserva 2004, che è di Fontanafredda, un'azienda che ho comprato nel 2008. Questo Barolo ha il nostro marchio più alto, creato dal Conte Emanuele Alberto di Mirafiore nel 1858. 100% nebbiolo naturalmente, affinato in botti medie. In Langa abbiamo questa diatriba aperta tra barrique e botti grandi."
Niccolò "Mi ricordo un vino uscito qualche anno fa con l'etichetta No barrique no Berlusconi." Bartolo Mascarello, il filosofo del Barolo. Godo a scoprire che anche il Marchese se ne ricorda!
Oscar "Esatto! Mascarello si è schierato contro il metodo in barrique. Invece il vostro vino si affina tutto in quelle piccole botti da 220 litri. Quanti anni vi dura una barrique?"
Niccolò "Usiamo il 30% di legno nuovo: su 800 barrique ce ne sono sempre 240 di legno nuovo. Da noi le barrique durano tre anni e poi le utilizziamo per gli altri vini. Personalmente non sono un fanatico della barrique nuova. In Francia ci sono scuole di pensiero che sostengono che le barrique possono essere utilizzate anche per dieci anni. Il senso della barrique è dato dalla dimensione e dal fatto che il legno fa spogliare il vino, soprattutto in casi come il cabernet sauvignon che ha tannini anche un po' aggressivi."
A questo punto una domanda che faccio non tanto per il gusto di apprendere davvero, quanto per il desiderio di sentire come il Marchese inanellerà i suoi pensieri, parola dopo parola, perla dopo perla, per raccontarmi come nasce il Sassicaia.
Oscar "Come si fa il Sassicaia?"

Niccolò "Noi vendemmiamo in settembre, poi l'uva fermenta e a novembre il vino va in barrique. Dopo tre mesi lo travasiamo, poi facciamo ancora due travasi e infine lo imbottigliamo. In tutto sta due anni in barrique. Dopo questi due anni lo assembliamo nei tini e poi lo imbottigliamo. Prima di metterlo in vendita lo teniamo quattro mesi in bottiglia. Chi lo compra poi dovrebbe ancora tenerlo in cantina per tre-quattro-cinque anni."
Ecco qui: può sembrare semplice, oppure ad altri appare complicato. Ma la risposta è chiara, pulita, per nulla glamour o snob.
Oscar "Quante vendemmie ha fatto lei?"
Niccolò "Dal 1982, sono trentuno."
Oscar "Si ricorda un'annata in particolare?"
Niccolò "Forse l'annata che preferisco è il 1988. A noi l'otto ha sempre portato fortuna! Sono state tutte buone: il 1968, il 1978, il 1988, il 1998 e anche il 2008." Per chi alleva cavalli, penso, la superstizione è un must. "La nostra annata più famosa, in cui il Sassicaia fu definito vino del secolo, è il 1985, che però come risultato non era un classico dei nostri. Quell'anno venne fuori un vino più adatto ai palati del Nuovo Mondo."
Oscar "Barrique per il Sassicaia, botti medie da 2-3000 litri per il nostro Barolo. Nella cantina storica di Fontanafredda, che abbiamo lasciato com'era, si può vedere che le botti originali del 1878 per il Barolo erano da 2-3000 litri e noi, per questo Barolo, abbiamo mantenuto questa metodologia. La filosofia è tutta naturale, nessun passaggio forzato, non ci sono pompe e tutto avviene per caduta, le fermentazioni durano come natura comanda. Lo dico con orgoglio ma stavolta senza esagerare. I toni di leggerezza del Marchese mi hanno contagiato.
Niccolò lo beve con piacere, con mia grande gioia, se ne versa ancora mentre puntuale interviene Shigeru: "Colore rosso granato intenso. Al naso ha sentore di rosa, pepe bianco, vaniglia, liquirizia, e anche cuoio e minerali. In bocca è caldo, asciutto, sapido e aromatico. Ha tannini morbidi e vellutati. L'abbinamento adatto può essere con fonduta di fontina, cinghiale stracotto con pepe nero e naturalmente il brasato al Barolo."
Oscar "L'ultimo vino che dobbiamo degustare è uno dei suoi. Cosa sceglie?"
Niccolò "Proviamo il Sassicaia 2010."

Mentre ascoltiamo Shigeru e il Marchese richiede a un collaboratore il Sassicaia per la degustazione, il suo bicchiere con il "bis" di Barolo gli viene portato via. Eccesso di zelo che però non viene "accettato": si ribella, teneramente contrariato, e lo fa portare indietro! A lui sarà piaciuto il Barolo ma a me questa scenetta ha procurato un vero orgasmo: per fortuna non me la sono persa! Urrà per il Piemonte, per il Barolo, per Fontanafredda, e soprattutto per questa passione che accomuna tutti noi! Vino, ti amo!
Insieme al 2010 arrivano anche le annate 2008 e 2009. Dopo ciò che ci ha detto io sono particolarmente curioso del vino con finale 8. Vediamo se è solo superstizione! Ce l'ho già nel bicchiere e il profumo mi strappa subito dal cuore un "Caspita che profumo!". Più elegante di così, con il mio entusiasmo, non potevo essere!
Mi faccio un po' raccontare la storia dei vini cosiddetti Supertuscan, termine inventato dagli americani a metà degli anni settanta per identificare i vini toscani che uscivano dagli schemi tradizionali della regione, utilizzando tipi d'uva non autoctoni, come il cabernet sauvignon e il merlot. Questi vini non avevano diritto alla Docg, per questa ragione venivano definiti "vini da tavola". I vini da tavola più cari al mondo! Tra i Supertuscan il Marchese ci ricorda: il Sassicaia uscito per la prima volta nel 1968, poi il Tignanello del 1971, il Solaia del 1978, e l'Ornellaia del 1985. E altri venuti dopo.
Facciamo una piccola panoramica sulle grandi aziende del vino in Italia e torniamo a parlare degli Antinori (ma ce ne sono altri come loro) che fanno vino da decine di generazioni. Niente a che vedere con me che cambio lavoro ogni dieci anni! Ma è con grande orgoglio che parlo dei miei figli che sembra stiano per invertire le tendenza paterna perché tutti, tre maschi, hanno voluto entrare nelle mie aziende: due sono in Eataly e uno, l'enologo, si occupa delle aziende vinicole. Non posso parlarne senza esprimere tutto il mio sconfinato orgoglio di padre. Mi impongo di pensare che se avessi avuto tre femmine avrei trovato il modo per esserne altrettanto orgoglioso. D'altra parte in queste interviste ho previsto alcune Signore del vino, le quali sono tutte figlie d'arte che hanno saputo fare anche meglio dei padri. I tre Sassicaia li beviamo uno dietro l'altro, perché sia più facile confrontarli.
Oscar "Sono eccezionali e il 2009 mi sembra spaziale." Qualcuno avrà mai detto "spaziale" al Marchese parlando di un suo vino? Ma

lui non si scompone mai con noi: "È vero è più strutturato. Anche se tutti dicono che il 2010 è più classico e corrisponde di più al nostro stile."

La mia aspirazione è trovare un cavallo come Ribot!

Oscar "Con il Sassicaia parliamo del futuro. Cosa farà da grande?"
Niccolò "Io credo che finché si riesce a essere contributivi si debba andare avanti. Ho visto molte persone che quando si sono ritirate dalla vita attiva hanno avuto improvvisi tracolli. Ho conosciuto un ingegnere che dimostrava sessanta-settant'anni e ne aveva invece novanta. Il suo segreto è che non ha smesso di lavorare. Sono convinto che sia importante continuare a dare il proprio contributo, finché ne sei in grado."
Oscar "Concordo in pieno! Vive ancora con la sua prima moglie?"
Niccolò "No. Con la prima sono stato quindici anni e ho avuto la mia unica figlia. Con la seconda, che è poco più giovane di me, sono sposato da circa vent'anni."
Oscar "Fatto 100 il suo tempo, come lo divide?"
Niccolò "Praticamente mi occupo al 50% di cavalli e al 50% di vino, ma fino a un anno fa mi occupavo molto di più di cavalli perché avevo un allenatore di cui non mi fidavo completamente. Ora con i cavalli va meglio e sono tornato a dividermi equamente tra le due attività."
Oscar "E le vacanze?"
Niccolò "Be' sono importanti anche quelle, servono per pensare. Ultimamente andiamo spesso in Sud America perché abbiamo portato là dei cavalli."
Oscar "Cavalli anche in vacanza! E sua moglie?"
Niccolò "Lei è anche più appassionata di me!"
Oscar "E sua figlia?"
Niccolò "Le piacciono ma con moderazione. La più appassionata è la nipotina di tre anni. Io spero di continuare questa vita ancora per un po'."
Qui il Marchese fa una pausa piuttosto lunga. I suoi occhi si chiudono quasi, cerca le parole e io lo lascio cercare. Mi sta per dire qualcosa che gli sta a cuore, sento i suoi pensieri muoversi nella testa.

Niccolò "Il mio sogno è trovare un altro Ribot!"
Non provo nemmeno a descrivere il suo volto, basti, a chi legge, sapere che guardandolo mi commuovo. Potrei alzarmi, salutare e andare via perché dopo questa frase non servirebbe aggiungere nulla. È questa l'utopia di chi ha creato uno dei vini più grandi del mondo. È questa la sua tensione all'infinito, il suo massimo desiderio, la sua personale scommessa e forse motivo di vita. E la cosa incredibile è che in tutto questo molto poco può l'uomo. E poi, penso, c'è la nipotina di tre anni appassionata di cavalli. È senz'altro per lei che bisogna trovare un cavallo come Ribot. Che bel sogno: in bocca al lupo Marchese!

Il Sassicaia è un cavallo che vince sempre

Il tema dell'utopia torna sempre. Attenzione, utopia che deriva da *eu-topos*, cioè luogo felice e non *ou-topos*, luogo impossibile. Per vivere pienamente bisogna avere un grande sogno: il sogno del Marchese parla di cavalli, non di vino. Perché? La risposta me la sapresti dare da solo ma il Marchese la ribadisce: "Il Sassicaia è un cavallo che vince sempre" e lo dice con una semplicità tale che nessuno potrebbe mai sentirci dell'arroganza. Usciamo dalle reciproche commozioni, torniamo al vino. Nei bicchieri ora abbiamo il mitico 2008 e assaggiandolo resto senza parole. Il Marchese non resiste e ammette: "Il 2008 per noi è stato un anno speciale sia per i cavalli sia per il vino!"
Tocca a Shigeru rimettere un po' d'ordine tra le nostre emozioni. Lui, così concentrato sul vino, forse non si è fatto prendere come noi.
Shigeru "Bene, io racconto il 2010 perché è quello che Marchese ha scelto per la degustazione. Il colore è rosso rubino intenso con riflessi violacei. Al naso è intenso: sa di frutto maturo, sottobosco, erbe aromatiche. Si sentono spezie, minerali, tabacco, caffè e liquirizia. In bocca è pieno, caldo, intenso, vellutato e persistente. È un vino che si può abbinare alla carne sulla griglia, con olio di oliva, sale e pepe. Ma ottimo anche con Grana Padano di 48 mesi."
A questo punto si impone un po' di confronto tra i nostri sentimenti (dico proprio sentimento, perché qui mi sembra che il raziocinio

c'entri poco) su questi tre vini. Shigeru confessa di preferire il 2009, io vado deciso sul 2008, nel senso che se dovessi scegliere me lo porterei sulla famosa isola deserta, a Simona invece piace il 2010. Il Marchese non si sbilancia... sono tutti figli suoi.
Nel gran finale di questa visita un po' speciale ci diamo tutti, giocoforza, all'ippica!
Il Marchese lo dice espressamente: quando sono un po' depresso, l'unica cosa che mi tira su sono i cavalli: "Mi piace vederli quando si allenano e naturalmente mi piace assistere alle gare. Durante la gara mi arriva quella scarica di adrenalina speciale che fa miracoli!"
Oscar "La più grande gioia della sua vita?"
Niccolò "Quando Ribot ha vinto il suo secondo Arc de Triomphe. Ma era un successo ogni volta che gareggiava: nella sua carriera ha partecipato a sedici corse e ha avuto sedici vittorie." Ribot, ci racconta il Marchese, è morto di cancro a diciannove anni, in America, dove ha una tomba con una lapide. È stato il più grande cavallo da corsa di tutti i tempi e ha mantenuto la scuderia per vent'anni. Facciamo ancora un'ultima carrellata sulle foto di famiglia, di Ribot naturalmente, e sulla teca che conserva la bottiglia di Sassicaia che è andata nello spazio. Ce ne andiamo apprestandoci ad attraversare l'Appennino, dal Tirreno all'Adriatico, puntando verso le Marche.
Quando mi siedo in auto con i miei due compagni di viaggio, rifletto su questo gentiluomo che per due ore ci ha intrattenuto con notizie insieme intriganti e sorprendenti, che ha dato vigore e sostanza ancora una volta alla mia teoria dei contrasti apparenti.
Il Marchese ci ha parlato di una vita praticamente trascorsa a liberarsi freudianamente di un padre ingombrante; ma lo ha fatto dando il massimo di risalto alle tradizioni di famiglia e alle passioni di questo padre: il vino e i cavalli. Niccolò Incisa della Rocchetta si divide in modo equo tra due attività: vino e cavalli che solo a prima vista appaiono in contraddizione. Possiamo invece trovare molte similitudini nelle emozioni di un vignaiolo e in quelle di un allevatore. La vigna deve tutto alle sue origini, il gran vitigno, il territorio adatto. Il cavallo dipende dalla scelta dello stallone e della fattrice. Il vino a volte sembra buono e poi ti delude e al contrario a volte sembra deludente e poi cresce negli anni. I cavalli possono deludere o esaltare allo stesso modo. Ma entrambe le passioni nascondono un'utopia: un altro Ribot o il vino perfetto! E l'utopia è una ragione di vita.

Abbiamo incontrato un uomo che apparentemente non si interessa di politica ma opera socialmente ed è molto attento all'ambiente. Infine ci ha regalato, forse inconsapevolmente, un'altra sfaccettatura contraddittoria: un po' di superstizione mescolata a tanto raziocinio e pudore dei sentimenti.

Non possiamo che augurargli, a lui e alla nipotina, di trovare un altro Ribot. Mentre a questo Paese auguriamo uno sviluppo armonico che ci permetta anno dopo anno di trovare i nostri "vini perfetti" e la capacità di venderli all'estero. Sono un ottimista! Mi gioco la faccia, il cuore e la testa per scommettere che, oltre che nei vini, sapremo trovare strade brillanti anche negli altri campi dell'agricoltura, nel turismo, nell'arte, nella moda, nel design, nell'industria manifatturiera di precisione. Nel campo delle naturali vocazioni italiane il più rimane da fare. Per questo il futuro è meraviglioso.

Se ripenso a Pavese, me ne faccio una ragione: "Finché si avranno passioni non si cesserà di scoprire il mondo" e... (aggiungo io), di migliorarlo.

Schede enologiche dei vini degustati
con Niccolò Incisa della Rocchetta
Shigeru Hayashi

Franciacorta Brut Cabochon 2008 Monte Rossa
Tipologia spumante
Uve 80% chardonnay, 20% pinot nero
Vinificazione e affinamento affinamento in fusti di rovere da 250 l tra settembre e febbraio, affinamento in bottiglia per oltre 40 mesi
Zona di produzione Lombardia

Colore giallo dorato elegante, perlage finissimo e persistente. Al naso si sentono vaniglia, pane tostato e crema pasticcera. Nota fruttata (pera verde) sul finale di olfatto. In bocca il sapore è ampio, strutturato, morbido.

Premesso che una bollicina come questa è perfetta a tutto pasto, io la consiglio con antipasto misto di pesce d'acqua dolce (con la trota al tartufo nero è il massimo).

Racconto una cosa che non dovrei. Nel 2010 il mio amico medico Myojo si è sposato a… Eataly Tokyo Daikanyama! Centoventi invitati che hanno riempito il negozio di Oscar e hanno bevuto Cabochon aperto con le spade, da veri samurai! Quando Oscar ha saputo, è stato molto contento, così tanto che quello è stato il primo e ultimo matrimonio di spade fatto a Eataly!

Sterpi 2009 Vigneti Massa
Tipologia bianco
Uve 100% timorasso
Vinificazione e affinamento macerazione a temperatura controllata, riposo sulle fecce fini, affinamento 12 mesi minimo in bottiglia
Zona di produzione Piemonte

Colore giallo paglierino carico con riflessi verdi. Esprime sentori di miele, frutta secca e frutta a polpa bianca. Gradevoli i cenni di pietra focaia e grafite sul finale. In bocca è sapido e morbido, minerale e persistente.

Abbiniamolo con crostacei, zuppa di pesce al pomodoro e funghi, filetto di orata con pâté di olive verdi al forno. Lo vedo perfetto con un pecorino toscano di media stagionatura.

Alzi la mano chi conosceva l'uva e il vino Timorasso fino a dieci anni fa: nessuno. Alzi la mano chi li conosce adesso: tanti. Il merito è di Walter Massa, che ha fatto una vigna dove c'erano gli "sterpi" (erbacce) e ha salvato questo vitigno dalla scomparsa. La storia è bella, il vino è ancora più buono. Il massimo!

Lambrusco PM Horonable 2011 Cleto Chiarli
Tipologia rosso frizzante
Uve 100% lambrusco di Sorbara
Vinificazione e affinamento presa di spuma attraverso fermentazione naturale in bottiglia, cui segue affinamento di 6 mesi
Zona di produzione Emilia Romagna

Colore rosso rubino scarico, come di ciliegia rosa. Al naso esprime sentori di frutta rossa come fragola, amarena e sottobosco. In bocca entra sapido e aromatico, trasmette linearità e serbevolezza, chiudendo pulito e lungo.

Lo consiglio con tutti i salumi, in particolare prosciutto di Parma e mortadella. Lo proverei con lardo scottato al pepe rosa. E di certo con tortellini al Parmigiano Reggiano!

Quando si assaggia questo vino, non si capisce perché il Lambrusco non è ancora considerato un grande vino internazionale! È raffinato e da godere, come una donna che gioca a nascondersi prima di lasciarsi scoprire. Se devo scegliere un vino da bere tutti i giorni, scelgo questo!

Barolo Casa E. di Mirafiore Riserva 2004
Tipologia rosso
Uve 100% nebbiolo
Vinificazione e affinamento dopo una lunga macerazione, il vino affina 3 anni in botti di media e grande capacità (da 20 a 140 hl), quindi altri 2 anni in vasche di cemento e in bottiglia.
Zona di produzione Piemonte

Colore rosso granato intenso, al naso sprigiona sentori di rosa, pepe bianco, vaniglia, liquirizia, cuoio e pietra focaia. In bocca è caldo, asciutto, sapido e con una lieve punta di aromaticità. Tannini morbidi e vellutati, praticamente setosi.

Abbinamento perfetto con fonduta di fontina, cinghiale stracotto al pepe nero, brasati e arrosti di ogni genere, tutti i formaggi stagionati ed erborinati.
Il Re dei vini, fatto nelle cantine dei Re, con un nome da Re! Noi giapponesi siamo molto invidiosi di una storia bella e importante come questa, e ogni volta che arrivo a Fontanafredda e vedo le vigne e la cantina con le botti grandi come casa mia, dico che sono arrivato nel posto più bello del mondo.

Bolgheri Sassicaia 2010 Tenuta San Guido
Tipologia rosso
Uve 85% cabernet sauvignon, 15% cabernet franc
Vinificazione e affinamento 2 settimane di macerazione sulle bucce, con vari rimontaggi e *délestages*; 24 mesi di maturazione in barrique di rovere francese
Zona di produzione Toscana

Colore rosso rubino intenso dai riflessi violacei. Al naso è un tripudio di frutta, sottobosco ed erbe aromatiche. Si sentono anche spezie, pietra pomice, tabacco, caffè e striature balsamiche.
In bocca si dona pieno, caldo, vellutato e persistente.

Abbinare con carne alla griglia o alla piastra e salsa di soia e wasabi. Perfetto con Grana Padano di più di 48 mesi. Grande vino da meditazione.

Il 1968 nel mondo è stato un anno importante anche perché ha visto la nascita del Sassicaia. È il vino italiano più *cool*, quello che ha aperto la strada ai Supertuscan, creando il mito della Toscana. All'inizio era solo un "vino da tavola", incredibile: era così avanti da fuggire a ogni classificazione regolare!

Villa Bucci: Ampelio Bucci
Morbido come le sue colline

Se è vero che il paesaggio determina il nostro stile e incide sul nostro gusto, nel caso del prof. Ampelio Bucci sembra addirittura che le dolci colline di Jesi siano entrate nel suo carattere. Ampelio è morbido come le sue colline. Il suo modo di porsi è meravigliosamente morbido. Morbide le sue parole, morbido il tono, morbidi i ragionamenti. Molto intelligente, anche acuto, ma soprattutto morbido. Dialogare con lui è come stendersi su un materasso morbido, come accarezzare un cuscino morbido. Si sta proprio bene con il professor Bucci.

Risalite in auto, vi porto in vigna!

Oscar "Dove ci stai portando?"
Ampelio "A vedere qualcuna delle mie vigne, qui siamo tra le colline dei Castelli di Jesi e scommetto che non avete mai visto questi posti. Non guardate solo il paesaggio. Guardate la terra: qui, la terra, è bella sia dentro sia fuori. Fuori lo si vede... dentro è bella perché è ricca di calcare. E il calcare è la base di tutti i migliori bianchi del mondo!"
Non siamo praticamente scesi dall'auto che Ampelio Bucci, classe 1936, noto, nel mondo del vino, come il Professore (è economista ed esperto di moda e design, insegna Imprenditorialità e Design Management allo Iulm e all'Accademia di Brera a Milano) ci fa risalire immediatamente. Ci vuole portare, dice, a vedere "le cose" che ha iniziato a costruire suo padre. Cinque-sei tappe quasi forzate a vedere vigne, camminare tra i filari, scavare un po' nella terra, ammirare pae-

saggi, constatare l'abbandono di vecchi casolari. Ampelio si occupa di agricoltura da cinquant'anni e da vent'anni di viticoltura e olivicoltura, ma prima di essere un agricoltore e produttore è un uomo di cultura.

Per intervistarlo siamo venuti a Ostra Vetere in provincia di Ancona, nel regno del Verdicchio, fra Montecarotto e Serra de' Conti, in piena Doc del Verdicchio dei Castelli di Jesi: dodici comuni sovrastati dai loro dodici castelli. Il verdicchio qui la fa da padrone, ma c'è anche montepulciano e sangiovese. Ampelio ci riceve nella tenuta Pongelli, ne ha più di una.

Non ricordo come, sarà a causa della mia nota curiosità sulle dinasty, mentre ci rimettiamo in marcia ci ritroviamo a parlare di suo padre...

Oscar "Tuo padre si è laureato?"

Ampelio "Certo! Ed è diventato professore di Economia. Poi ha lavorato per le Assicurazioni Generali."

Oscar "In che anno è nato?"

Ampelio "Nel 1879."

Oscar "E si è laureato: una cosa rara all'epoca!"

Ampelio "Aveva una bella testa. Si è sposato a cinquant'anni con una donna che ne aveva ventisette e ha avuto quattro figli. Per tutta la vita ha sempre investito in terreni."

Io guido e Ampelio ci fa strada. Mi dice di stare attento a non buttare giù le colonne con le madonnine, i piloni votivi costruiti nei secoli sugli angoli delle strade di campagna che, salendo ripide, ci portano tra le vigne. In effetti ce ne sono molti e la spiegazione non tarda ad arrivare.

Ampelio "Questa zona è stata schiacciata sotto il potere della Chiesa per secoli, per questo ci sono ancora moltissimi santini in giro. E come in tutte le zone maltrattate dalla Chiesa, che qui era durissima, c'era un fermento rivoluzionario sotterraneo di persone come mio padre. Mai entrato in chiesa in vita sua! Tutti questi pacati dissidenti organizzavano la loro vita nonostante la Chiesa. Senza proteste eclatanti, ma con sentimento politico antagonista. Pensa, quando mio padre si è sposato, ha persino fatto venire il prete in casa per non dover andare lui in chiesa. All'epoca fu un grande scandalo nel paese!"

Oscar "Aveva trovato un prete sveglio..."

Ampelio "Sai, ai preti bastava dar quattro soldi. Te ne dico un'altra: mio padre si chiamava Ampelio come me e il mio nome, come il suo,

deriva proprio dal fatto che da queste parti non c'erano santi di nome Ampelio."
E poi, penso senza dirlo, Ampelio deriva dal greco Ampelos, che vuol dire vite. Non sarà un caso.
In pochi minuti di auto arriviamo in una vigna nel confinante comune di Serra de' Conti e scendiamo dall'auto. Ampelio ci racconta di avere terreni in pianura e in collina. Nelle colline ha i vigneti mentre in pianura ha il grano, gli ulivi e le colture alternative. Per un totale di 370 ettari, "solo" 31 sono vitati, suddivisi in cinque diverse vigne. Questa vigna sembra un giardino, viti di cinquant'anni, con montepulciano e sangiovese mescolati, come usava un tempo. Penso alla difficoltà di raccogliere separatamente i due vitigni durante la vendemmia.
Oggi abbiamo la fortuna di essere in compagnia di un uomo che acquista le vigne vecchie perché, dice, "Basta curarle, come si fa con le persone anziane. Se le curi bene hanno ancora molto da dare. Le radici della vite ci mettono anni ad andare in profondità nella terra e se non sono radici profonde il vino è banale."
Oscar "Certo, anche le persone se non hanno radici profonde sono banali."
Ampelio "Solo chi è un po' matto come me compra le vigne vecchie. Ma in un mondo omologato essere un po' matti è la carta vincente. Nessuno, da queste parti, ha vigne così vecchie come le mie, nessuno ha le mie botti vecchie, nessuno cura le piante come facciamo noi. Dopo averla comprata abbiamo ripalificato tutta la vigna e alla fine mi è venuta a costare il doppio di quanto sarebbe costata partendo da zero. Ma sono felice così! Tutte queste piante che vedi sono state raschiate una per una, abbiamo tolto la parte marcia e poi abbiamo inserito un prodotto apposta per sanificare il legno e chiuderne la cicatrice. Ora le piante sono sane e ci ringraziano."
Oscar "Costa caro fare viticoltura in questo modo! Sembra quasi che tu lo faccia più per le viti che per il vino."
Ampelio "Non so di preciso perché lo faccio, io mi sono sempre mosso d'istinto. Per esempio, nell'usare solo i vitigni tradizionali del luogo, verdicchio, montepulciano e sangiovese, mentre erano di moda quelli internazionali. Nel moltiplicare i cloni più vecchi della vigna più antica. Nel voler continuare a tenere le vecchie botti grandi di ottant'anni per far maturare il Villa Bucci. Nel fare una 'riserva' di

verdicchio quando non era nemmeno prevista nel disciplinare anzi, era proibita. E poi nel lavorare con Giorgio Grai e non con un enologo classico, nonostante un bel litigio al primo incontro. Sentivo d'istinto che la strada giusta era con lui, anche se la testa lo avrebbe volentieri mandato a quel paese!"

Arcevia, Barbara, Ostra Vetere, Belvedere Ostrense sono i paesi che ci circondano a 360 gradi. Un susseguirsi di colline morbide e variegate e campi coltivati con il metodo della rotazione delle colture che qui intelligentemente si pratica ancora. Le colline marchigiane sono diverse da quelle toscane: sono più rotonde, più gentili, più dolci… in una parola morbide, come il Prof. che le "scavalica", direbbe Romano Levi, quello della grappa.

Oscar "Ma come fai il tuo vino? Queste cinque vigne le vinifichi separatamente le une dalle altre?"

Ampelio "Certo! Poi metto nelle botti il prodotto di ciascuna vigna, ben diviso e successivamente, con l'aiuto di Giorgio (Grai), eseguo l'assemblaggio finale. Questa è la fase più delicata."

Oscar "Fai come si fa per lo Champagne. Assembli i blend, fai la cuvée Villa Bucci Riserva."

Ampelio "Sì, ed è la parte più intrigante del lavoro di ogni anno, soprattutto per i vini bianchi che sono più difficili dei rossi. I bianchi richiedono un palato davvero sopraffino, richiedono di saper riconoscere alcune micro finezze, la texture, tutti i profumi… dopo ti porto in cantina così fai un tuo blend e ti diverti! Ma prima voglio farti vedere la casa in cui sono nato."

Passiamo intorno alle mura di Serra de' Conti, uno dei più bei castelli di Jesi ancora perfettamente conservato. Ampelio ha nominato già due volte un grande del vino, Giorgio Grai. Di lui si dicono tante cose, devo ricordarmi di chiedergli qualcosa in più sul personaggio.

Pensare locale e agire globale

Dopo aver letto quel nome su centinaia di bottiglie che ho bevuto negli anni, ora constato che la villa esiste veramente. E che villa! Beato lui che ci è nato.

Finalmente entro nel giardino di Villa Bucci. Qui sembra che il tempo si sia fermato. Il viale che porta alla casa ha i ciottoli ed è circondato

da siepi di bosso ben tenute. La casa ha linee sobrie ma eleganti e il giardino è ombreggiato da alti pini marittimi. Si sta bene. Mentre lo seguiamo nella visita guidata del giardino dico: "Nelle Marche quant'è la produzione totale di Verdicchio?"
Ampelio "Non lo so!", risponde secco, come se gli avessi chiesto quante gocce stanno nel mare.
Oscar "Se mi chiedi quanto Barolo facciamo in Langa io te lo dico."
Ampelio "A me non è che me ne freghi molto… dovrebbe?" ammicca malizioso.
Mi chiedo se sia una splendida parte, quella che sta recitando, oppure no. Ampelio è pur sempre un professore di Economia. Davvero non lo sa? Una delle sue perle più belle ce la regala senza troppi preamboli aulici, quasi per scusarsi della frase di prima, come se avesse intuito i miei pensieri.
Ampelio "Mi accorgo di aver agito sempre all'inverso di ciò che ho imparato da tutti i testi sacri del marketing. I guru sostengono che si debba 'pensare globale e agire locale'. Invece bisogna fare esattamente il contrario, soprattutto in Italia. Dobbiamo 'pensare locale e agire globale'. Perché in Italia, in ogni luogo, basta andare in profondità (come nelle vigne) per scoprire giacimenti di storia, di cultura, di bontà e di bellezza."
È un accademico sui generis, per questo mi piace. E poi ha ragione, perdindirindina! Pensare locale e agire globale, ecco la più bella strategia per il vino!
Torno sui numeri, questa volta della sua azienda e gli chiedo: "I tuoi 31 ettari come sono divisi?"
Ampelio "Ne ho 25 di verdicchio e 6 di rosso, tra cui montepulciano e sangiovese che mescolo, perché il sangiovese su questi terreni da bianco viene un po' smorto e va benissimo per mitigare l'aggressività del montepulciano."
Vinifica separato e poi mescola: gli piace il lavoro in cantina. Mentre parliamo delle vigne, della qualità dei terreni della zona dei Castelli e della sua vigna più longeva, arriva Riccardo, il più grande dei suoi due figli. Ce lo presenta come "il fotografo". Riccardo è architetto ma per imparare l'arte della fotografia ha lavorato per diverso tempo con Gabriele Basilico, uno dei più grandi fotografi italiani, recentemente scomparso. Ultimamente, con grande gioia del padre, sta dedicando un po' più di tempo all'azienda di famiglia. L'altro fratello, Roberto,

è ingegnere e si occupa invece di *business intelligence* per l'ospedale di Bologna. Ho come la sensazione che la presenza di Riccardo oggi non sia casuale. Sospetto che Ampelio lo abbia chiamato apposta. Scopriremo più avanti che è così e che il rapporto tra Bucci papà e Bucci figlio diventerà uno dei temi più intriganti di questo incontro. Risaliamo in auto e partiamo alla volta della cantina, dove io dovrò fare il mio blend. Me lo ha proposto come una sfida a cui ora non voglio rinunciare. Vorrei partire subito sul tema Riccardo, ma la prendo larga.

Oscar "Ampelio, com'è stato il rapporto con tuo papà?"

Ampelio "Molto difficile." Figuriamoci se non era così. Ormai siamo al nono incontro e mi sono abituato ai racconti sui rapporti difficili, di questi del vino, con i propri padri. Eppure ogni storia è diversa, ha caratteristiche uniche e molto interessanti per capire i passaggi generazionali.

Oscar "E i tuoi figli hanno un rapporto difficile con te?"

Ampelio "Lo hanno avuto ma per motivi diversi. Il rapporto con mio padre era più difficile perché tra di noi c'era un salto di più di due generazioni e lui aveva una caparbietà che a volte lo rendeva poco incline ad ascoltare gli altri. Era un mulo! È morto quando io avevo ventidue anni. Quando si è così giovani ci si infuoca molto più in fretta. Oggi i miei figli sono uomini maturi."

Oscar "Quindi per un po' hai lavorato con tuo padre."

Ampelio "Non esattamente. Lui lavorava per le assicurazioni Generali. Quando, nel 1940, non ha voluto prendere la tessera fascista, lo hanno mandato via. Aveva sessantun anni e 'marchigianamente' non ha contestato il fatto di essere mandato via. Lo ha accettato. Noi Bucci siamo fatti così. Tu la chiami morbidezza. Magari all'esterno appare così. In realtà a volte ciò che ci rode dentro non è così morbido."

Oscar "Hai fatto in tempo a imparare cose da tuo papà?"

Ampelio "Per fortuna sì. Sono un mangiapreti come lui e come lui sono di sinistra. Ma soprattutto come lui interpreto il valore dell'impegno lavorativo fino ai limiti della follia."

Oscar "Il 25 aprile del 1945, avevi nove anni, te lo ricordi? Dov'eri?"

Ampelio "Sì, in quel periodo vivevamo a Milano e mi ricordo la città piena di gente. Però, se è quello che vuoi sapere, in quei giorni mio padre non ci portò a vedere il corpo di Mussolini a piazzale Loreto. Lo reputò uno spettacolo troppo violento. La violenza fine a se stessa

non ha mai senso, da qualsiasi parte venga."
Eccola, la morbidezza che emerge continuamente. Dopo aver scambiato appena poche parole con il figlio Riccardo mi sono reso conto che anche lui è morbido. La morbidezza dei Bucci attraversa le generazioni.

La mia fortuna è vivere sia in città sia in campagna

Mentre raggiungiamo la cantina, Ampelio ci spiega che negli anni cinquanta nelle Marche c'era ancora la mezzadria e le aziende che si occupavano delle colture più organizzate e redditizie come bachi da seta, tabacco e allevamento chiudevano a causa dell'avvento dell'agricoltura intensiva e della globalizzazione. L'Italia intera in quegli anni attraversava un periodo di grandissimo rinnovamento e ovunque regnava un sentimento di grande sofferenza: dover chiudere le attività che andavano avanti da sempre, dover cambiare radicalmente il modo di lavorare e di organizzare i rapporti interpersonali non "garbava – dice proprio così – a nessuno".
"Con una laurea in economia – racconta sorridendo – io sono particolarmente abile a organizzare le cose che non mi piacciono e a governare i risultati economici della nostra azienda." Che bello incontrare una persona che conosce i propri limiti e fa un po' di sana autoironia. Ampelio ci confessa che la cosa che lo diverte di più è fare gli assemblaggi dei vini in cantina. Lo avevamo capito. Ma dice che, dopo cinquant'anni, non è ancora bravo come vorrebbe, meno male che c'è Grai. Ciò che gli riesce bene invece, è organizzare i numeri dell'azienda, ma è la parte che gli scalda di meno il cuore.
Appena fuori dalla cantina Ampelio, orgoglioso, ci presenta Bruno, il suo capo cantiniere, indicandocelo da lontano. "Ecco Bruno, quando non è in cantina è sempre sul trattore!". Il capo cantiniere di Villa Bucci fino a ventisette anni fa era astemio e non sapeva nulla di vino. Da giovane lavorava come operaio in un'officina meccanica. Ha imparato tutto sotto la guida di Ampelio. È un omaccione sornione e un po' monolitico. Campione italiano di "ruzzola", un gioco antico, ancora diffuso nelle Marche e presente tra le classi popolari fino alla fine dell'Ottocento. È persino citato nel *Dialogo sopra i due massimi sistemi del mondo* di Galileo. La provincia italiana è fantastica proprio

perché resistono ancora queste tradizioni rimaste immutate negli anni e che ne fanno un incredibile caleidoscopio di storie da conoscere e conservare. Il gioco della ruzzola consiste nel lanciare una ruota del diametro di circa 15 centimetri, simile a una forma di pecorino (un tempo si usava proprio il formaggio), avvolta in uno spago che dopo il lancio rimane tra le mani del giocatore. Vince chi arriva più lontano. Serve forza e precisione. A Bruno si vede che la forza non manca.

Mi guardo intorno. La cantina Bucci di oggi è rimasta come un tempo, quando serviva solo per fare il "vinaccio" della zona: quello che tutti facevano per vendere all'ingrosso e che nemmeno imbottigliavano. È stata costruita negli anni trenta e si trova sulla cima di una collina che controlla dall'alto vigneti e campi di grano. Quei campi sono di Ampelio che ne produce dai 7000 agli 8000 quintali per anno. Negli anni la cantina non si è ingrandita esternamente, pur dovendo sostenere oggi un carico di lavoro estremamente più importante in termini di volumi. Il cambio radicale è avvenuto all'interno. Oggi qui si producono circa 130.000 bottiglie l'anno, per un fatturato di 1 milione e mezzo di euro. Le ottuagenarie botti grandi di rovere di Slavonia troneggiano sotto le volte curvilinee. Tutta la vinificazione e l'affinamento avvengono qui, ed è qui che Ampelio mi invita a giocare con i suoi vini. Mi dà un bicchiere e mi invita ad assaggiare i suoi Verdicchio 2012 spillandoli da tutte le botti. Lui le chiama per nome, con i nomi delle vigne che, come ci ha detto, vinifica separatamente. E i vini infatti sono tutti diversi. Una per una assaggio tutte le vigne.

Un vino è più acido, uno più grasso, uno più lungo, un altro più profumato. La vita è un mix – penso – e più si è bravi a mixare più si ottengono successi. Penso a ciò che serve con i figli, amore e rigore. In azienda servono poesia e matematica. Nella vita occorre mettere insieme onestà e furbizia, informalità e autorevolezza, autoironia e orgoglio. Se da queste botti uscissero virtù umane, il gioco per trovare il mix perfetto potrebbe non finire mai. Mi viene spontaneo rivolgermi a Simona, la più giovane tra noi, e le dico: "Hai capito Simona, non essere mai tutta d'un pezzo! Cerca di essere fatta di tanti pezzi diversi. Le persone tutte d'un pezzo sono noiose". Ampelio ha capito bene il mio dolce tormento sui contrasti apparenti e rincara la dose: "Una delle mie fortune più grandi è poter vivere la mia vita tra città e campagna. Ho bisogno di entrambe, mi aiuta a vivere meglio. In campagna posso sviluppare l'attitudine contadina che tende ad andare in

profondità, in città devo viaggiare veloce e avere capacità di semplificazione. Questo mi rende completo."
Io intanto mi distraggo un po' e mi perdo tra le botti mentre Ampelio, da buon oratore, torna a intrattenere Simona e Shigeru con la questione del calcare del terreno, che lui dice di sentire nei suoi vini. Li ascolto in sottofondo e mi eclisso con Bruno da cui mi faccio ripetere cosa c'è nelle botti dei vini che mi piacciono di più. Bruno con pazienza mi segue e me li ripete. Io li riassaggio tutti, mi piacciono e bevuti qui in cantina, al fresco, li trovo una meraviglia. Alla fine decido: la mia cuvée perfetta di Verdicchio è 33% vigna della Villa, 33% Montefiore e 33% Belluccio. Se assommo le età delle viti di queste tre vigne arriviamo a centoventi anni. So che questa somma non c'entra niente, ma a me piace pensarlo. Senza saperlo ho scelto le botti che contengono i vini frutto delle vigne più vecchie. Li ho trovati più minerali, avrò sentito le radici più lunghe, come dice Ampelio. Li ho mescolati a occhio, passandoli di bicchiere in bicchiere e sono così soddisfatto del risultato che dico "Se mi fai 2000 bottiglie di questa cuvée te le compro tutte! (sono esaltato). Ho creato un vino fantastico! Dai, assaggiatelo."
Shigeru è visibilmente in disaccordo ma, da buon giapponese, mica me lo dice. Ampelio è il padrone di casa e critica senza peli sulla lingua: "Lo trovo un po'... delicato... gli mancano le palle."
Oscar "Trovi? Ma no! È buonissimo! E adesso gli trovo anche un nome..."
Ampelio "Ci vorrebbe più carattere. Metterei almeno un 45% del più nervoso dei tre che hai scelto."
Oscar "Ho capito, l'hai trovato morbido. Allora lo chiamo 'Il Morbido Ampelio' e vedrai come lo vendo! Incomincia a pensare all'etichetta."
Naturalmente mi dice di sì, ma ho capito benissimo che la mia cuvée non lo convince del tutto. Ho giocato: amo la vita e amo giocare! Mi sono divertito come un bambino a fare il "mio" blend. Sarà pure un po' morbido, ma con vigne che insieme hanno centoventi anni il vino non poteva che uscire posato come un vecchio saggio.
Dobbiamo andare. Dobbiamo tornare alla tenuta Pongelli per degustare i vini che ho portato. Mi domando come farò, visto che, a causa dei numerosi e ripetuti assaggi per centrare il mio blend, a metà mattina sono già piuttosto allegro.

Oscar "Quando hai deciso di iniziare a fare un vino davvero buono?"
Ampelio "Nel 1980. Fino ad allora la produzione del vino serviva al mantenimento della Villa, che ha un giardino da curare e a cui serve la presenza costante di due persone che la tengano in ordine dentro e fuori. In quegli anni ho capito che dovevo trovare un enologo capace di fare i vini bianchi. Sono andato in Alto Adige e lì ho conosciuto Giorgio Grai. Un personaggio mitico! Pensa che ancora oggi, a ottantadue anni, lui entra al Vinitaly in bicicletta! Me lo hanno presentato come l'unico in grado di fare un bianco che potesse durare vent'anni e io ho capito che era la persona giusta per me. Da lui, visto che non posso dire di aver imparato a fare il vino, ho imparato l'importanza delle parole: poche, scelte con attenzione, semplici. Lo considero un grande maestro ancora oggi." Ecco che, senza che glielo abbia chiesto direttamente, mi ha raccontato di Grai!
Oscar "E hai preso tutte queste decisioni da solo? Le tue sorelle non si sono mai interessate alla campagna?"
Ampelio "Per fortuna no. In questo modo mi è stato più facile prendere le decisioni."
Oscar "Ma i tuoi rapporti con loro, oggi, come sono?"
Ampelio "Buoni sia con le sorelle sia con i loro mariti!"
Oscar "La cantina Villa Bucci di chi è?"
Ampelio "È di tutti noi."
Oscar "Che bello! E oltre ai tuoi figli ci sono degli altri nipoti che manderanno avanti l'azienda?"
Ampelio "Sì ci sono. Quest'azienda per tutti loro potrebbe essere una splendida opportunità."

Io non butto via niente

Il cerchio si chiude e noi ci ritroviamo nella stessa tenuta Pongelli da cui due ore fa siamo partiti per quello che doveva essere un veloce giro di mezz'ora.
Riccardo, suo figlio, è nuovamente con noi. Gli racconto del mio blend e la piglio dritta. "Perché non sei venuto in cantina?"
Riccardo "Dovevo fare ancora qualche foto, avrei perso quella luce."
Oscar "Ma, ti piace fare il vino? Ho capito che tuo padre conta su di te."

Riccardo "Si, penso di sì. Ma non sono ancora sicuro che farò questo mestiere."
Oscar "Sei grande ormai. Vai d'accordo con tuo padre?"
Riccardo "Non è facile." Non dice altro ma si capisce ciò che intende. Ampelio mi ha raccontato che si è separato presto dalla prima moglie, con i due figli piccoli. I quali hanno sempre vissuto con la mamma, una grande mamma che li ha amati ed educati con amore, ma senza favorire particolarmente la comunicazione con il padre. Poi succede che la mamma purtroppo muore di una brutta malattia e i figli si riavvicinano al padre. È chiaro che non è facile.
Chi invece non ha dubbi sul suo futuro nel vino è Claudia, la nipote di Ampelio, che si occupa di amministrazione. È dolce ma anche spigliata, a lei il lavoro piace. Va d'accordo con Riccardo. Potrebbero essere una coppia giusta al comando, magari insieme ad altri cugini e fratelli. È numerosa la famiglia Bucci. Il punto è: quanto spazio lascerà a loro il prof. Ampelio? Mi riprometto di esplorare.
Ampelio ci mostra il museo degli attrezzi di campagna, i vecchi trattori, i vecchi tini... e ci dice che per tutta la vita ha sempre tenuto a mente il motto "riusa, riduci, ricicla". Con orgoglio, afferma "Io non butto via niente". Botti vecchie, vigne vecchie, museo degli attrezzi. Osservo il nostro anfitrione: a prima vista siamo vestiti allo stesso modo, con pantaloni comodi e maglione leggero. Però in effetti c'è qualcosa in Ampelio che riflette in pieno questo suo spirito conservatore. Il maglione ha già visto alcune annate e probabilmente anche molte vendemmie, i pantaloni sono robusti e d'un colore che non teme né le passeggiate nelle campagne polverose, né gli affettuosi assalti di cani e gatti domestici. Le scarpe sono una scoperta incredibile. Non le avevo notate fino a ora. Sono vecchi mocassini senza più un colore preciso, ma ancora abili al servizio. Perché buttarli? Ampelio, con orgoglio, ci dice: "Li porto da cinquantasei anni, ricordo perfettamente di averli comprati quando ho incominciato l'università, avevo vent'anni".
Riccardo "Vedi? È tirchio!"
Oscar "Ma no! È un contrasto apparente. Tuo padre si occupa di moda, ma nello stesso tempo è in grado di indossare con orgoglio e stile abiti vecchi ancora in buono stato. L'ho sempre considerato un uomo molto elegante."
Shigeru osserva, Simona gongola, io a quel punto, per non dare trop-

po ragione a Bucci papà osservo: "Però trovo che 'riusa, riduci e ricicla' siano tre parole limitative. Vorrei proporre di aggiungerne una quarta: 'rilancia'. Se non si rilancia si sta fermi."
Ampelio non la pensa come me, lui è più conservatore. Agisce secondo le sue idee e vorrebbe che anche i suoi figli agissero seguendo i suoi input. Spesso però i figli si vogliono diversificare dai padri e pretendono di fare di testa loro. È arrivato il momento di affondare e gli dico "I tuoi figli sono la cosa che ami di più al mondo. Lasciali fare. Lasciali anche sbagliare, ma lascia che trovino la loro strada. Insegna loro la tua qualità più bella, la morbidezza, e vedrai che te ne saranno grati". "Non è facile…" mi dice. Ma io lo so che non è facile. Essere un padre perfetto è impossibile, come fare il vino perfetto. Ma ci si prova ogni giorno, o no?
Oscar "Non credere che sia facile anche per me, che ne ho tre." E mentre lo dico, penso che forse è più difficile per loro, i miei tre figli. Lo penso ma non lo dico.

Un'accolita di bevitori consapevoli, o quasi

Siamo finalmente seduti intorno a un tavolo per le nostre degustazioni. Riccardo è seduto accanto a me e stiamo bene vicini. Siamo in sintonia.
Come tutte le volte in cui ci disponiamo intorno al tavolo iniziano i riti minuziosi e attenti di Shigeru: l'apertura delle bottiglie e il posizionamento le une accanto alle altre nell'ordine di degustazione, in modo tale che le etichette siano ben visibili a lui e agli altri ospiti. Ormai conosciamo i suoi riti, per esempio la ridisposizione dei bicchieri, perché quasi mai Shigeru li lascia come vengono sistemati. Per esempio la richiesta di acqua fresca e poi la seduta. Quando Shigeru si siede chiude una bolla intorno a sé e non si concede più, almeno apparentemente, all'ascolto della conversazione, se non quando viene il momento di raccontare i vini.
Il primo vino che beviamo è il Monterotondo 2009 di Villa Sparina, un Cortese di Gavi ottenuto da vigne di settant'anni, come quelle che piacciono alla combriccola di oggi.
Ampelio è il primo a parlare e lo trova "Un vino dal grande naso da cui si capisce subito che è un vino buono. Sento una mineralità che

mi piace molto. Ma resto convinto che il naso sia davvero grande". Interviene Shigeru con solennità. Nel naso sente pera, vaniglia e agrumi. Grasso e ricco in bocca, con un sapore quasi di burro. Di burro! Non mi sarebbe mai venuto in mente, ma se ci penso è vero. Come sempre ci azzecca in pieno. Riccardo lo paragona al Bucci Riserva perché, dice, è un vino corposo e rotondo. Torna Shigeru che azzarda persino un paragone con una bella donna, un po' appariscente e ben truccata. Lo abbina a una zuppa di vongole con il burro, al pecorino romano fresco, alla pasta con le sarde e al tempura giapponese con sale e limone. Io mi limito a decantare le lodi dei tre fratelli Moccagatta, Stefano, Massimo e Tiziana, i produttori. Stefano è un mio amico sincero. I Moccagatta sono geni del marketing. Racconto, tra le altre cose, che hanno inventato una bottiglia e un'etichetta straordinarie. I loro vini saranno pur molto buoni, ma la qualità maggiore è che sugli scaffali hanno una riconoscibilità immediata e unica.
Passiamo al secondo vino, quello di un altro mio grande amico: Mimmo Casillo. Il Castel del Monte rosato Chiancarosa 2011, della sua azienda, Masseria San Magno, nella Murgia. Le vigne sono intorno a Castel del Monte, in uno scenario unico.
Mimmo condivide l'azienda con i fratelli Francesco e Pasquale. Si tratta dei famosi Casillo della semola. Possiedono un numero esagerato di mulini e hanno voce a livello mondiale sul mercato del grano duro. Mimmo è il fratello di mezzo e si occupa delle diversificazioni. Tutte improntate all'alta qualità alimentare. Tra queste il vino. Non usano diserbanti né concimi chimici, il livello di solfiti aggiunti è molto basso.
Di nuovo parla per primo Ampelio, dicendo che in questo vino sente l'eleganza del Sud, gli odori pungenti, la sfacciataggine meridionale che si perdona perché è sinonimo di spontaneità e attaccamento alle radici. E qui, giù a parlare del nostro Sud, del Mediterraneo, degli ultimi tremila e più anni di storia che ancora si respirano e delle dominazioni che sono passate, contaminando territori incredibili e tradizioni radicate.
Oscar "Cosa pensi della Lega?". Il volo pindarico è tutto nella mia mente.
Ampelio non pare spiazzato e risponde di getto: "Da milanese ti posso dire che certi personaggi della Lega mi fanno orrore. L'idea però

è addirittura innovativa e stimolante, anche se ancora non esiste una formula realmente federalista che si possa mettere in pratica. Il nostro Paese non è pronto, non possiamo staccarci dal Sud". Su queste parole divaghiamo un po'. Chiedo a Riccardo cosa ha votato, se sui valori di base sia stato influenzato più da suo padre o da sua madre. Lui tergiversa, racconta della malattia della mamma e di come litigi e diversità di vedute tra madre e padre siano improvvisamente scomparsi al cospetto della malattia terminale.
Torniamo al vino come spinti dal desiderio di tornare al clima gioioso che il vino sa creare.
Shigeru riparte: "È un vino rosato ma sembrerebbe un rosso giovane. Profuma di albicocca, fieno, pera. Ha una discreta mineralità e una giusta acidità. Si sente che ha un uvaggio di base rosso, infatti c'è uva di Troia e Montepulciano in parte minore. Si abbina bene ai pesci ma anche ai salumi, pizza margherita, ricotta di 'pecola' con olio sale, pepe e un po' di mosto cotto. In Giappone lo berrei con spiedini di pollo con sette spezie." Di nuovo gli spiedini! Che fame, è mezzogiorno.
Ampelio "È un vino, questo rosato, che io berrei anche come aperitivo, bello fresco."
Riccardo "Aggiungo che sento una nota molto aromatica, forse per questo mio padre lo berrebbe come aperitivo". Bene, mi sembra che sia piaciuto a tutti ma io, e lo ribadisco, lo trovo davvero un vino da bere, e infatti lo bevo, svuoto il mio bicchiere, in bocca naturalmente. Ora gongolo pensando che sto per fargli bere il vino più povero di Langa, il Dolcetto! In Langa ci siamo allevati a pane, salame e Dolcetto, il vino di tutti i giorni. Quello che ho portato oggi però è un Dolcetto speciale. Il Vigna del Pilone superiore 2010 di San Romano.
Oscar "Il vitigno si chiama dolcetto perché quando assaggi l'uva è dolce, poi la vinifichi e il vino diventa secco. Una delle zone più vocate per il dolcetto è Dogliani, un comune che confina con Novello, Barolo, Monforte, i paesi del Barolo. Quando nel 1933 hanno fatto la divisione per determinare le zone di origine delle uve atte a produrre il Barolo, il comune di Dogliani è rimasto fuori. Quindi a Dogliani nei terreni migliori esposti a sud hanno messo dolcetto invece del nebbiolo e fanno un vino fantastico. Anni fa ho comprato l'azienda San Romano che ha una torre, detta appunto 'il Pilone', in cima al cucuzzolo di una bella collina, che svetta sulle altre. Le vigne prendono il sole da tutti i lati." Ne parlo con grande orgoglio perché mi

piace il posto, l'azienda e il vino! Lascio la parola a loro – chissà se si faranno influenzare dalle mie auto lodi – e mi godo il Dolcetto sognando due acciughe al verde: sarebbe uno splendido preludio a un pranzo che ormai è alle porte. Ampelio ha deciso di portarmi a Senigallia dal nostro amico Moreno Cedroni. Altro che tirchio! Non me le farà mancare, Moreno, le acciughe!

Ampelio "Ha un naso interessante e fruttato tendente all'erbino. Il gusto è acido caratterizzato da tannini freschi e spigolosi. Non me ne intendo, ma potrebbe forse avere bisogno ancora di un po' di tempo. Mi sembra un vino da bere mangiando, possibilmente a mezzogiorno."

Oscar "Certo! Da bere mangiando pane burro e acciughe, con il salame, con i peperoni: con piatti semplici. Sono d'accordo! Tu Shigeru cosa ne pensi?"

Shigeru "Intanto ha un bel colore viola intenso molto pulito e netto. Profuma di viola, rosa, frutti rossi secchi e muschio. In bocca è caldo e asciutto con tannini morbidi e giusta acidità. Lo abbino con i salumi, con il Bra ma quello giovane, con il maiale alla piastra con salsa verde e con tutti i piatti piemontesi molto morbidi e grassi che hanno bisogno di essere bilanciati da un vino grintoso. Questo vino è una donna di campagna che lavora molto: è la compagna di tutti i giorni."

Siamo quasi alla fine e provando gli ultimi due vini voglio parlare come al solito di futuro, che, insieme al passato, è un argomento sempre stimolante. "Il presente non esiste – dico – perché mentre lo dico è già passato. Ciò che accadrà tra poco è già futuro. Di passato abbiamo già parlato, quindi, sull'Amarone parliamo di futuro. Seguimi: il Barolo fa 12 milioni di bottiglie di cui il 68 % sono vendute all'estero. L'Amarone fa 17 milioni di bottiglie di cui il 93 % vendute all'estero! Tutto il mondo va pazzo per l'Amarone e questo 'disgraziato' di vino continua a crescere. Io ti ho portato l'Amarone Valpolicella 2008 di Allegrini perché adoro Marilisa Allegrini. Adesso ti chiedo due parole sull'Amarone e duecento sul tuo futuro. Vai!"

Ampelio "Be'... questo non è il tipico Amarone con il classico sapore di marmellata."

Oscar "Perché è Marilisa che lo ha voluto diverso! Lei sa guardare oltre!"

Ampelio "E ha fatto bene ad attenuarlo. Mi sembra decisamente più elegante. Non ha nulla a che vedere con quello che piace ai tedeschi

che, ne capiscono molto di birre, ma berrebbero Amarone marmellatoso anche per accompagnare una sogliola! Non chiedermi perché piace al mondo. Forse per le loro cucine…"
Oscar "Riccardo, tu cosa ne pensi?"
Riccardo "Io non sono un esperto, l'ho bevuto poche volte. Questo è decisamente piacevole. Forse, così a stomaco vuoto è un po' indigesto. Nessuno lo berrebbe come aperitivo… a quest'ora del giorno e senza aver pranzato preferisco il Dolcetto di prima."
Oscar "Shigeru, svelaci questo Amarone: cosa ci senti?"
Shigeru "Si vede che non siete estimatori dell'Amarone. Oggi è forse il vino italiano che piace di più nel mondo. E il motivo è che è un gran vino. Abbiatene più rispetto."
Così, ha detto proprio così, imperativo presente articolato, incredibile.
Shigeru "Il colore è tipicamente molto concentrato. Si sentono la vaniglia, il cuoio, la frutta secca. C'è una mineralità che rimanda alle pietre, al terreno, al cacao e al caffè. È persistente ma riesce anche a essere delicato. Lo abbino con un brasato, con tome stagionate, o una bella bistecca poco cotta e condita con salsa di soia e senape giapponese. E se devo paragonarlo a una donna, questo vino è una donna in carriera, come quelle che si incontrano nella metropolitana di Milano al mattino."
Oggi chissà perché Shigeru ha voglia di parlare di donne. È strano per un tipo riservato e discreto com'è lui. Fa ridere.
Il vino di Ampelio che assaggeremo sarà il Villa Bucci riserva 2004. Ma prima, insisto, voglio parlare di futuro!
Ampelio "È difficile parlare di futuro. Il mio futuro è breve, quello di Ampelio Bucci, intendo. Ma è anche vero che il futuro è di chi resta. E poi il futuro è anche di questi nostri vini, e io non so dirti cosa accadrà di questi vini nei prossimi vent'anni… per capire ci vuole tempo e io ho bisogno di altro tempo per pensarci."
Si capisce che Ampelio è proprio impegnato di questi tempi a disegnare il futuro di Villa Bucci e non vuole svelare le carte. Poi c'è suo figlio, magari non ha ancora le idee ben chiare, come lo capisco.
Oscar "Io ho avuto la fortuna di diventare amico di Tonino Guerra nel 2000, aveva ottant'anni giusti. È stato il più grande sceneggiatore e uno dei più importanti poeti del Novecento. Lui mi raccontava in continuazione di quanto fosse felice della sua vecchiaia in cui aveva il tempo per riflettere, pensare, meditare, oziare e osservare. "Alla mia

età anche un tramonto è meraviglioso – mi diceva –. Lui godeva del tempo che aveva!"
Ampelio "Finché funziona la testa si sta benissimo! Basta non diventare tromboni e poi il segreto è non smettere mai di avere coraggio. In questo la terra aiuta…". Ampelio si perde, capisco che forse, se fossimo soli, sarebbe diverso. Mentre ci penso mi verso istintivamente nel bicchiere l'ultimo vino. Lo faccio reiterando un gesto che stamattina ho già fatto più e più volte. Con un distratto giro di polso accenno il movimento che si fa per ossigenare il vino, porto il bicchiere alla bocca saltando il naso e bevo. E poi ribevo. Che vino! "Sei tremendo! Lo sapevi che il 2004 era così buono? Questo arriva per ultimo ma sbaraglia tutti! Del Villa Bucci 2004 quante bottiglie hai?"
Ampelio "Forse 1500. Ma non sono sicuro."
Oscar "Quindi 200 me le vendi?"
Ampelio "Ma scherzi, costa una fortuna. Non te lo puoi permettere!" Mi strizza l'occhio e io sto al gioco, provo a negoziare un po'… mentre lui torna sul fatto che conta il miracolo del tempo, torna sul vino che si fa da sé, sulle annate tutte diverse. Il mistero del vino e il miracolo della natura. Walter Massa lo ha chiamato "l'equilibrio sopra la follia". Ci ripenso e mi sembra ancora più vero.
Ampelio "Questo 2004 è più lucido e brillante del nostro vino nuovo. È frutto del lavoro di stabilizzazione che deriva dalle botti vecchie. Un vino così è il risultato di fattori imponderabili, tra cui il più importante è la nostra speranza…"
Oscar "È un vino luminoso. Shigeru, come ti sembra?"
Shigeru "Il colore è paglierino tendente al giallo. Nel naso si sentono i sali minerali e il miele con vaniglia, albicocca, erbe di campo. Sento anche la mandorla tostata e una buona sapidità. Di corpo è giusto e l'acidità è ben equilibrata. I sapori sono lunghi e fanno venire voglia di mangiare. I cibi adatti sono crostacei, acqua pazza, brodetto, scaloppine di maiale al limone e grigliata mista di carni bianche."
Non ce la faccio più. Ho fame. Da quando Ampelio mi ha detto che avremmo pranzato da Moreno Cedroni non sto più nella pelle.
Oscar "Andiamo Ampelio. A pranzo ci diremo altre cose che non scriverò. Però, per piacere, prendi altre due bottiglie di Villa Bucci 2004, portiamole da Moreno."

Schede enologiche dei vini degustati con Ampelio Bucci
Shigeru Hayashi

Gavi del Comune di Gavi Monterotondo 2009 Villa Sparina
Tipologia bianco
Uve 100% cortese
Vinificazione e affinamento criomacerazione per 24 ore in acciaio inox; 4 mesi di barrique, 4 di acciaio e 1 anno di bottiglia
Zona di produzione Piemonte

Colore giallo dorato brillante con riflessi verdi leggeri. Sentori di frutta (pera, agrumi) su un fondo di vaniglia e cenni minerali interessanti. In bocca è morbido, sapido, dotato di corpo ma elegante e godibilissimo.

Abbinare con zuppa di vongole, pasta con le sarde, pecorino romano fresco. Secondo me possiamo proporlo con tempura giapponese al sale e limone.

Forse è il Gavi più famoso del mondo, anche se la produzione di questa selezione è molto ridotta e il vino non è semplice da capire. Ma quando mai le cose più interessanti sono anche semplici? Pensiamo alle donne! Comunque complimenti alla famiglia Moccagatta per aver sempre creduto nella qualità del Gavi, anche quando non ci credeva nessuno.

Castel del Monte Chiancarosa 2011 Agricola del Sole
Tipologia rosato
Uve uva di Troia e un saldo di montepulciano
Vinificazione e affinamento pressatura soffice delle uve, fermentazione a temperatura controllata, 5 mesi di affinamento in acciaio.
Zona di produzione Puglia

Colore cerasuolo intenso e brillante. Al naso emergono lampone. ciliegia, ribes, liquirizia ed erbe di campo. Sapore asciutto, con tratti salmastri e giusta acidità.

Io lo abbinerei con un brodetto di zuppa di pesce o una pizza marinara. Ottimo con spiedini di pollo ai sette tipi di spezie. In realtà sta bene con un pasto completo leggero.

Uno dei rosati più buoni che io abbia mai assaggiato! Semplicemente perfetto. In estate vorrei bere solo questo vino e pensare che arriva da una delle terre più belle del mondo, ai piedi del magnifico castello di Federico II, che nella vostra lingua antica si faceva chiamare (modestamente) "Stupor Mundi".

Dolcetto di Dogliani Vigna del Pilone 2010 San Romano
Tipologia rosso
Uve 100% dolcetto
Vinificazione e affinamento vasche di acciaio con controllo della temperatura di fermentazione (25/30 °C). Svinatura dopo 5/10 giorni. Malolattica indotta e completata prima dell'inverno. Affinamento di 2 mesi in bottiglia.
Zona di produzione Piemonte

Colore rubino intenso con riflessi violacei. Profumi intensi, si sentono prugna, erbe, viola e cenni vinosi. In bocca è asciutto, con tannini morbidi e alcol ben bilanciato.

Abbinarlo con antipasti misti, maiale alla piastra con salsa verde, formaggi come il Bra o l'Asiago, meglio se un po' stagionati.

Perché si chiama Dolcetto se è uno dei vini più amari del mondo? Me lo chiedevo sempre, poi ho scoperto che l'uva è un po' dolce, e per una volta posso dire che voi italiani non siete strani! I vigneti di San Romano sono stupendi: partono dal letto di un fiume e arrivano a 700 metri. Questo vino è una donna di campagna che lavora molto: è la compagna di tutti i giorni.

Amarone della Valpolicella Classico 2008 Allegrini
Tipologia rosso
Uve corvina, corvinone, rondinella, oseleta
Vinificazione e affinamento appassimento delle uve in fruttaio fino a dicembre, pigiatura in gennaio, maturazione 18 mesi in barrique, massa per 7 mesi e 14 mesi ulteriori in bottiglia
Zona di produzione Veneto

Colore rosso rubino molto intenso. Profumi di frutta a polpa rossa come ciliegia, prugna, e uva secca. Sentore minerali e di caffè, cacao, chiodi di garofano. In bocca è robusto, ma con tannino vellutato. Splendida concentrazione del frutto.

Abbinare con brasato di Amarone, bistecca con salsa di soia e senape giapponese, cacciagione a volontà, toma stagionata

Un vino spettacolare da bere nel cuore dell'inverno, in compagnia della persona giusta, davanti al camino. I suoi 15,5 gradi alcolici possono spaventare, in realtà non si sentono, anzi il vino sembra "sospeso" nella sua grazia e armonia. Se devo paragonarlo a una donna, è una donna in carriera, come quelle che si incontrano nella metropolitana di Milano al mattino.

Verdicchio dei Castelli di Jesi Classico Villa Bucci Riserva 2004
Tipologia bianco
Uve 100% verdicchio
Vinificazione e affinamento almeno 1 anno e mezzo in botti grandi di rovere di Slavonia, cui segue 1 anno di bottiglia
Zona di produzione Marche

Colore giallo paglierino scarico. Al naso svela profumi di frutta matura, miele, vaniglia, pietra focaia e salvia. In bocca è sapido, equilibrato e persistente. Bel cenno minerale sul finale.

Abbinare con pesce, crostacei e aragosta alla griglia in particolare. Ottimo con carni bianche come scaloppine al limone o spiedini di pollo alla brace. Con la cucina giapponese sarebbe perfetto: penso al tempura ma anche al sushi.

Per questo bianco ho un'idea. Me lo porto in Giappone per la prossima festa del "Kawadoko", una cena che si fa sulle sponde del Kamogawa, il fiume che attraversa Kyoto. Ci sono sempre tante ragazze e questo è un vino seduttivo, perché è delicato ma forte, elegante ma diretto. Come piace a loro!

Lungarotti: Teresa e Chiara
Il miracolo della complementarità

Stiamo per assistere a un miracolo. Il miracolo della complementarità. Oggi scopriremo la storia di una coppia, Giorgio e sua moglie Maria Grazia, così magicamente complementari da essere capaci di portare al successo un'azienda di vino, creare musei e occuparsi di cultura. Questa storia, dopo la morte di Giorgio, prosegue grazie al miracolo della complementarità che si perpetua nelle due figlie, Teresa e Chiara. Così "ugualmente" complementari tra loro da assicurare la prosecuzione del successo. Probabilmente, senza questa netta complementarità, sarebbe stato impossibile mantenere identità e risultati in un'azienda così speciale.

Siamo "demi-sœurs", alla francese

Torgiano, provincia di Perugia. I cinquemila anni di storia del vino sono tutti racchiusi nel Museo del Vino di Palazzo Graziani Baglioni: un museo che ha ben pochi rivali al mondo! Reperti archeologici, manufatti d'arte e corredi tecnici per la viticoltura e la vinificazione. Collezioni di ceramica medievale, rinascimentale, barocca e contemporanea; editoria antiquaria, ferri da cialda, incisioni, sculture contemporanee e una sezione dedicata all'uso del vino nella medicina indagano il mito dionisiaco e le occasioni del bere. A chi si deve tutto questo? A Giorgio Lungarotti e Maria Grazia Marchetti: lui è il fondatore della cantina, figlio di proprietari terrieri, laureato in Agraria a Perugia, sperimentatore ardito in vigna e cantina. Accanto all'opera di recupero e valorizzazione dei vitigni autoctoni, si occupa della selezione e dell'adattamento di nuove varietà seguendo e anche anticipando le tendenze dell'enologia. Lei, sua moglie, di sedici anni più giovane, è storica dell'arte. Nel 1974 fondano, insieme, il Museo del Vino. Nel 1987 danno vita alla Fondazione Lungarotti, dedicata alla valorizzazione del grande patrimonio culturale legato all'agricoltura italiana. Nel 2000, un anno dopo la morte di Giorgio, viene aperto il Museo dell'Olivo e dell'Olio, insieme ideato e concepito. Giorgio muore nel 1999 con l'onorificenza di Cavaliere del Lavoro. Lui sì che la meritava: aveva ottantanove anni e si stava vestendo per andare al lavoro!

Lascia tre meravigliose donne: la moglie Maria Grazia, la figlia Chiara (era diventato padre per la prima volta a sessantun anni), e Teresa Severini, figlia di un precedente matrimonio di Maria Grazia con il magistrato Luigi Severini. Yin e Yang, terra e cielo, maschio e femmina... così Chiara e Teresa, sorellastre, si direbbe. Una più decisa, l'altra più dolce: insieme una coppia perfetta. La massima espressione della complementarità.

La prima che incontriamo è Teresa: una delle prime donne enologo d'Italia. Per la cantina Lungarotti ha creato vini che portano la sua firma. È madre di tre figli, fondatrice dell'associazione "Le Donne del Vino" e dal 2011 presidente del Post, il museo della scienza e delle tecnologia di Perugia. Una bella signora mia coetanea ma (e non è un complimento) dimostra infinitamente meno dei nostri cinquantanove anni. È lei a farci fare il giro nel museo creato, dice, "Da mia madre".

Oscar "Dov'è la mamma?"
Teresa "A un convegno, è relatrice... altrimenti sarebbe venuta lei in persona a farvi fare il giro."
Oscar "Di che anno è?"
Teresa "Del 1926, ma ha energie da vendere, pienamente attiva in Fondazione!"
Oscar "Ottantasette anni e va a tenere conferenze in giro. Deve essere bella tosta."
Teresa "Sì, lei è un esempio. A guardarla ti viene voglia di tirare fuori il massimo ma con spontaneità, come fa lei: nessun obbligo. Io sono entrata in azienda quando me la sono sentita, senza che nessuno lo pretendesse."

Ripenso a Giorgio Lungarotti: lui è stato a capo dell'azienda fino alla fine, quindi chiedo: "Tu hai preso l'azienda in mano a quarantacinque anni, quando lui è morto?"
Teresa "Io ero già in azienda da parecchi anni, ma quando Giorgio – lo chiama, giustamente, Giorgio e mai "papà" – ci ha lasciati, è stata Chiara a diventare amministratore delegato. Io ho svolto un ruolo di raccordo tra Giorgio e mia sorella. Lui è stato un grande maschilista, ma con me e Chiara si è dovuto arrendere all'evidenza dei fatti: o noi o nessuno della famiglia. E così ci ha sempre dato molta fiducia. Di carattere era intransigente ma era anche un uomo che sapeva ascoltare."
Di Giorgio ci parla come di un uomo dalle intuizioni geniali. Lui ha voluto chiudere tutti i contratti di mezzadria, come il padre di Gaja, ha reimpiegato i suoi lavoranti con contratti da salariati. Parla della sua generosità, della sua voglia di intraprendere a 360 gradi (dalle pesche all'allevamento dei visoni!), del suo essere pragmatico accanto all'incredibile curiosità che lo ha portato a viaggiare per l'Europa per capire il mondo del vino e per imparare. "Lui e mia madre erano una coppia eccezionale: così diversi, così coesi e perfettamente complementari: una volava, l'altro agiva."
Oscar "Tu e Chiara avete la stessa mamma."
Teresa "Certo. Siamo sorellastre se vuoi, oppure *demi-sœurs* alla francese, che suona più dolce." La dolcezza è la cifra distintiva di Teresa.
Oscar "Quanti anni aveva Giorgio quando ha sposato tua madre?"
Teresa "Cinquantacinque. Era uno scapolone molto ambito: non si era mai sposato e non aveva mai convissuto. Eravamo confinanti alla sua proprietà con i nostri terreni. C'erano soltanto rapporti di buon vicinato fino a quando ha conosciuto meglio mia madre che allora aveva trentanove anni ed era bellissima… A quell'età era già vedova da molti anni."
Oscar "E che succede? La corteggia?"
Teresa "Direi di sì, ma con molta discrezione. A quel tempo, con due figli piccoli – me e mio fratello maggiore – mia madre non aveva una vita facile: insegnava e al tempo stesso mandava avanti, da sola, la nostra azienda agraria, ma era piena di curiosità e di interessi. Riservata e affascinante. Poi è arrivato Giorgio e da lì è nata la loro storia che io non ho per nulla sofferto perché mamma ha sempre alimentato

il culto di mio padre. Così tanto che mio fratello Giuseppe ne ha seguito le orme divenendo magistrato e Consigliere di Stato."

La voce, nel ricordo del padre, si perde un po'. Teresa parla con spontaneità e ha gli occhi accesi da una luce così bella che dà conforto. Le chiedo di farci fare un "giro bignami" del museo. Mi spiace aver detto quella parola: Bignami. La fama del museo del vino dei Lungarotti è nota ma, vergognandomi un po', debbo ammettere che al liceo i Bignami sui *Promessi sposi* e sulla *Divina Commedia* mi furono utili. Lei si rende conto che il tempo è poco e accetta di buon grado. È entusiasta di parlare del lavoro di Giorgio e di sua madre. Ancora oggi è l'inesauribile spinta di ricerca della madre, costantemente impegnata ad ampliare e approfondire se non anche ad acquisire nuovi pezzi, a rendere sempre più preziose e complete le collezioni del museo di anno in anno. Nel museo si parla di storia e civiltà della vite e del vino: è privato ma non una bottiglia, non un'etichetta Lungarotti, nessun cenno alla cantina di famiglia, nessun logo. Andiamo su e giù attraverso le venti e più stanze di Palazzo Baglioni. Il museo fa circa 18.000 visite l'anno. Ritengo che siano poche rispetto all'unicità di questo luogo e subito penso a quanto oneroso sia per la famiglia gestire un tale patrimonio privato. In Francia ne avrebbero senz'altro fatto un orgoglio nazionale e pubblicizzato a livello mondiale. Qui tutto si deve alla generosità e all'amore per il vino di due filantropi.

Teresa è una guida molto preparata e a ogni occasione si dimostra anche giustamente orgogliosa dei pezzi presenti nel museo. Dall'arte etrusca a Gio Ponti e Jean Cocteau il nostro giro inizia e finisce troppo in fretta perché io non senta la voglia di tornarci con più calma in un secondo momento. Ci tornerò di sicuro. E intanto invito chi legge, se ama il vino, a non perdersi 'sta meraviglia.

A Torgiano non c'era niente

Teresa "La cantina, come è oggi, è il frutto di tanti ampliamenti e ammodernamenti, ma è nata nel 1962. Qui a Torgiano non c'era nemmeno una trattoria! Giorgio e mamma sono stati due incredibili precursori. Arrivavano così in anticipo sui tempi che alcune loro idee non erano comprese: come il punto di degustazione gratuita dei vini

locali... ci andavano solo i vecchi del paese per farsi un bicchierino!"
Oscar "Quando inizi a lavorare per l'azienda?"
Teresa "Nel 1979."
Oscar "Quante vendemmie hai fatto?"
Teresa "Quest'anno farò la trentaquattresima."
Mentre Teresa racconta arriviamo nella cantina dove ci aspetta Chiara. Quarantadue anni, agronoma, madre di un bambino di sei. Vive a Torgiano (perché ci lavora) ma dorme – dice proprio "dormo" – a Perugia dove ha casa. Questa immagine di donna totalmente dedicata al lavoro che associa alla casa solo il momento della notte mi colpisce e dentro di me già so che sarà argomento di discussione. È lei l'amministratore delegato delle varie aziende del Gruppo Lungarotti: la "Cantina Giorgio Lungarotti Srl", il Resort & Spa "Le Tre Vaselle", le Aziende Agrarie a Torgiano e a Montefalco e la "Scap Srl", azienda del settore energetico fondata nel 1948. È laureata in agraria, con specializzazione in viticoltura. Si sente "umbra nel profondo" e appena ci vede è lei a prendere in mano la conduzione del giro in cantina. Mi guardo intorno e vedo vigneti a perdita d'occhio, tutti di loro proprietà.
Oscar "Quanti ettari avete?"
Chiara "A Montefalco abbiamo 20 ettari, tutti intorno alla cantina. Qui a Torgiano ne abbiamo 230, sempre tutti qui intorno e sulla collina di Brufa, di cui da qui si vede la dorsale, abbiamo i vigneti del Rubesco. A questi si aggiungono i terreni di vigna Monticchio, il nostro miglior cru, dove nasce il Rubesco Riserva."
Oscar "E quindi qui fate 2 milioni di bottiglie?"
Chiara "Sì, l'anno scorso qualcosina in più!"
Chiara è energica nello spirito, come nel fisico. Ci porta in giro per la cantina con buon passo, tanto che anche a lei viene il fiatone: ci scherza su e dice di essere "in forma splendida", mentre io torno col pensiero alle sue parole. A casa ci va solo per dormire, figuriamoci se si prende lo spazio per fare sport, o passeggiare, o dedicarsi, come dicono alcune donne, a se stessa. L'ho già inquadrata, lei è come me: prendiamo il lavoro di petto, ci buttiamo dentro e se non c'è ce lo inventiamo! Teresa è stata una grandissima sportiva da giovane: sci, tennis e vela. Anche Chiara, immagino, avrà fatto sport, ma ho l'idea che da qualche anno abbia accantonato ogni velleità.
Oscar "Fate più bianco o più rosso?"

Chiara "Qui intorno al paese di Torgiano sono leggermente predominanti le uve bianche: trebbiano, grechetto, vermentino, chardonnay e pinot grigio. I rossi sono sulla collina: colorino, canaiolo, sangiovese, cabernet sauvignon, syrah e merlot."
Oscar "Senti Chiara, tuo padre nasce nel 1910. Al tempo del fascismo come la pensava?"
Chiara "Era uno che si faceva i fatti suoi. Pensa che è persino finito agli arresti domiciliari perché non si era presentato alle adunate dei giovani universitari, i Guf. Lui lavorava e non voleva perdite di tempo. Ma poi non è stato estraneo alla politica, anzi! È stato il primo sindaco repubblicano di Torgiano, Pri, nonostante detestasse parlare in pubblico. Lo ha fatto per due anni."
Oscar "Quindi anche lui ha fatto politica. Sapessi quanti produttori si sono impegnati in politica!"
Mentre parliamo non smetto di guardarmi intorno. Vedo file e file di botti di legno e non posso non chiedere a quale vino siano destinate.
Chiara "Le botti grandi sono per il Rubesco che è un sangiovese di medio corpo. Le barrique sono usate per il Rubesco Riserva, altre servono per vini bianchi."
È sempre Chiara la più veloce a rispondere, si prende lo spazio e domina la scena. Teresa di tanto in tanto interviene, ma sempre delicatamente e per completare le risposte della sorella.
Passiamo anche attraverso la penombra delle suggestive grotte di affinamento fino a quando il giro finisce e ci sediamo attorno a un tavolo per iniziare le degustazioni.

Prendevo pastura nel suo ufficio

Altro che *demi-sœurs*, penso. Teresa e Chiara dimostrano la loro forza nella constatazione delle loro somiglianze e nel bisogno delle loro differenze. Sono lo specchio l'una dell'altra così come ne sono anche l'opposto. Il sentimento che le lega è della materia di cui sono fatte le relazioni che durano in eterno. Penso, per esempio, ai miei genitori e anche ai loro, anche se "figlie" di un rapporto iniziato tardi. Non sono sorellastre o "mezze sorelle". Sono ultra-sorelle perché si scelgono ogni giorno. Non hanno completamente lo stesso sangue, ma in fondo che importa? Sono questi i miei pensieri mentre entrambe si affaccendano intorno al tavolo per portare bicchieri per l'acqua e per il vino. Chissà se Shigeru intuisce il mio stato. Senza che sia io a dargli il la, si prende lui lo spazio per commentare il vino. Ne resto stupito, ma poi capisco. Shigeru – o Hayashi come lo apostrofa Chiara chiamandolo continuamente in causa – è una vecchia conoscenza della famiglia Lungarotti. Ha conosciuto Giorgio e conosce bene anche Maria Grazia. Prima di arrivare a Torgiano mentre guidavo ci aveva già intrattenuto descrivendo le bellezze del museo e si può dire che sia stato lui a "guidarci" al punto d'incontro con Teresa appena usciti dall'autostrada. Torgiano è un luogo in cui si è recato più volte e, per sua stessa ammissione, qui si sente quasi a casa.

Shigeru Hayashi, lo scienziato del vino italiano, che ho portato con me in questo viaggio, ha peraltro una storia personale molto affascinante, che spiega facilmente la ragione per la quale molti nostri produttori lo conoscono così bene e lo stimano. Nasce a Shizuoka-ken in Giappone nel 1954. Nel 1978 si laurea in Economia e Commercio all'università statale. Nel 1982 è già a Milano per conto della Suntory Ltd, azienda per la quale lavora sin dalla laurea. Da quel momento soggiorna a lungo in Italia, prima come responsabile del ristorante Suntory di Milano e poi come *chief representative* della stessa azienda.

Attraverso queste sue peregrinazioni tra l'Italia e il Giappone diventa uno dei massimi conoscitori del vino e della gastronomia italiani. Inanella una serie di premi italiani e pubblicazioni sempre sui temi che più gli stanno a cuore: il vino, il cibo, l'accoglienza. Fino al 2005, anno in cui costituisce la Soloitalia Co. Ltd (Wine & Food Business Consulting) e ne diventa responsabile. Attualmente è il presidente di Eataly Japan.

In realtà Shigeru ha speso metà della sua vita lavorativa a far conoscere e apprezzare ai numerosi clienti italiani la cucina giapponese e l'altra metà a spiegare i segreti dei vini e dei cibi italiani ai suoi connazionali. Che dire? Shigeru è la sintesi dell'integrazione interculturale. Ma non solo: perché il suo impegno si è poi anche concretizzato in vere iniziative commerciali di diffusione di prodotti italiani in Giappone che anche grazie a lui sono ora molto ricercati.

Una storia autentica e importante che a me piace molto e mi rendo conto che in questo viaggio ogni suo commento è permeato da questa capacità di superare le barriere etniche e culturali e di introdurre

contaminazioni preziose attraverso abbinamenti vino-cibo quanto mai audaci ma precisi. Le Lungarotti lo sanno e come me attendono con curiosità i suoi commenti. Lui prende la parola e dice al pubblico che lo sta ascoltando: "Incominciamo dal Sanct Valentin di San Michele Appiano 2011, un Gewürztraminer". Sembra proprio sia in scena! Lo descrive di colore paglierino con riflessi verdi. "Al naso – dice – sa di frutta fresca come pera e mela. Si sentono anche erbe di campo, pietra focaia, pepe e noce moscata." In bocca lo trova asciutto, sapido e giustamente aromatico come i migliori Gewürztraminer. "Abbinare con pesce sotto sale cotto alla griglia o anche crostacei, insalata di funghi, anguilla marinata in aceto di riso con senape giapponese. Può andare benissimo anche da aperitivo." E io immagino anche il suo inchino al pubblico e un grande applauso.
Riparto a bomba perché non voglio perdere l'attenzione delle mie due ospiti.
Oscar "Chiara, quanto tempo hai passato con tuo padre? Sei riuscita a godertelo? Lui era anziano..."
Chiara "Sì, già da piccolissima *prendevo pastura* nel suo ufficio o accompagnandolo in campagna." Sul prendere pastura ridiamo tutti, anche Shigeru capisce, forse perché sa cosa intende. Chiara usa "pastura" per descrivere il rapporto dei suoi primi anni accanto al padre: un termine che più spesso si usa per dire "custodire gli animali" o fare pascolare il gregge. Qui è inteso come nutrire di cibo, materiale o spirituale. Educare. Chiara è stata educata stando accanto al padre al lavoro in ufficio. Logico, vedendola oggi.
Chiara "Mio padre sperava che io fossi un maschio perché mi ha avuta in tarda età. Era quel che si dice l'ultima chance. Invece ha dovuto accontentarsi di un'altra femmina. Teresa aveva già diciassette anni."
Teresa, la dolce, interviene: "Però ci ha sempre tenuto in considerazione."
Chiara "Ah sì, lui era molto orgoglioso di noi. E lo era anche della mamma! Loro due facevano tutto insieme. I viaggi in Francia, per capire il mestiere dai 'grandi maestri', li hanno fatti insieme. Il che aveva anche un aspetto romantico. Erano complementari e i loro dissensi erano sempre costruttivi. Lui più pratico, l'altra più dedita alla cultura; la mamma è pignola; papà era per le decisioni immediate." E giù a raccontare a due voci i momenti dell'infanzia di Chiara.

Oscar "Dal 1962 a oggi l'azienda è cresciuta regolarmente?"
Chiara "Sì abbastanza, anche grazie alle esportazioni che per noi iniziano proprio alla fine degli anni sessanta."
Oscar "Quindi lavorare per questa azienda è stata la vostra prima vera esperienza lavorativa. Giusto?"
Teresa "Sì! Io in cantina ho fatto la gavetta! Iniziai con la vendemmia 1979: ci lavoravo fino alle 10 di sera, un po' per imparare e un po' per dimostrare che avevo la stoffa per farlo. Inoltre, la presenza di una donna in cantina (e io nella nostra sono stata la prima) ha portato ordine."
Oscar "Al tempo quante bottiglie facevate?"
Teresa "Nel 1979 se ne facevano già circa 1 milione. In cantina c'erano poche persone, tutte di grande esperienza. Riuscire a inserirmi con idee anche piuttosto innovative per me è stato come vincere una sfida!"
Oscar "Poi come è cresciuta la produzione?"
Chiara "Per una dozzina di anni, fino ai primi anni novanta, la produzione non è cresciuta. Poi è partita una serie di innovazioni. Anche io ho portato le mie, soprattutto in campagna. Abbiamo cambiato l'impianto dei vigneti e rivisto le tecniche di potatura. E acquisito nuove terre: da allora a oggi abbiamo raddoppiato la produzione."
A questo punto non mi trattengo più e dico, rivolto a Teresa, la prima cosa che ho pensato conoscendo Chiara: "Lei è Giorgio in gonnella!". Teresa ride dolcemente muovendo la testa come a dire sì. Anche Shigeru conferma. Ma Chiara si ribella, in realtà confermando definitivamente il mio pensiero: "Io? Ma figurati! Sono dolce, docile e remissiva!", detto con uno sguardo minaccioso e un tono così perentorio che solo l'allegria degli occhi sorridenti riesce ad ammorbidire un po'. Sì, Chiara è Giorgio Lungarotti.

Il gusto a cui siamo abituate è la nostra "madeleine"

Oscar "Ma Giorgio, questo uomo speciale che voi due adorate, voleva più bene a voi o alla company?"
Pensavo ci riflettessero un po' e sarebbe stato interessante avere due risposte se non diverse almeno con sfumature differenti. Invece mi rispondono subito e all'unisono: "Non distingueva!". Non distin-

gueva vuol dire che erano sullo stesso piano. Ma vuole anche dire che Teresa e Chiara ai suoi occhi erano la company. Tutto ciò che faceva era in realtà per loro e quindi ecco che non distingueva.
Secondo atto: Shigeru si riprende la scena per parlarci del secondo vino: oggi va da sé. Sta recitando a soggetto una commedia a lui nota sbirciando sul canovaccio dei suoi appunti. È mattatore assoluto e anche il suo tono di voce oggi mi sembra più sicuro e forte. Si sente a casa, è vero, e chi si sente a casa riconosce la propria collocazione nel mondo e trova una sorta di pace interiore a tutto vantaggio del rapporto con gli altri. Così è Shigeru oggi.
Shigeru "Questo vino è l'Arnus 2011 delle Cantine del Castello di Santa Vittoria d'Alba. È un langhe arneis. Quindi arneis minimo all'85%, il resto è chardonnay. È vino di Oscar. Il colore è giallo paglierino intenso con riflessi verdolini. Al naso si sente frutto come pera, mela verde, ananas, e erbe di campo. In bocca lo sento secco e asciutto, aromatico e sapido. Il retrogusto è molto piacevole. È un vino democratico perché va bene per tante occasioni e per tante persone. Si abbina bene con insalata di pesce, con pesto alla genovese, con aragosta alla catalana, sgombro sotto aceto di riso con salsa di soia. Ma questo vino va bene anche come aperitivo o come vino a tutto pasto. Ne vendiamo tanto in Giappone di questo."
Oscar "Oggi sei in gran forma Shigeru! Hai sentito che silenzio mentre parli. Le ragazze erano affascinate! Dì la verità, dai il meglio perché le conosci?"
Shigeru sorride ma interviene Chiara a toglierlo dall'imbarazzo: "No, il signor Hayashi, da che lo conosco, è sempre stato molto professionale! È uno dei migliori palati che io conosca."
Oscar "Sono d'accordo. Per questo l'ho portato con me. Ma oggi sembra molto più arzillo del solito."
Torniamo a Lungarotti. "Oggi chi delle due fa il vino? Avete un enologo?". Risponde più velocemente Teresa, confermando che loro sono due, ma fanno uno per quanto si completano.
Teresa "Il vino che facciamo oggi è il frutto del gusto a cui Giorgio ci ha abituate. Quel gusto del vino, che ci ricordiamo bene, è la nostra *madeleine*..."
Oscar "Certo, come la *madeleine* di Proust! La grande intuizione di Proust fu capire che l'olfatto e il gusto hanno un ruolo fondamentale per la memoria e per il recupero dei ricordi. Gusto e olfatto sono gli

unici due sensi direttamente collegati all'ippocampo, che guarda caso, è il centro della memoria a lungo termine. Quindi voi avete in testa il ricordo del sapore dei vini di Giorgio e così riuscite a imprimere lo stile anche ai vini di oggi. Giusto?"
Teresa "Sì è così. Abbiamo entrambe una specializzazione tecnica e una competenza che ci permettono di trasmettere il nostro carattere al vino. Siamo in grado di coordinare il lavoro della nostra squadra e sappiamo cosa chiedere e come chiederlo. In cantina bisogna sapere parlare la lingua giusta. Il nostro vino di oggi è fatto con un occhio al passato, la *madeleine*, e un occhio al futuro. Ricerca e scienza oggi ci aiutano moltissimo.
Chiara "Esatto. Le grandi visioni di Giorgio esistono ancora oggi perché inserite in una dimensione di apertura alle innovazioni."
Oscar "Giorgio non ha mai avuto dubbi sul fatto che voi ce la poteste fare?"
Chiara "Io non lo so…"
Teresa "Neanche io! Forse bisognerebbe chiedere alla mamma."
Oscar "Mi sono fatto l'idea che non ne avesse. Siete forti voi due insieme."
Chiara "Chissà. In ogni caso non ne abbiamo mai parlato direttamente."
Oscar "Queste sono cose che si sentono. Con voi donne, come dice il mio amico Beppe Rinaldi, non servono molte parole: avete le antenne!" Teresa sorride, sempre dolcemente.
Chiara "Se può servire a spiegare come papà si comportava nei confronti del futuro, ti racconto che pochi anni prima di morire ha voluto piantare un noceto. Un noceto si taglia dopo trent'anni. Lui ha sempre continuato a fare i suoi progetti senza pensare alla sua età."
Certo che non pensava all'età Giorgio Lungarotti. Non alla sua. Pensava invece di lasciare una bella azienda alle tre donne della sua vita. E così è stato. Non mi meraviglia la storia del rapporto tra Giorgio e Maria Grazia: tutti sappiamo che l'alchimia di una coppia è insondabile, e può creare legami indistruttibili, forti e proficui sotto tutti i punti di vista, anche nel caso in cui si tratti di condividere le scelte aziendali. Il merito grande di Giorgio è stato di guardare alle due ragazze con esclusiva attenzione alle loro capacità, superando in modo totale e davvero meritevole le convinzioni maschiliste di una vita. L'affetto ha giocato sicuramente un ruolo fondamentale, ma la

scelta è stata anche condizionata dall'abilità delle due ragazze di cogliere i segnali e di far propri i suoi insegnamenti. Un bel mix di cuore e cervello da entrambe le parti.

Meglio rovesciarsi il cappotto che togliere soldi all'azienda

Oscar "Siete madri. Cosa faranno i vostri figli da grandi? Avete delle ambizioni?"
Teresa "Si hanno sempre delle ambizioni per i figli. La più importante è sperare nella loro felicità come esseri umani. Io ho tre figli. Francesco, il più grande, lavora già in azienda e si occupa di marketing, comunicazione e ufficio estero. Gemma è laureata in Storia dell'Arte e per ora sogna un master all'estero. Giuditta è la più piccola e ha appena concluso il liceo. Non so quali saranno le loro strade, ma se vuoi sapere se si interessano al vino, la risposta è sì. Bisogna trovare le parole giuste per parlare del vino ai giovani. La formazione è indispensabile. Le prime bevute vanno fatte in famiglia e i ragazzi devono abituarsi a vedere la bottiglia del vino in tavola. In Italia il vino fa parte delle nostre tradizioni, come la pasta e la pizza. E poi sai come si dice: se il frutto è proibito è più saporito. Allora non deve essere proibito. I giovani devono imparare a gustare con i sensi e con la cultura."
Oscar "Hai scritto un libro su questo argomento, vero?"
Teresa "Sì, *L'uva nel bicchiere*. È un tema che mi sta a cuore."
Oscar "E tu Chiara, cosa pensi dei figli?"
Chiara "Io ne ho uno di sei anni. Quello che ho imparato da mio padre e che voglio insegnare a mio figlio è che nella vita non puoi prescindere da lavoro e fatica, in tutto!"
Ecco, mettete a confronto le due risposte alla stessa domanda. Potrete apprezzare quanto sono diverse ma complementari le sorelle.
Parliamo in tutta serenità, divagando anche un po'. Sia Teresa sia Chiara raccontano di quanto sono felici dei figli e dei mariti. Per la loro situazione familiare esprimono solo soddisfazione. Solo Chiara, un po' più maliziosa, aggiunge: "Questo libro lo leggerà anche mio marito...". E già!
Insisto sul figlio di Chiara: "Oggi tuo figlio è piccolo, ma cosa farà da grande?"

Chiara "Farà quello che vuole... purché sia Lungarotti!" Eccola Chiara, in tutto il suo splendore, come diceva Ford, "Ve le farò di qualsiasi colore, purché siano grigie".
Parliamo delle vendite del vino in Italia: "Cosa pensate del fatto che in tutte le regioni d'Italia si bevano soprattutto i vini del territorio? In Piemonte si bevono vini piemontesi... Anche qui è così?"
Chiara "Sì, noi vendiamo moltissimo in Umbria e di questo siamo contente. Però è vero che nel nostro paese c'è poca curiosità per i vini delle altre regioni. Noi non siamo molto presenti nella Gdo (Grande distribuzione organizzata)."
Oscar "Invece penso che, proprio la Gdo, potrebbe svolgere il ruolo di distribuire meglio i vini di regioni diverse. E anche quello di avvicinare la gente comune ai vini di qualità. Dovrebbero creare enoteche più specializzate, metterci personale preparato. Anche noi produttori potremmo aiutare la Gdo in questo processo. Però in Italia c'è un atteggiamento un po' snob da parte di molti produttori, enoteche e ristoratori verso la grande distribuzione. Mi sa che la crisi farà cambiare idea a tanta gente. Magari questa crisi ci farà smettere di essere tutti così sicuri di ciò che è giusto e di ciò che è sbagliato."
Chiara "Figuriamoci, non è questione di giusto o sbagliato. Ma ci sono mercati in cui un canale esclude l'altro, in altri invece i due canali convivono perfettamente. In alcuni Paesi abbiamo ottimi clienti in Gdo, in altri siamo solo nel canale degli specializzati." Non l'ho convinta, è chiaro.
Passo al tema della crescita. È sempre una domanda che faccio con il desiderio di ascoltare grandi strategie, ma il più delle volte la risposta va fuori tema. In questi produttori rivolti alla qualità, il futuro e il passato si mischiano. Tradizione e prospettive frullano tra loro. Quindi chiedo: "Lavorerete per aumentare il numero di bottiglie?"
Chiara "Abbiamo imparato da nostro padre – dovrebbe dire "mio", ma dice "nostro" – a reinvestire sempre gli utili. Lui preferiva rovesciarsi il cappotto piuttosto che togliere soldi all'azienda. E noi anche!"
Teresa "Siamo umbre, Oscar. Questa è la terra di san Francesco. E come san Francesco insegna, basta poco per vivere, purché si viva con gioia ed entusiasmo."
Chiara "La tenuta di Montefalco l'abbiamo acquistata dopo la sua morte. Abbiamo investito in Umbria per vivere sempre di più il no-

stro territorio. Abbiamo risposto a un richiamo che ci scorreva nelle vene. Lì facciamo 60-70.000 bottiglie in tutto ma all'inizio è stato un investimento molto importante." Queste due donne sono innamorate della loro regione e in questo ricalcano le scelte fatte dal padre. Due come loro, insieme, sarebbero ottime amministratrici del territorio: me le immagino come sindaco e credo davvero che funzionerebbero.
Oscar "Avete votato?" Nel frattempo Shigeru ha versato la Barbera di Brandini nei bicchieri ma le vedo entrambe interessate a un bis di Arnus: sono contento che piaccia! Sono interessate all'Arnus e molto poco a rispondere alla mia domanda. Si espone prima Teresa: "Io mi sono iscritta alle primarie, ma poi non ho votato. Mi hanno dato fastidio troppe cose…"
Chiara "Io ho annullato la scheda."
Di nuovo Shigeru fa un ingresso calibrato al millimetro e ci toglie dall'imbarazzo di dover continuare con un argomento che evidentemente non piace.
Shigeru "Venuto il momento di sentire il terzo vino. Questa è la Barbera d'Alba Superiore Rocche del Santo 2011 di Brandini. Colore rubino intenso con riflessi violacei. Al naso si sente la viola, i frutti di bosco, un po' di cacao, vaniglia anche liquirizia. In bocca è intenso, morbido e vellutato. Sta bene bevuto con la panissa piemontese, una bagna cauda in inverno, la robiola di Roccaverano. Bene anche con *sukiyaki* con salsa di soia e sakè."
Oscar "Hai dimenticato di dire che è un vino biologico, che arriva dalle colline di La Morra, che è buonissimo."
Shigeru "Tu sai Oscar che Brandini mi piace molto, ma non sono fanatico come te della Barbera." Oggi Shigeru è particolarmente autorevole e loquace.

Sorelle maggiori di una regione minore

Oscar "Lo scenario attuale vi spaventa?"
Chiara "Dal punto di vista delle vendite quello italiano mi preoccupa. Sull'estero meno, perché c'è ancora spazio. Ci tiriamo su le maniche e andiamo avanti."
Oscar "Quindi come vedete il futuro? Lavorerete per aumentare la produzione?"

Chiara "Il mio obiettivo è fare vini sempre più buoni e venderli in tutto il mondo aumentando la quota di export, ma senza esagerare."
Oscar "Vuoi portare l'Umbria nel mondo."
Chiara "Esatto. Questa regione è una vera perla per il paesaggio, la storia, la cultura e le tradizioni. Farla conoscere al mondo attraverso i nostri vini è il contributo che possiamo dare per tentare di farne ripartire l'indotto turistico."
Oscar "Certo, i vini sono un medium del territorio, così come il cibo. Lo sosteneva già Marshall McLuhan."
Teresa "E per i visitatori che ci vengono a trovare ci sono i musei della Fondazione Lungarotti, il nostro regalo a Torgiano e all'Umbria."
Oscar "Quello è il tuo obiettivo per il futuro?"
Teresa "Sì, consolidare gli sforzi fatti e continuare nel lavoro iniziato da Giorgio e dalla mamma."
Vogliono entrambe la stessa cosa, cioè dare nuove opportunità e slancio a una regione considerata minore. Immaginano il loro futuro in continuità con il loro presente. Faranno ciò che fanno già oggi ma con ancora più esperienza e vigore. Parlando di Umbria e di futuro arriviamo a parlare di risparmio energetico. Da alcuni anni la Lungarotti produce energia termica dalle potature dei vigneti con cui coprono circa il 70% del fabbisogno. Significa che l'azienda è pressoché autosufficiente per quanto riguarda la produzione di acqua refrigerata destinata al raffreddamento dei mosti in fase di vinificazione, la produzione di vapore utilizzato per il processo di sterilizzazione delle bottiglie, la produzione di acqua calda sanitaria, e il condizionamento dei locali nel periodo estivo. Ce lo racconta Chiara con la solita energia e si vede che l'eco-sostenibilità e il rispetto, abbinati al risparmio, sono valori che le stanno particolarmente a cuore.
Ancora una volta è Shigeru a dettare i tempi e a farci da zavorra quando le chiacchiere ci portano troppo in alto o troppo lontano. Ha già versato un vino di un bel rosso nei bicchieri di tutti ed è pronto a dire la sua. Io però ci tengo a fare indovinare il produttore di questo vino alle mie due ospiti. "Lo fa una donna che è diventata mamma a 55 anni. È una toscana verace. Avete capito?"
Stanno al gioco e ci pensano ma non sparano nomi. Forse non ho dato abbastanza indizi. "È famosa, fa musica rock. Anzi, forse è l'unica rocker italiana. Dai, non potete non capire!"
Teresa "Gianna Nannini?"

Oscar "Bravissima!"
Teresa "Maddai! Pensa, io e lei ci siamo conosciute in gara sulle piste da sci dell'Abetone e poi ci siamo ripetutamente incontrate sui campi estivi di tennis. All'Abetone abbiamo fatto subito amicizia. Ci siamo scritte lettere per molti anni e lei mi mandava i testi delle sue canzoni. Una ribelle, matta totale ma adorabile! È venuta più volte a Torgiano, anche perché lei ha partecipato a diverse marce per la pace Perugia-Assisi e così si allungava fin da noi. Sono felice che sia arrivata a produrre vino, lo desiderava molto! Mi sembra che anche lei sia del 1954 come noi: siamo tutti uniti da un giro di vino!"
Oscar "Anche Shigeru! Si vede che a noi del 1954 il vino piace! Sono diventato amico di Gianna grazie al vino. Recentemente è stata ospite da me in Fondazione Mirafiore a Fontanafredda e si è innamorata del posto."
Teresa "Che bello, sono contenta di assaggiare un suo vino! Sarà l'occasione per riprendere i contatti con lei."
Mi compiaccio dell'idea che ho avuto, e del colpo di fortuna. Mi dedico naso e palato al vino di Gianna, il Rosso di Clausura 2009 della Certosa di Belriguardo.
A questo punto Shigeru parte: "In questo vino si sentono le caratteristiche del sangiovese toscano stemperate da una piccola parte di merlot. Il colore è rosso rubino intenso con riflessi granata. Al naso si sentono viola, prugna matura, muschio ed erbe di campo. In bocca il sapore è sapido con mineralità persistente. È un vino rotondo e scorrevole. Io lo consiglio in abbinamento con filetto di manzo alla piastra al pepe nero, oppure con grigliata di carne alla senape e pepe rosa. Sarebbe perfetto con la bistecca fiorentina! Questo è il rosso top della cantina di Gianna Nannini. Una bella espressione del territorio toscano."
Oscar "Vi piace? Siete d'accordo con la descrizione di Shigeru?"
Chiara "Sì, il signor Hayashi è bravissimo con gli abbinamenti. Io poi ho saltato il pranzo e sentirlo parlare di cibo mi fa venire l'acquolina in bocca."
Oscar "Avete già scelto quale dei vostri vini farci bere? Siamo quasi arrivati alla fine."
Teresa guarda Chiara come se si rimettesse a lei per la scelta. Chiara lo sa già e fa portare il loro rosso di Torgiano Rubesco 2009.
Guardo l'etichetta che ha l'immagine di un bassorilievo: bel nome

Rubesco. Lo dico e Teresa mi serve la spiegazione: "Il nome lo ha scelto la mamma: 'rubescere' in latino vuol dire arrossire. Le piaceva l'idea di usare un nome di fantasia che ricorda l'arrossimento delle guance di chi beve, che poi è anche il colore delle gote di chi è in salute. Un significato gioioso e promettente."

Chiara "E Giorgio ne ha subito depositato il marchio." Corsi e ricorsi di complementarità. Stappiamo e beviamo chiassosi mentre Shigeru si concentra in silenzio. Prenderà la parola quando si sentirà pronto. Io intanto me lo gusto e lo valuto a mio modo. "Buonissimo!"

Shigeru "Questo vino è fatto con uve sangiovese e canaiolo, c'è anche un 10% di colorino. Il colore è rosso rubino intenso con riflessi violacei. I profumi sono netti di violetta, frutti di bosco, spezie, caffè, cacao. In bocca è molto complesso ed elegante, con un retrogusto balsamico piacevolissimo. Setoso e persistente. È il vino giusto da abbinare con filetto al pepe e senape giapponese. Il piccione con tartufo nero e l'arrosto di manzo con wasabi va anche molto bene. Questo Rubesco ha proprio il carattere di Giorgio Lungarotti: è immediato e forte."

È finita, ce ne dobbiamo andare. Ci aspetta la Sicilia.

Restiamo ancora un po' a chiacchierare nel grande cortile della cantina. Shigeru e le Lungarotti si salutano a lungo. Si vogliono bene.

Guadagni e generosità

Li guardo e incomincio subito a pensare alle cose che scriverò su questo incontro. Due temi su tutti: complementarità e Umbria. E poi un gigantesco ombrello ancora sopra: il padre Giorgio. Più una serie di pensieri in disordine, difficili da scrivere. L'Umbria vista sulla carta delle regioni sembra proprio l'ombelico del Paese. È una terra bellissima e questa famiglia che si spende con amore per la propria regione mi fa tenerezza e ammirazione. C'è poi quella frase di Chiara che mi gira nella testa. La chiamerò il modello Lungarotti: "Meglio rovesciarsi il cappotto che togliere soldi all'azienda."

Le sorelle ci hanno parlato di un maschilista che ha trasmesso l'azienda a due "figlie" femmine. Io la leggo così: Giorgio voleva trasmettere il patrimonio e salvaguardare il nome e l'azienda. Con un obiettivo così potente in testa, ha superato facilmente il pregiudizio maschili-

sta che la cultura dei suoi tempi gli aveva trasmesso e ha guardato alle qualità delle sue ragazze dimenticando, come è giusto, il genere. E, ancora più forte, ha superato anche il legame del sangue; amando Teresa quanto Chiara. La lezione è di quelle importanti.
Provando a generalizzare ancora, dico che le aziende che producono vino dai loro terreni coniugano le positività di due settori economici importanti: l'agricoltura e la trasformazione. Dallo spirito contadino viene l'attaccamento alla terra, nel senso proprio del termine, e in certi casi anche una sorta di "avidità" benefica che spinge ad averne sempre di più e di meglio. Chi lavora la terra sa bene di avere un'azienda "senza tetto", in balia dei disegni della natura, e quindi ci insegna anche a non depredare i risultati buoni di una stagione perché non si sa come sarà la prossima. Dalla trasformazione, che sia artigianale o industriale, vengono l'attenzione all'efficienza, all'innovazione e la ricerca di sbocchi commerciali per ottimizzare la distribuzione. Ma la terra "zavorra" pesantemente la trasformazione che non può essere delocalizzata, perché il vino si fa dove si raccoglie l'uva. Quindi "locale" nella produzione, "globale" nella distribuzione. Il massimo della virtù per il nostro Paese, come ha detto Ampelio Bucci. Le Lungarotti mi hanno dato un bello spunto, ma potrei dirlo per ognuna delle mie visite. Al Sud troverò sicuramente gli stessi valori. La produzione del vino promuove lo sviluppo del territorio, sia perché crea lavoro, sia perché, come in questo caso, ne diffonde la cultura e la storia. Addirittura attraverso un museo privato, oltre che con numerose iniziative culturali. Ma promuove anche le esportazioni perché quando hai milioni di bottiglie da vendere e vivi in un Paese in crisi, incominci a correre per il mondo, corri per vendere e vai a cercare i soldi dove ci sono.
Mi diverte anche il ridimensionamento del termine "delocalizzazione" nel caso del vino: qui si delocalizza quando si va a comprare una vigna o un terreno a pochi chilometri di distanza, o anche solo su un'altra collina, per coprire un'altra zona della tua regione e fare un vino diverso. Alcuni per ogni vigna costruiscono una cantina dedicata, allo scopo di dare al vino le giuste attenzioni specifiche. Tutt'altra cosa dalla delocalizzazione dell'industria tradizionale, che va a produrre dove il lavoro costa meno, lasciando a spasso i lavoratori italiani.
Da queste semplici considerazioni si capisce anche la ragione per la

quale molti dei nostri ospiti si sono impegnati (loro stessi o i loro parenti) nella cura della cosa pubblica: il vignaiolo sa guardare lontano e questa dovrebbe sicuramente essere la caratteristica principale dell'amministratore pubblico. Speravo di constatare una mia intuizione: chi ha fatto molte vendemmie capisce di più come gira il mondo. E ciò è avvenuto.

Concludo: ho conosciuto produttori di vino, capaci di guadagnare, a cui viene proprio naturale e inevitabile comportarsi in modo virtuoso. Questa caratteristica romantica, abbinata a una molto più concreta, saper far tornare i conti, mi piace da pazzi. Mi piace la generosità sincera che nasce dalla capacità di guadagnarsi la pagnotta da soli, attraverso la propria creatività. Mi piace il coraggio che c'è nel fare vino. Vino, ti amo.

Schede enologiche dei vini degustati con Teresa Severini
e Chiara Lungarotti
Shigeru Hayashi

Alto Adige Gewürztraminer Sanct Valentin 2011
San Michele Appiano
Tipologia bianco
Uve 100% Gewürztraminer
Vinificazione e affinamento fermentazione e affinamento in barrique e tonneaux (1/3 nuove e 2/3 usate) per 11 mesi, poi 6 mesi di acciaio.
Zona di produzione Alto Adige

Colore giallo paglierino con riflessi verdi. Al naso sfodera pera e mela, seguite da erbe di campo, pietra focaia, pepe e noce moscata. In bocca è asciutto, sapido, con un retrogusto delicatamente amarognolo

Abbinare con pesce alla griglia sotto sale, insalata di funghi, anguilla sott'aceto con senape giapponese. Questo bianco
è l'aperitivo perfetto.

Se avessi imparato il tedesco, sarei andato anche io a fare il vino in Alto Adige e il mio modello sarebbe stato la cantina di San Michele Appiano. Non chiedetemi qual è il loro vino migliore, perché sono tutti fantastici. Quello che abbiamo assaggiato nel nostro viaggio è il più tipico, anzi, forse è il "vino bianco perfetto", che può piacere anche agli astemi.

Roero Arneis Arnus 2011 Castello di Santa Vittoria
Tipologia bianco
Uve 100% arneis
Vinificazione e affinamento vinificazione in acciaio con prolungata fermentazione (15 giorni) a bassa temperatura; lungo affinamento sulle fecce fini
Zona di produzione Piemonte

Colore giallo paglierino intenso con riflessi verdi tenui. Al naso colpiscono i profumi di pera, mela verde, ananas ed erbe di campo. In bocca si offre secco e asciutto, lievemente aromatico, sapido.

Abbinare con insalata di pesce al pesto genovese, aragosta alla catalana, sgombro all'aceto di riso e un tocco di salsa di soia. Perfetto come aperitivo o come bianco a tutto pasto.

Un Arneis molto particolare, poco tipico, molto complesso e robusto: per me è come quando i Samurai vogliono sfidare un guerriero molto forte, possono vincere oppure perdere. Qui la scommessa di produrre il più grande Arneis mi sembra sul punto di essere vinta.

Barbera d'Alba Superiore Rocche del Santo 2011 Brandini
Tipologia rosso
Uve 100% barbera
Vinificazione e affinamento in acciaio a temperatura controllata, breve affinamento in bottiglia
Zona di produzione Piemonte

Colore rosso rubino intenso con riflessi violacei. Al naso sentiamo profumi gradevoli e netti di viola, frutti di bosco, amarena e un cenno di liquirizia. In bocca è un rosso intenso, morbido e vellutato. Molto piacevole.

Abbinare con panissa piemontese (risotto con fagioli), bagna cauda e altri piatti della tradizione regionale. Lo vorrei gustare con una robiola di Roccaverano.

Un sorso di questo vino chiama subito... un secondo sorso di questo vino! Davvero una Barbera ben fatta, gradevolissima, che mi porterei a Okinawa, al mare, d'estate, per godermi una bella giornata di vacanza.

Rosso di Clausura 2009 Certosa di Belriguardo
Tipologia rosso
Uve sangiovese e un saldo di merlot
Vinificazione e affinamento dopo la fermentazione a temperatura controllata, lungo affinamento in legni piccoli
Zona di produzione Toscana

Colore rosso rubino intenso con riflessi granata. Al naso si sentono viola, prugna matura, muschio ed erbe di campo. Una punta di caffè sul finale olfattivo. In bocca il sapore è sapido, di corpo, con cenni minerali persistenti. Un vino vellutato, rotondo e scorrevole.

Abbinare con filetto di manzo alla piastra al pepe nero, oppure con grigliata di carne alla senape e pepe rosa. Ovviamente è perfetto con la bistecca fiorentina! Provatelo anche con un Parmigiano Reggiano di minimo 48 mesi di stagionatura.

Mi piacciono i vini fatti dai cantanti e dagli artisti, perché mi sembra sempre che qualcosa della loro arte si trasferisca nel vino! Questo è il rosso top della cantina di Gianni Nannini, che a me piace molto (sia il rosso top, sia Gianna Nannini). Un vino "bello e non impossibile"!

Rosso di Torgiano Rubesco 2009 Lungarotti
Tipologia rosso
Uve 70% sangiovese, 20% canaiolo, 10% colorino
Vinificazione e affinamento macerazione di 15 giorni in acciaio, 1 anno di affinamento in botte, 1 in bottiglia
Zona di produzione Umbria

Colore rosso rubino con riflessi violacei. Al naso si avvertono violetta, erbe di campo, pepe, tabacco e confettura rossa. In bocca è fresco, godibile e vellutato. Finale equilibrato.

Abbinare con bistecca alla fiorentina o fritto misto di carne alla piemontese. Ottimo con risotto al fegato e vino rosso.

Un vino della gioia e della festa, e anche dell'amore, vista l'origine del nome dalla parola "rubescere", arrossire. Allora ricordatevi di questo vino per un bel corteggiamento: lui arrossirà per voi, e voi andrete sicuri a conquistare la vostra donna!

Donnafugata: José Rallo
Il canto del vino

Donna in fuga

Che piacevole scoperta! Donnafugata non vuol dire "donna fuggita", bensì "donna in fuga". È molto diverso, molto meglio. Intanto è un omaggio alla nostra ospite José Rallo, indiscussa padrona di casa, che ha passato un'intera esistenza in fuga dalle ombre che cercano di oscurare le bellezze della Sicilia. Poi è un attributo riferito al presente e non al passato. Quindi è perfetto per descrivere l'afflato di modernità e di innovazione che percorre il cuore e il cervello delle donne che si interrogano. Inoltre è un termine proattivo: implica movimento, passione, cambiamento. Infine "in fuga" può anche intendersi come in avanti, non quindi scappare ma precedere. Come i ciclisti che pedalano di più e fuggono in avanti, costringendo gli altri a rincorrere, compiendo così il miracolo di spronare. E poi quelli in fuga arriveranno primi. E uno di loro primo tra i primi. Mi rendo conto che ho passato una vita ad andare in fuga. Mi piace da matti questa parte di uomofugato. Non sempre ho vinto, non importa, non sempre si vince. L'importante è tentare la fuga, sempre.
Ma anche "in fuga" dalla mia intervista, perché appena arriviamo José Rallo prende in mano la situazione e ci porta a spasso per la tenuta di Marsala, per farci prendere dimestichezza con l'aria di questa terra e con le bellezze di questo posto, incredibilmente fresco per essere a quella latitudine, luminoso ma di una luce speciale, nuovo per chi arriva sparato dal Nord e quasi non conosce le erbe selvatiche e le piante di questi luoghi. "Kennst du das Land, wo die Zitronen bluehn"?

(Conosci il Paese dove fioriscono i limoni?). Goethe ha detto molto di più sull'Italia ma questo verso qui ci sta bene perché vediamo sulle piante limoni grandi come cedri insieme ai fiori (frutti e fiori insieme? Da noi non capita). Mi viene in mente perché sul mobile dei libri che ho vicino al letto c'è una copia abbastanza antica del *Viaggio in Italia*. C'è tanto da imparare da quel libro. Dovremmo incominciare a guardare i nostri paesaggi, le nostre piazze, le nostre opere d'arte come faceva lui. Ma per ora ho lasciato Goethe che era soltanto in Veneto. Dovrò leggere molte pagine ancora per capire con che occhi ha guardato la Sicilia.

José Rallo è una splendida donna coi caratteri somatici tipici delle siciliane brune, una bella da cinema che potremmo immaginare insieme al bar con il commissario Montalbano, il quale ha casa proprio in Sicilia. Anche se la ascolti senza guardarla capisci che parla sorridendo e che insegue in modo frenetico una montagna di idee che vuole condividere con noi. Capisco immediatamente che non farò fatica a portare via con me passato presente e futuro di questa casa.

José "Facciamo subito un pit stop!"

Oscar "Un pit stop? Siamo in Sicilia e tu ci parli di pit stop?"

José "In onore alla Ferrari che ha appena vinto!"

Un pit stop per preparare i vini delle degustazioni. Due bianchi, uno spumante, un Barolo e un vino di questa cantina. E poi il giro. Prima (guarda la combinazione ma giuro che non l'avevo vista prima) ci fermiamo a commentare una frase di Goethe scritta a caratteri cubitali all'ingresso di Donnafugata: "L'Italia senza la Sicilia non lascia alcuna immagine nell'anima: qui comincia tutto". Eccomi la risposta, gli occhi di Goethe hanno incominciato a roteare quando hanno visto la Sicilia. Si capisce che ci sia da essere fieri di un tale omaggio e si capisce la voglia di renderlo pubblico sulla porta di casa!

José "Questa cantina, nata per il Marsala, esiste dal 1851. Fu fondata da un Rallo, ispirato dagli inglesi che tanto hanno fatto per l'imprenditoria del vino. Io sono la quinta generazione dei Rallo in questa cantina, insieme a mio fratello Antonio con il quale divido in solido il ruolo di amministratore delegato. Così ha voluto mio padre."

Oscar "Un padre all'avanguardia che non ha privilegiato il figlio maschio. Andate d'accordo?"

José "Abbastanza."

Oscar "Vuol dire no?"

José "Siamo complementari ma andiamo molto d'accordo. Soprattutto quando si tratta di affrontare i momenti difficili, come ora, in questa crisi."
Oscar "Tu vendi troppo in Italia. Bisogna esportare di più. Pensa sempre che più del 99% dei cittadini del mondo vive fuori dall'Italia. E ci guarda invidiandoci."

Noi avevamo un'Italia che ci scoppiava da tutte le parti!

José "Nonostante mio padre ci spronasse a puntare di più sull'esportazione noi avevamo troppa richiesta dall'interno. Donnafugata nasce nel 1983 e all'inizio vendevamo il 70% della nostra produzione in Sicilia."
Oscar "Quindi nel 1983 mollate il Marsala e passate al vino?"
José "Mia madre Gabriella nel 1974 eredita dal padre la vigna di Contessa Entellina che andava ristrutturata. Da quel momento lei, che peraltro era un'insegnante di inglese, si dedica alla viticoltura che diventa la sua passione dominante. Subito, a trentadue anni, incomincia a viaggiare per il mondo. California, Australia, si circonda di consulenti e agronomi. Appena può abbandonare l'insegnamento costruisce un'azienda rivoluzionaria, con vitigni autoctoni e internazionali."
Oscar "E tu eri qui?"
José "No, io ero in fuga – eccola! –, avevo diciannove anni e tutto della Sicilia mi stava stretto: le donne venivano fischiate per strada, rincorse coi motorini. Di mafia non si parlava, tutti si appoggiavano alle raccomandazioni per cercarsi un futuro. In questo scenario io cercavo la mia indipendenza. Ho salutato tutti e sono andata a Pisa con una borsa di studio della Scuola Superiore di Sant'Anna. Me ne sono andata in grande armonia con i miei genitori."
Oscar "Erano evoluti. Nel 1983 si apre la nuova produzione Donnafugata e tu vai a Pisa. Quindi sei tu la donna in fuga?"
José scoppia in una risata potente e musicale, per sfuggire al mio complimento e poi spiega: "Veramente ho sempre pensato a mia madre in fuga dalla sua vecchia professione. È lei, mia mamma, la donnafugata."
Oscar "Chi ha scelto questo nome così geniale?"

José "Loro, la coppia: mio padre e mia madre. Volevano un nome evocativo e hanno pensato al *Gattopardo*, uno dei romanzi italiani più tradotti nel mondo, anche per il richiamo del film. Donnafugata è il luogo della residenza estiva del Principe di Salina e della sua famiglia. È un nome di successo perché contiene il termine 'donna' che ovunque attira interesse e curiosità."
Oscar "È un nome bellissimo, hanno scelto con intelligenza. Ma quando eri in fuga sapevi che saresti tornata a fare il vino?"
José "Intanto per tre anni ho faticato molto, venivo dal liceo classico ed Economia e Commercio presentava molte difficoltà per me. Poi al quarto anno ho smesso di studiare per tornare alle mie passioni, il tennis, il jazz, i libri. Ma soprattutto pensavo che non sarei mai tornata in Sicilia."
Oscar "E poi?"
José "Sono tornata perché mi sono innamorata di un siciliano. Un'estate ero qui in vacanza e, a un concerto, ho visto questo ragazzo che suonava le percussioni in un gruppo. Mi sono presentata sul palco offrendo una bottiglia di Donnafugata, le rose sono fiorite e ci siamo sposati. Stiamo bene insieme e abbiamo due figli."
Oscar "Di solito sono gli uomini che offrono la bottiglia, tu hai fatto l'esatto opposto."
José "In realtà puntavo alla cantante, che rappresentava quello che anch'io avrei voluto essere. Volevo consigli, suggerimenti per diventare come lei. Avevo bisogno di un gancio e alla fine il gancio è diventato mio marito."
Oscar "Quindi nel 1983 dalla fusione delle due realtà, la vigna e la competenza acquisita da tua madre insieme all'esperienza di tuo padre, nasce questa nuova azienda."
José "Poi nel 1989 mio padre decide di abbandonare completamente il Marsala."
Oscar "Oggi ci sarebbe spazio nel mercato per un grande Marsala!"
José "Certo, ma ora mancano le vigne. Pantelleria è un'altra storia, molto carina. Nel 1989 mio padre e mia madre vanno nell'isola per una breve vacanza. Il secondo giorno, dopo una passeggiata, mio padre aveva già affittato una vigna e una cantina. Era diventato produttore a Pantelleria. Lì adesso si fa un vino speciale che ci dà molte soddisfazioni."
Siamo arrivati sotto ad alcuni quadri che raffigurano una Sicilia tutta d'oro, dietro cui spunta un sole d'oro, una donna coi cesti pieni d'uva

e Pantelleria, dorata pure lei, in un angolo. Si direbbe il disegno di un bambino.
Oscar "Chi li ha fatti?"
José "Stefano Vitale, grafico e illustratore di libri per bambini, che ha disegnato gran parte delle nostre etichette." Queste chiacchiere si svolgono mentre passeggiamo nella cantina, tra la parte vecchia e quella nuova. José ci accompagna con entusiasmo, dovreste vederla: gesticola, sorride, ma soprattutto parla. Parla con una bella voce musicale, modulata e molto ben dominata. Me lo avevano detto che José è una cantante eccezionale, in particolare di jazz e di musica brasiliana. Mi riprometto di farla cantare, voglio ascoltarla. Incomincio a preparare la strategia. Accompagnati dalla sua voce immaginiamo le vicende di famiglia, "vediamo" le discussioni tra il padre e la madre, indoviniamo la dialettica di un gruppo così dinamico e innovatore.
La comunicazione, il ruolo fondamentale della comunicazione. Oggi usiamo questo termine "marketing" che nella realtà del vino non è adeguato per descrivere quel che devi fare per vendere il tuo bene, i tuoi vini, al prezzo desiderato. I gesti che devi compiere per far passare il concetto dei valori immateriali racchiusi in una bottiglia di vino eccellente. Si tratta della storia di famiglie illuminate, di intuizioni folgoranti, di svolte importanti impresse a intere regioni del vino, di cambiamenti avvenuti nella cultura del bere per merito di pochi, uomini e donne "in fuga" dalle devastazioni prodotte dalla non cultura, dalla produzione di massa, dalla mera ricerca del solo guadagno. In fuga verso la tradizione, verso il rispetto, verso la genuinità, verso la verità. In fuga dall'ottica di breve periodo e con lo sguardo, lungo nel tempo e nello spazio, rivolto al futuro ma anche al passato. Facciamo vino da cinque o sei millenni e stiamo ancora cercando il vino perfetto. Facciamo vino per una percentuale bassa della popolazione mondiale: ci sono miliardi di persone che si avvicineranno nei prossimi decenni alla cultura del vino e, da noi italiani, cercheranno la qualità, la storia… in una parola, la bellezza.
Stiamo lavorando per questo. Ecco il messaggio di queste grandi famiglie e ci metto anche la mia, sia pure da ultimo arrivato e con poche vendemmie alle spalle. Ecco l'essenza del valore immateriale che dobbiamo immettere nel vino per sostenere il valore della qualità e farlo percepire.
Ora siamo nel cuore delle cantine. Quella originale è del 1851, sulla

quale sono intervenuti successivi ammodernamenti resi obbligatori dalla nuova tipologia di vini. Nel 1983 qui si producevano 100.000 bottiglie. Dal 1986, dopo lo scandalo del metanolo, l'azienda si sviluppa fino ad arrivare ai numeri di oggi: 270 ettari di vigna, di proprietà e in affitto, in Sicilia a Contessa Entellina, poi altri 68 ettari a Pantelleria. Per 2 milioni e 300.000 bottiglie mediamente. Il vino più venduto è l'Anthilia: un vitigno autoctono, il catarratto (minimo 50%), in blend con altri vitigni internazionali. Ma ci sono altri vitigni del territorio come l'ansonica, il nero d'Avola e il grillo.
Oscar "Il Grillo lo fai?"
José "Sì da poco ed è un vino molto siciliano. Noi lo chiamiamo Sur-Sur, come il grillo in arabo antico e lo definiamo un vino da 'picnic gourmet', ossia picnic con bicchieri di vetro."
Stiamo visitando un'importante cantina di architettura tradizionale con grandi tini di cemento e acciaio, ma mi colpisce soprattutto la nuova barricaia sotterranea, una specie di immensa moschea con infiniti archi sostenuti da colonne, nella quale riposano molte centinaia di barrique.

Per dieci anni ho cantato queste note dentro di me

È grande questa cantina, ci tocca camminare a lungo e ciò che più mi colpisce è la pulizia e l'ordine. A fatica trattengo la mia solita battuta vigliacca "Sembra di stare al Nord". Lo dico sempre quando atterro a Bari e trovo le strade, che portano in città, pulite e con le aiuole in ordine. Dico ai miei soci pugliesi che è per questo che ho scelto Bari per l'unico Eataly al Sud. E loro ogni volta mi mandano a "stendere", ricordandomi le grandi qualità della gente del Sud. Quindi devio, informandomi sui vini prodotti. I bianchi sono l'Anthilia, il SurSur, il Chiarandà. I rossi sono l'Angheli, il Tancredi, il Mille e una notte... Stop! Nominando il Mille e una notte, José ci inchioda sul posto e inizia a cantare una ballade jazz. E io che da almeno un'ora mi rompevo il capo pensando a come chiederglielo, di cantare. Siamo proprio al centro della barricaia, su di una passerella sospesa che sembra stata costruita apposta per questo spettacolo. La voce meravigliosa di José è favorita dall'acustica eccezionale della barricaia, che a questo punto non sappiamo più se è stata progettata per il vino o per la sua bella

voce. Una canzone sentita una volta da una cantante jazz ospite della cantina durante un evento e poi cercata per un decennio. Una canzone nata intorno a un calice di Mille e una notte e dedicata al patriarca della cantina. Perché parla di uomini maturi e buon vino, destinati entrambi col tempo a rivelare qualità nuove e intriganti. José canta, la canta tutta questa meravigliosa canzone e mentre la ascolto mi domando se aveva premeditato questa performance o se le sia venuta voglia d'un tratto. Spero nella seconda e mi faccio un complimento, pensando che José dimostri così quanto abbia gradito la nostra compagnia. Procediamo nel percorso e ci imbattiamo in una foto straordinaria. Il piccolo Ferdinando, il figlio di José, ripreso che avrà avuto meno di un anno, accoccolato in un mare di grappoli del nero d'Avola appena raccolto. Nudo, come Dio l'ha fatto. Una foto magistrale. Chiedo a José di mandarmela, la vorrei usare perché rappresenta un'immagine mitica: la vita e la vite che si incontrano. Forse ci sono dei problemi a pubblicare in qualche paese foto di bambini. Spero che possiate vederla in questo libro.
José con orgoglio ci racconta che entrambi i suoi figli, maschio e femmina, sono intenzionati a ripercorrere le orme dello zio e della mamma. Una donna in fuga. L'imprenditrice che è anche mamma e che ora, ancorché giovane, guarda già alla sesta generazione dei Rallo... che non si chiamerà Rallo, ma fa lo stesso.

Mia madre mi ha insegnato il sorriso

Il racconto degli anni giovanili mette in risalto la modernità dell'educazione ricevuta grazie all'apertura mentale dei genitori che già a otto anni la mandano sola negli Usa per capire la grandezza di un popolo che incomincia a parlare dicendo "maybe" e naturalmente impararne la lingua. Nel frattempo la vecchia cantina del Marsala cambia pelle, si cambiano colture, vitigni, tecniche e organizzazione. José allarga i suoi orizzonti sia dal punto di vista della formazione scolastica e sportiva, sia attraverso nuove relazioni e incontri.
Oscar "Cosa hai imparato da tua madre?"
José "A sorridere, sempre, ovunque e con chiunque."
Oscar "Sorridere fa star bene ma fa anche vendere! E tuo padre cosa ti ha insegnato?"

José "Vorrei aver imparato la sua forza e la sua determinazione. Lui sa porsi obiettivi di lungo termine e perseguirli. Ma conquistare queste qualità richiede tempo, più tempo che imparare a sorridere."

Oscar "Tuo padre è il capo?"

José "Certamente. Lui è un leader ma dal 2012 ha fatto un passo indietro e ha lasciato più autonomia a me e a mio fratello che, come ti ho detto, siamo diventati gli amministratori delegati."

Oscar "Perdonami, questa è una domanda che faccio a tutti i 'figli di…'. Pensi che tuo padre ami di più voi o la company?"

José "Senza dubbio noi!"

Oscar "Non è così scontato. Non sto parlando del tuo caso, ma in generale. Ci sono genitori che rispondono di amare di più i figli, ma in realtà si capisce che non è così. Non mollano mai, sono sempre in azienda, criticano, ripetendo spesso 'Ai miei tempi…'. Come ti sei sentita quando lui ha fatto il passo indietro? Ti piace essere più indipendente?"

José "All'inizio mi sono sentita un po' smarrita. Sono passata da una responsabilità settoriale, il marketing e il controllo di gestione, a una responsabilità più generale. Da quel momento ho dovuto imparare ad avere l'attenzione costantemente applicata all'intera azienda e a decidere in funzione delle priorità."

Oscar "Come sono divisi i compiti tra te e tuo fratello?"

José "Nella routine abbiamo mantenuto i nostri vecchi ruoli: io il marketing e lui la produzione. Mentre insieme ci occupiamo di commerciale e controllo di gestione."

Oscar "I prezzi chi li fa? Per esempio quando dovete definire il posizionamento di un nuovo vino, chi decide?"

José "Insieme. Io tendo a essere più ottimista, lui più realista."

Oscar "Il momento della definizione del listino è un momento magico. C'è chi parte dai costi e chi invece dal prezzo che vuole ottenere in funzione dei valori che ambisce a trasmettere."

Mio padre è l'uomo più femminista che io abbia mai conosciuto

Siamo arrivati intorno a un bel tavolo per la nostra degustazione quando José esordisce dicendo che suo padre è l'uomo più femminista che lei abbia mai conosciuto.

Oscar "Fatico a crederlo. Un siciliano. È possibile?"
José "Lui ha sempre creduto molto nelle qualità delle donne: prima sua moglie, poi sua figlia e le sue collaboratrici. Le prime persone che ha assunto erano sempre donne. Con mio fratello ha un rapporto speciale, incredibilmente affettuoso. Vanno in giro a braccetto e sembrano due fratellini, ma a me ha sempre dimostrato molta fiducia."
Torniamo alla storia della "donna in fuga" che mi sta davanti. Lei se ne va nel 1983 e torna dopo sette anni di università e lavoro a Pisa. Nel 1990 riesce a impalmare il suo siciliano che nel frattempo non si è mai mosso dall'isola e non ha alcuna intenzione di allontanarsene. Così lei decide di dedicarsi all'unica azienda siciliana che le interessa: quella di papà e mamma.
Oscar "Ma tu perché hai voluto sposarti?"
José "È un modello che fa parte dell'educazione che ho ricevuto. Volevo realizzarmi attraverso il matrimonio."
Oscar "Volevi dei figli?"
José "Sì. Poi cercavo un uomo con il quale condividere interessi importanti, come la musica, i viaggi. Io e mio marito abbiamo molto in comune."
Oscar "Forse te ne sarai anche innamorata. L'amore non l'hai citato..."
José "Come? Te l'ho detto subito che mi sono innamorata di lui quando era su quel palco a suonare!"
Me la rido perché l'ho provocata, ma un po' se lo merita perché mi aveva abituato a un linguaggio diretto. Quando invece si è trattato di sentimenti più privati, ci ha girato un po' intorno con le parole e io mi sono divertito a pizzicarla. Poi mi racconta del fratello che invece ha scelto l'azienda da subito, privilegiando un indirizzo universitario coerente come Scienze agrarie (a Palermo, a confermare che da queste parti ad andare in fuga ci pensano le donne). Comunque il padre distribuisce i compiti. La vigna e la cantina al fratello, il controllo di gestione a José. E su questo tema lei sfodera il repertorio linguistico delle scuole di management, il linguaggio dei consulenti. Ma qui c'è una differenza fondamentale. È un controllo di gestione "del padrone". Anche questo è un contrasto: la proprietà controlla se stessa invece di affidare questo ruolo a un terzo. Creando così un controller che prova emozione nel contare le bottiglie crescenti di anno in anno, prova ammirazione e riconoscenza nell'analizzare la redditività di un'azienda che ha sempre guadagnato, grazie a un padre-padrone (e questa volta

lo dico con positività), partito come una scheggia. Perché a soli sette anni dall'invenzione di Donnafugata era già in grado di mettere sul mercato e vendere un milione di bottiglie!
Come potete immaginare questa notizia mi ha fatto godere come un mandrillo. Alla faccia della tanto decantata (e spesso troppo lodata) lentezza di questo mestiere. Io adoro la velocità. So bene che nel vino è impossibile essere veloci come nell'industria o nel retail. Qui di mezzo c'è la terra, c'è l'agricoltura con i suoi tempi e le sue stagioni. Tuttavia la meravigliosa storia di Donnafugata dimostra che un po' di ritmo e un po' di velocità si possono dare anche al mestiere del vignaiolo.
A proposito di pit stop ecco il primo vino da degustare. È la riserva 2011 del Pigato ligure "Braie" della famiglia Durin. Ho scelto un vino bianco ligure apposta. Un vitigno coltivato e un vino realizzato sull'altra sponda del Tirreno, mille chilometri più a nord.
Prendo l'occasione per raccontare il criterio con cui ho selezionato i quarantotto vini di altrettanti produttori che non fanno parte dei dodici che ho visitato. Il prodotto deve rispondere alla trilogia di Carlo Petrini, fondatore di Slow Food: buono, pulito e giusto, e questa è la base, ma, aggiungo, il produttore deve essere persona simpatica, di qualità. Io sono convinto che nei vini passano i valori immateriali delle persone che li progettano e questi valori diventano percepibili alla degustazione, trasformandosi in una sensazione non classificabile, ma ben individuabile.
Oscar "Ti piace questo Pigato?"
José "Molto intrigante! Profumo freschissimo. Molto lungo in bocca! È un vino di mare". Ecco, obiettivo raggiunto.
Interviene anche Shigeru: "Colore è giallo paglierino con riflessi dorati. Il profumo è ampio di frutti a polpa gialla come pesca e albicocca. È anche molto minerale. In bocca è sapido, morbido e pieno. Lo abbino con il capponmagro alla ligure, le scaloppine al limone, il formaggio giovane come pecorino toscano. Mi piacerebbe berlo anche con sushi di pesce con sale e limone o riccio di mare crudo con wasabi."
Oscar "Bravo Shigeru, il capponmagro è un piatto ligure grandissimo ma poco noto! Come fai a conoscerlo? Sai tutto! José, mentre ci prepariamo a degustare il Villa Bucci Riserva, tu parlami della Sicilia. Parlami di questo contrasto che hai sentito tra questi paesaggi così belli da commuovere e la popolazione. Cosa non ti piaceva?"
José "Trovo i siciliani troppo rassegnati verso la situazione politica e

verso il lavoro che mancava. E qui le donne non erano valorizzate come avrebbero meritato. Poi c'era il problema della mafia e della lotta alla mafia. Un tema che veniva disconosciuto, quasi nascosto."
Oscar "Inquadriamo i tempi."
José "Dal 1990 al 1994 ho abitato a Palermo e sapete ciò che è successo in quel periodo. Quindi ho vissuto gli anni della rivolta civile ed ero orgogliosa di esserci. Allora ho maturato la decisione di restare, per orgoglio, più che per l'interesse dell'azienda di famiglia."
Oscar "Hai ritrovato l'orgoglio per la tua terra?"
José "Sì, perché i siciliani si erano rivoltati. Quando tornavo dai miei viaggi la Sicilia mi sembrava più bella."
Oscar "Però rassegnazione, cattiva politica e il poco lavoro continuano a esserci, anche oggi. In più siete un pozzo senza fondo che assorbe risorse a più non posso."
José "È puro assistenzialismo clientelare, ma qualcosa è cambiato. Sono nate anche molte nuove aziende, nel campo della produzione agricola di qualità e del settore turistico, persino nell'hi-tech. Oggi le donne si possono organizzare tra famiglia e lavoro. In questi ultimi dieci anni l'emancipazione della donna ha fatto passi importanti ma mi sembra che non sia ancora abbastanza."
Provo a immedesimarmi nel senso di frustrazione che prova una siciliana come José. Con la sua storia personale, con il confronto quotidiano tra una famiglia evoluta e innovatrice e la situazione di quest'isola ancora arretrata. Ci sono bellezze naturali forse ineguagliabili, ricchezze architettoniche uniche nella loro connotazione stilistica e storica. Una storia ricca e affascinante che arriva dall'incontro e la mescolanza delle civiltà antiche più raffinate e, per finire, un clima fatto per far trionfare la vita e l'allegria. Ma ci sono anche e ancora retaggi di un modo di concepire l'organizzazione della comunità in uno stile non proprio democratico. Un'isola in cui, da questo mix benedetto e unico al mondo, non si è ancora completamente sviluppata una società in grado di diffondere qualità di vita, piacere e rispetto. Purtroppo in certi casi qui la società si è rivoltata contro i suoi figli più indifesi, lasciando ad alcuni personaggi spietati notevoli opportunità di compiere nefandezze.
Difficile dire qualcosa di non detto sulla criminalità organizzata e sulla sua capacità di penetrare in tutte le manifestazioni di vita e di lavoro. Voglio però portare anche qui il mio approccio ottimista. José dice che si nota da qualche anno un po' di fermento, nuove aziende, nuove

opportunità di lavoro e di equità. La politica dei galantuomini deve aggrapparsi a questa speranza anche flebile, deve riuscire ad alzare lo sguardo verso un sogno, verso l'utopia e cominciare a vestirla di concretezza. Si può fare e già un pezzo di strada è stato fatto. Alcuni galantuomini, anche in politica, hanno incominciato a farlo.
Come per molti vignaioli di altre regioni, anche la Sicilia ha saputo andare ben oltre i vini mediocri prodotti in decenni di distacco dalla terra, dalle tradizioni, dal saper fare, e sono sbocciate, in meno di quarant'anni, aziende floride in grado di competere nel mondo.
Bisogna progettare giorno per giorno un percorso virtuoso e totalmente innovativo che, ne sono convinto, può fare tornare l'Italia intera, compresa la Sicilia, a essere leader e a non temere confronti. Potrebbero bastarci dieci anni, di impegno e di coraggio da parte di tutti noi, accompagnati da un po' di buona politica. Alla fine ci troveremmo in un Paese diverso ma molto più stimolante e divertente. Potremmo davvero offrire a tutti la stessa opportunità di qualità di vita. In questa famiglia di Marsala impegno e coraggio non mancano.
Il Verdicchio di Villa Bucci, quello che beviamo è il 2008, è un bel modo per dare l'idea di cosa può fare un uomo che sente il richiamo delle radici e torna, senza abbandonare una storia personale di successo, al suo paesello sulle colline di Jesi per produrre uno dei migliori bianchi italiani. Sto parlando di Ampelio Bucci che abbiamo visitato da poco. Potete immaginare i miei discorsi sulla morbidezza di Ampelio, che José ha seguito con molto interesse. Insieme degustiamo quindi il suo vino del 2008. Shigeru lo descrive di colore giallo paglierino chiaro con riflessi "sul verdolino". Il profumo è di frutta matura come albicocca e pera. Si sente salvia, zagara, erbe aromatiche, pietra e minerali. In bocca lo trova sapido, pieno, rotondo e molto minerale: un vino molto elegante che abbina con zuppa di cozze con aglio e burro, aragosta alla griglia con salsa di soia e aceto di riso, gran misto di tempura e, per non farsi mancare niente, una tartare di tonno e mango con wasabi. Io lo prendo un po' in giro perché con questo Verdicchio spara piatti costosi veramente per pochi privilegiati. Ma non è così vero. Sul cibo bisogna educare le persone a fare considerazioni rotonde: ci sono piatti preconfezionati molto comuni che alla prova dei fatti costano più di specialità con ingredienti di qualità, ma cucinate a casa propria. A Eataly abbiamo preso molto sul serio il compito di educare i ragazzi a nutrirsi con coscienza, evitando prodotti fuori stagione, im-

parando a leggere bene le etichette e i componenti, rinunciando a packaging costosi e inutili ed evitando gli sprechi. Stiamo cercando di preparare, nel nostro piccolo mondo del cibo, la popolazione che domani potrà guidare con coraggio il grande cambiamento che l'Italia aspetta.

José canta e porta in giro il suo modello di azienda

Oscar "Ma tu avresti voglia di sbatterti per questa Sicilia? Anche come impegno pubblico intendo." Gira gira, questa oggi è la madre di tutte le domande. E qui la conversazione si apre. José vuole continuare a cantare la sua canzone ai siciliani che studiano e che lavorano. Lei però non vuole fare politica nel senso attivo del termine. Vuole portare in giro il suo modello, il modello della sua azienda per mostrare una via.
José "Sono migliorata nel parlare in pubblico grazie al canto." Facile da credere. Parlare in pubblico è difficile quanto cantare, forse di più. Perché devi dominare il messaggio che ti interessa far passare.
Lei rappresenta tutti gli italiani disgustati dalla scena inverecondia della nostra politica e non ci vuole entrare. Alle elezioni probabilmente, come molti, ha dato un voto di protesta, un messaggio negativo. Non mi stupisco, io ho avuto lo stesso travaglio. Mi sono sentito "straniero in patria" nei confronti di un partito, cosiddetto progressista, che a volte non riesco a riconoscere e da cui ancora faccio fatica a sentire parole vere di cambiamento.
José ha fatto la scelta di partire dal basso: canta la sua canzone e prova a portarsi dietro le persone di buona volontà, ma non si fida della politica politicante. Si fa politica in molti modi. Noi imprenditori facciamo politica creando posti di lavoro e modelli di comportamento.
Il mattino avanza verso l'ora di pranzo e inizia a fare caldo. Godo a versarmi nel bicchiere il Perlé Ferrari del 2006 e sono certo che anche José apprezza questo omaggio: non a caso l'ho riservato a lei, una donna.
Shigeru "Colore giallo paglierino con riflessi dorati. Profumo fine e intenso. Ha sentore di mela verde, crosta di pane anche spezie. In bocca è fresco, sapido e persistente. Possiamo berlo come aperitivo o in abbinamento agli antipasti come prosciutto e melone e crostini di fegato. Lo berrei anche con mozzarella di bufala con acciughe e pomo-

dorino alle foglie di limone. In Giappone starebbe bene con le ossa di pesce fritte, con un tocco di sale."
Gli abbinamenti sembrano non finire e scatenano la bagarre: lui nomina, tra gli altri, il salmone norvegese affumicato con ricotta di pecora.
José urla "No! Salmone con ricotta di pecora?!"
Ma vince lui, che non urla perché non sa come si fa, ma non arretra. Anzi rilancia per stupire con "Ossa di pesce fritte". *Noblesse oblige*. In questo caso dobbiamo riconoscere la supremazia della cucina nipponica. Anche José si ritira e tace mortificando la sua bella voce impostata che potrebbe sovrastare quella misurata e monocorde di Shigeru. Ma la nostra ospite si riprende la scena proponendo un abbinamento musicale: Bollani che suona Gershwin. Mi congratulo con me stesso per aver costruito questo blend raro di persone, per aver scelto Shigeru, per essere venuto in Sicilia. Mi sembra di non aver fatto errori, perché il valore sta nelle differenze e nei contrasti apparenti. Shigeru e José hanno poco in comune ma intorno a questo tavolo sono la prova provata delle opportunità offerte dall'integrazione e dalla discussione. Se tu sei bravo, io ti copio per essere almeno bravo come te, ma se ne ho l'opportunità vado "in fuga" e ti supero. Mi piacerebbe che a questo tavolo ci fossero anche Matteo, Marcello, Camilla e Alessandro Lunelli, i cugini che portano avanti questa azienda fantastica che è Ferrari. Questi ragazzi ancora molto giovani hanno ereditato la più importante cantina di bollicine metodo classico italiana. Un'eredità non semplice da gestire. Ma sono stati e sono molto bravi. Questo Perlé 2006 ne è la prova.

Mai distribuito utili!

È stata la risposta decisa alla mia domanda.
Oscar "Perché?"
José "Perché l'azienda deve contare sui capitali propri per espandersi e non sui soldi di terzi."
Oscar "Ma perché fate ancora poco all'estero?"
José "Il mio progetto è di andare in Cina, ma nel passato abbiamo avuto così tanto successo in Italia che forse abbiamo un po' trascurato le esportazioni."
Oscar "Adesso stai per bere il re dei vini, il Barolo. Un Barolo di Pio Cesare, Ornato 2008. Pio Boffa, il figlio di Cesare, è mio amico e coe-

taneo. Anche lui si è accollato un'eredità non facile. Ma ha saputo portare avanti un marchio così importante con grandi capacità. Ci vediamo poco perché lui è sempre all'estero. Lui sì che esporta tanto, non so di preciso, ma di sicuro più della metà. Questo è un grande Barolo, di un cru raro: Ornato. E anche di un'annata che in Langa è venuta veramente bene. Che ci metteresti su un Barolo?"
José "Un notturno di Chopin!"
Oscar "Brava, ci sta! Parliamo ancora del tuo progetto di internazionalizzazione."
José "Voglio andare in Cina. Mi piacerebbe portare tre vini italiani. Bollicine, Piemonte e Sicilia. Formare una persona possibilmente cinese e in capo a due-tre anni far partire un bel flusso di export dall'Italia. C'è forse anche la possibilità di far finanziare dalle banche le spese di internazionalizzazione, non solo i macchinari e le cantine."
Oscar "Ma tu ti poni il problema della situazione socio-politica del Paese dove vuoi esportare? Io considero la Cina la summa dei peggiori difetti del comunismo e del capitalismo e mi faccio dei problemi. Probabilmente aprirò, ma non direttamente, con una soluzione di franchising."
Per la prima volta Shigeru interviene senza essere direttamente chiamato in causa. Il tema è caldo anche per lui.
Shigeru "Sono assolutamente d'accordo!" Eh, ci credo. I cinesi non sono molto amati dai giapponesi, per usare un eufemismo. Secoli e secoli di guerre… e ora gli hanno pure rubato un sacco di lavoro. "Volete sentire il mio parere sul Barolo? Si sente che è un vino di grande struttura. Il colore è rubino intenso. Profuma di rosa, tabacco, liquirizia, minerali e catrame. Anche di cuoio, ma poco. Il sapore è caldo e pieno di frutta matura con tannini morbidi concentrati. Si può abbinare con piatto piemontese come lepre in umido, stracotto di manzo con wasabi, bra 'ciuc' e toma stagionata."

La Sicilia è un continente di vini

Stiamo per passare al vino scelto da José e quindi il nostro tempo sta per finire. Ma io devo ancora capire qualcosa di questa terra. "Ma tu sei contenta dei vini siciliani?"
José "Molto! La Sicilia è un continente di vini. Sono contenta per

quanto riguarda la qualità e la ricerca. Non posso ancora essere contenta della quantità. Siamo pochi a produrre e pochi a imbottigliare. Solo il 40% del vino prodotto in Sicilia finisce in bottiglia. Il resto parte sfuso principalmente verso le regioni del Nord dove è sempre andato. Anche l'indotto è scarso. Siamo ancora costretti a far arrivare da fuori i tappi, le bottiglie, le etichette, i cartoni. Inoltre bisogna imparare a fare rete tra produttori per riuscire ad affrontare le difficoltà di agire su mercati lontani."

Non si possono contestare le affermazioni di José sulla necessità di fare sistema, ma è vero che noi italiani non siamo portati ad agire in gruppo. Su questi limiti, che ci fanno perdere grandi opportunità, bisogna lavorare molto. Anche con soluzioni forti e anti-modello, altrimenti ci vorrà troppo tempo per cambiare brutte abitudini consolidate.

Sono quasi alla fine del mio viaggio. Il quadro siciliano che esce dalle parole (direi dal canto a questo punto) di José è quanto mai stimolante. Quando la Sicilia sarà in grado di valorizzare e imbottigliare qui tutto il vino che può produrre, avremo raggiunto l'obiettivo. In questo sogno la Sicilia ha il socio più formidabile del mondo: la natura. In questo sogno i produttori "in fuga" non disturbano nessuno, non inquinano e non peggiorano la qualità della vita delle persone che ci lavorano, anzi di sicuro la migliorano. Non danneggiano le bellezze naturali e artistiche. In questo sogno faranno davvero crescere il prodotto interno lordo siciliano e andranno a vendere sempre più nel mondo. Questo sogno, portato a livello nazionale, può essere lo spirito guida per altri settori produttivi che si trovano nella stessa situazione della viticoltura, settori che hanno grandi potenzialità da sfruttare. L'agroalimentare in genere, ma anche il turismo, il design, la moda e l'arte italiana, antica e contemporanea, in tutte le sue forme.

Ci aspetta il gran finale. Un po' di domande scoppiettanti e un po' di risposte divertite.

Oscar "Vuoi che la tua azienda cresca nei prossimi anni?"
José "Non troppo, ma forse vorrei diversificare utilizzando il nostro marchio, sviluppando altre forme d'arte: tessuti per esempio."
Oscar "A casa sei casalinga?"
José "No, ma sono mamma. In casa mi faccio aiutare. Mio marito sceglie i menu e qualcuno se ne occupa."
Oscar "E adesso l'alternativa del diavolo: un grande impresario ame-

ricano ti offre una tournée favolosa come cantante solista, ma ti chiede per un anno di non occuparti del tuo vino. Accetti?"
José "Sì, se posso portarmi anche il marito, che è musicista. Ci sto e mi scelgo pure un nome d'arte: Donnafugata!"
Oscar "Ma chi ti toglie dai tuoi vini? Non ci credo! Quante vendemmie hai fatto nella tua vita?
José "Ventitré. Tutti gli anni dal 1990 al 2013. Non sono molte, ma sono state molto significative. E poi la vendemmia del 2012 l'abbiamo fatta in streaming da Contessa Entellina. La notte del 10 agosto abbiamo trasmesso in diretta la raccolta dello chardonnay al chiaro di luna. Non me lo dimenticherò mai!"
Ha ragione José di andar orgogliosa della sua azienda e non ci pensa che pochi secondi, quando glielo chiedo, a scegliere il suo vino da degustare: "Ben Ryé!". Figlio del vento di un'isola magica: Pantelleria. Rimpiango solo di berlo senza un contrafforte per il mio stomaco, i più sceglierebbero un dolce siciliano a base di ricotta fresca. Io invece vorrei un formaggio erborinato o anche un fegato grasso fresco cotto in padella. Sogno a occhi aperti mentre Shigeru ce lo racconta.
Shigeru "Questo 2010 ha grande complessità! L'uva con cui è fatto è zibibbo (moscato bianco d'Alessandria) e mi ricordo di quando l'ho assaggiato direttamente dalla pianta, qualche anno fa a Pantelleria. Il colore è dorato brillante con riflessi ambrati. Al naso ha sentore di frutta matura come albicocca, pesca, fichi secchi e agrumi canditi. Si sentono il miele e i minerali. In bocca dolce delicato, aromatico, ma molto fresco. Io un vino così lo berrei anche da solo, come vino da meditazione."
Adesso ce ne dobbiamo proprio andare. Ripercorriamo nel sole la spianata che sta di fronte all'azienda e ci salutiamo. Portiamo con noi il ricordo di una mezza giornata in crescendo: all'inizio una signora che ci ha ricevuto con un po' di giustificato sussiego da "donnafugata" in carriera, con un accento controllato e un po' di citazioni anglomanageriali. Alla fine una donna siciliana che ci saluta con calore lasciando fluire con molta disinvoltura la parlata di quest'isola, passando per un intermezzo musicale sofisticato e romantico. Che dire? Passato e futuro di quest'azienda mi sono stati spiegati. Andandomene, mi piace pensare che la storia di coraggio di questa famiglia possa essere di buon augurio e di esempio per tutti quelli che hanno voglia di intraprendere.

Schede enologiche dei vini degustati con José Rallo
Shigeru Hayashi

Riviera Ligure di Ponente Braie 2011 Durin
Tipologia bianco
Uve 100% pigato
Vinificazione e affinamento macerazione a freddo, solo acciaio, alcuni mesi di affinamento in bottiglia
Zona di produzione Liguria

Colore giallo paglierino con riflessi dorati. Il profumo è ampio, con frutta in evidenza (pesca, pera). Riconosco anche miele, erbe e una punta di salmastro. In bocca è sapido, morbido, pieno e succoso.

Abbinare con capponmagro alla ligure, scaloppine al limone, riccio di mare crudo con wasabi, sushi di pesce con sale e limone. Lo vorrei provare con un formaggio giovane, come il pecorino toscano.

Pigato, vermentino, "una faccia una razza": dite così, voi, giusto? La famiglia infatti è la stessa. Mi hanno detto che pigato nel dialetto ligure significa "macchia mediterranea": questo vino è figlio del mare, del vento e del sole. Forse per questo mi piace così tanto da non stancarmi mai di berlo?

Verdicchio dei Castelli di Jesi Classico Villa Bucci Riserva 2008
Tipologia bianco
Uve 100% verdicchio
Vinificazione e affinamento almeno 1 anno e mezzo in botti grandi di rovere di Slavonia, cui segue 1 anno di bottiglia
Zona di produzione Marche

Colore giallo paglierino chiaro con riflessi verdi. Profumi di frutta matura come albicocca e pera. Sento anche la salvia, la zagara, pietre e altri minerali. In bocca risulta sapido, pieno e rotondo. Molto elegante.

Abbinatelo alla zuppa di cozze con aglio e burro, oppure con aragosta alla griglia e salsa di soia. Credo sarebbe perfetto con un gran misto di tempura.

Ampelio Bucci è un amico, mi piace dirlo! Veniva da me a Milano negli anni ottanta, quando lavoravo al ristorante. Era interessato e curioso, voleva conoscere la cultura giapponese e, in questo modo, il mercato giapponese. Oggi posso ricambiare l'amicizia facendo sapere a tutti che il Villa Bucci Riserva è uno dei miei vini preferiti in assoluto!

Trento Brut Perlé 2006 Ferrari
Tipologia spumante Metodo Classico
Uve 100% chardonnay
Vinificazione e affinamento almeno 5 anni sui lieviti selezionati in proprie colture
Zona di produzione Trentino

Colore giallo paglierino con riflessi dorati. Il perlage è ricco, ordinato e persistente. Profumi fini e intensi, con sentori di mela verde, crosta di pane e spezie. In bocca è sontuoso, morbido, quasi burroso, piacevolmente saporito e lunghissimo.

Possiamo gustarlo come aperitivo, ma anche con un antipasto.
Secondo me è si sposa bene con "ossi di pesce fritto" e un tocco
di sale. Con mozzarella di bufala, acciughe e pomodorini alle foglie
di limone sarebbe ottimo. Adesso che ci penso, è un vino perfetto
a tutto pasto!

Se devo scegliere tra una Ferrari e un Ferrari, scelgo un Ferrari
(da portare su una Ferrari!). Per me una delle 2-3 cantine italiane
che possono confrontarsi con lo Champagne, senza dubbio.
Sarebbe piaciuto ai samurai di Kyoto, quando festeggiavano
la fioritura dei ciliegi e invitavano i loro illustri amici.

Barolo Ornato 2008 Pio Cesare
Tipologia rosso
Uve 100% nebbiolo
Vinificazione e affinamento macerazione di 15 giorni, maturazione
in legno francese per 38 mesi (70% barrique nuove, 30% botti
di rovere da 25 hl)
Zona di produzione Piemonte

Colore rosso rubino intenso con riflessi granata. Profumi di rosa,
tabacco, liquirizia e goudron. Leggero cuoio sul finale. Il palato
è caldo, pieno, con tannini morbidi ma nello stesso tempo fitti.
Strutturato, persistente e armonico.

Abbinare con piatti forti piemontesi, come lepre in umido. Ottimo
con lo stracotto di manzo al wasabi. Io lo berrei anche con formaggi
tipo Bra "ciuc" di due anni e tome stagionate.

Da quattro generazioni questa cantina produce vino nel centro
storico di "Alba Pompeia", attingendo le uve dalle migliori vigne
di Langa. In particolare, il Barolo Ornato arriva da Serralunga, che
secondo molti (e Oscar tra questi!) dà i migliori Barolo di tutta la
denominazione.

Passito di Pantelleria Ben Ryé 2010 Donnafugata
Tipologia passito
Uve 100% zibibbo (moscato d'Alessandria)
Vinificazione e affinamento 30 giorni di appassimento al sole, 7 mesi di affinamento in vasca di acciaio, 12 mesi di bottiglia
Zona di produzione Sicilia

Colore dorato brillante con riflessi ambrati. Al naso sa di albicocca, frutta secca (fichi in particolare), miele e uva passa. Cenni canditi sul finale. In bocca è dolce, ma non stucchevole, ottimamente bilanciato tra dolcezza e acidità. Morbido, rotondo, lunghissimo.

Vino da meditazione per eccellenza. Però gustatelo anche con la pasticceria, i cannoli e le cassatelle siciliane. Il mio sogno è di provarlo un giorno con sushi e sashimi: secondo me ci sta a meraviglia!

Ricordo ancora quando, tanti anni fa, sono andato per la prima volta a Pantelleria con Antonio Rallo. Ciò che mi colpì di più fu il vento, incessante e fortissimo. Questo vino è figlio del vento e del sole, e quando lo versi nel bicchiere, sembra di bere la luce e il calore del Mediterraneo. Un miracolo!

Planeta: Francesca e Alessio Planeta
Nei posti belli si fa il vino buono

Tentiamo di redimere la nostra terra

Siamo partiti dal paradiso e chiudiamo nuovamente in paradiso. Questa volta è l'Eden irripetibile della Sicilia che ci accoglie. È pomeriggio, è primavera, la luce è quella dorata del sole che inizia a scendere. Siamo sulle rive del lago Arancio, nel Belice, che a me desta solo brutti ricordi del solito malgoverno sui disastri naturali. Ma oggi qui tutto sembra dimenticato. Il paesaggio è di quelli che ti entrano dentro attraverso la pelle, attraverso il naso, attraverso il cuore. Gli occhi sono importanti ma non sufficienti per goderne appieno.
Arrivando abbiamo visto cavalli liberi con le criniere bionde al vento. Cavalli bianchi che corrono. Ho immaginato che uno di questi fosse il cavallo bianco di Vidal. Il miglior testimonial della storia della pubblicità. Non invecchia, non combina cavolate, costa poco ed è bellissimo. Lo racconto ai miei due soci, che ridono. Sembra davvero di essere dentro un sogno, oppure dentro a uno spot di Vidal.
Sullo sfondo, in punta ai colli, le pale eoliche. Cavalli e vento: sempre di forza motrice si tratta, e sempre della natura genitrice, che dà tutto, ma qualche volta prende. Sulle pale eoliche c'è polemica. Alcuni sostengono che deturpino il paesaggio, che il gioco non valga la candela. Non ho elementi per dire la mia sulla convenienza economica. Per quanto riguarda l'impatto, affiderei il problema a giovani architetti italiani. Le pale eoliche italiane dovrebbero esse-

re diverse. Io le farei color cielo e nuvole. In Sicilia la natura è piena di meraviglie, anche nell'arte e nella letteratura la Sicilia non si è risparmiata. Ha però perso un po' il controllo del suo prodotto più raffinato, l'uomo. Per fortuna in una percentuale bassa di esemplari, i quali tuttavia hanno rubato a molti altri l'armonia, il benessere, la qualità di vita. E poi continuamente ci sono quelli che, come i Planeta, dicono "tentiamo di redimere la nostra terra". Ho scelto di venire da loro anche per capire come possiamo farlo tutti insieme.

Siamo nella tenuta di Ulmo a Sambuca di Sicilia. Ci ricevono i due cugini, che conosco: Francesca e Alessio Planeta. Ci portano a tavola. "Mangiate una pasta?"

Conoscete un modo più italiano di ricevere un ospite? Conoscete un modo più facile per chiacchierare e discutere di massimi sistemi? Ci sediamo a tavola e incominciamo a girare intorno agli argomenti che mi interessano, mangiando e bevendo, naturalmente all'aperto, all'ombra fresca di un pergolato, al centro di una corte assolata.

Qui regna il "Noi". Ma il noi di questi cugini che si vogliono bene è a più dimensioni: è riferito alla comunità proprietaria (quindici cugini), alla leadership plurale affidata a tre di questi quindici, ai sei interessati in vari modi nella conduzione, ma anche alle generazioni coinvolte che ancora si confrontano (almeno due). Infine è un "Noi siciliani" pieno di orgoglio e compiacimento per i successi ottenuti negli ultimi ventotto anni di lavoro. La pasta è ottima, condita con le verdure e profumata alla menta, l'insalata è piena di sapori genuini, le fragole sono del giardino. Il vino, è quello della casa, buonissimo. Questa è l'Italia che amo.

La storia dell'azienda Planeta è quella dell'intuizione felice di un patriarca, il nonno di questa famiglia, e di un padre, quello di Francesca, Diego, nato nel 1940: un mito.

Francesca è quel che si dice dalle nostre parti, una "bella gnocca". Bionda con gli occhi chiari, ci racconta che ha una madre inglese. Oggi indossa stivali. Le dico, scherzando, che lo fa per civetteria, per stupire un gruppo di clienti norvegesi che l'hanno assediata dalle dieci del mattino. Non ha trucco, ha i capelli un po' spettinati, parla tranquilla, con un lieve accento siciliano. Quello del cugino è più marcato.

Mio nonno era un barone siciliano

Alessio ci racconta che suo nonno era un barone siciliano. Lo dice senza enfasi, né falsi pudori, ma aggiunge: "Un tipo particolare di barone: faceva l'imprenditore agricolo qui a Sambuca". Ci facciamo raccontare del nonno, il barone. Un agricoltore "moderno", quando la Sicilia era in preda al banditismo, le campagne erano insicure, c'era povertà, c'era malaria. All'inizio del Novecento, lui fonda una cantina sociale, la Settesoli, a Menfi, che oggi conta duemila soci e 6000 ettari di vigneto. In questa zona l'agricoltura funziona.

Alessio forse è più ciarliero di Francesca, ma nella misura di quest'ultima, si intuisce un totale allineamento con le parole del cugino, che per primo ci parla di Diego. Oggi la Settesoli è un colosso che esporta in tutto il mondo. Ma il nonno, il padre di Diego, per la famiglia ha concepito un altro disegno. Anziché dividere le proprietà tra i figli, sette in tutto, tre maschi e quattro femmine, le ha fuse in un'unica grande Società per Azioni.

Fino a metà degli anni ottanta la famiglia è stata socia della Settesoli, poi, cresciuta la terza generazione, quella di Alessio e Francesca per intenderci, quindici tra fratelli e cugini, è uscita dalla cooperativa e si è messa a far vino in proprio. Ha funzionato e funziona, perché la famiglia è davvero all'antica, sono sempre tutti insieme, dividono gioie e dolori, festività e vacanze. Tra me e me penso a quante differenti formule di cooperazione famigliare abbiamo incontrato nel nostro viaggio. Ovunque il patriarca sceglie in funzione dei valori di casa sua e delle qualità dimostrate dai discendenti. Ognuna di queste soluzioni opera in modo distinto per merito della scienza, conoscenza e coscienza del capo famiglia. In questi casi di successo, si trova sempre un avo che ha dimostrato doti di lungimiranza socio-economica, ma soprattutto antropologica. Penso che le aziende comincino dal prodotto. L'imprenditore deve conoscere bene qual è l'oggetto del suo progetto, deve dargli una forma, una sostanza e un valore da condividere con i suoi compagni di avventura. Ma, una volta individuato l'oggetto d'impresa, deve anche saper valutare le persone che lavorano con lui, oppure andare a cercarle una per una, perché sono le persone a determinare vita o morte delle aziende. Ciò vale anche per le aziende familiari. Quelle che hanno funzionato hanno tutte avuto un capo che ha trovato la formula giusta e poi ha scelto i successori all'interno della famiglia, combinandone bene i ruoli. Delle altre si è persa la notizia.

La Sicilia era lontana anni luce dal mercato

Alessio "Il progetto Planeta nasce nel 1985, sotto la spinta di Diego. Parte piantando 50 ettari di vigna qui intorno. Pochi anni dopo noi tre avevamo terminato il nostro processo formativo: lei, Francesca, aveva fatto Comunicazione, mio fratello Economia e Commercio, io Agraria ed eravamo pronti per entrare in azienda. Se tu ricordi, nel 1980 la Sicilia era all'apice della sua fase produttiva: 10 milioni di ettolitri di vino, 180.000 ettari di vigneto, ma era lontana anni luce dal mercato. Tutto il vino veniva conferito alle cantine sociali che lo vendevano sfuso e distillavano le eccedenze. C'erano pochissime aziende che commercializzavano direttamente il proprio vino. Nel 1986, con lo scandalo del metanolo, calano i consumi e finisce il processo che aveva portato i viticoltori a produrre per le cantine sociali. Io sono del 1966, lei è del 1971. In quegli anni sotto la guida di Diego creiamo questo grande campo sperimentale."
Oscar "Era un figo questo Diego!"
Alessio e Francesca in coro: "Lo è ancora!"
Nascono cugini ma diventano fratelli. Il merito è della loro buona indole ma sicuramente anche del carisma di questo Diego, della generosità degli altri fratelli, della condivisione di un'idea forte.
La storia parte quindi da un nonno, militare integerrimo, ben immune dalla malattia mafiosa, da un territorio da sempre vocato all'agricoltura e alla viticoltura, ma "lontano dal mercato". La Sicilia già nell'Ottocento aveva 330.000 ettari di vigneto. Nella prima parte del Novecento il vino siciliano è molto, ma senza nome e senza storia. Dopo lo scandalo del metanolo, quando in Italia tocchiamo il fondo dell'inettitudine, i volumi diminuiscono drasticamente. Diego nel frattempo ha completato la sua formazione personale. Qui lo raccontano come uno scavezzacollo, cacciato dalle scuole per difetto di comportamento, viaggiatore appassionato, con poco denaro in tasca, ma capace di frequentare la buona società, gli amici ricchi e anche internazionali. In Spagna conosce una donna inglese e la spo-

sa. A questo punto della storia incominciamo a intravedere il concetto di "grande patrimonio, poco reddito e quindi poca liquidità". D'altronde intorno alla Seconda guerra mondiale, prima e subito dopo, ricchi e poveri venivano educati allo stesso modo: non si avanza il cibo nel piatto, non si butta il pane, gli abiti e le scarpe si consumano prima di buttarli via. Ricchi e poveri si differenziavano per il patrimonio, non tanto per il portafoglio.

Alessio "Diego nel 1985 è pronto. Fonda questa nuova grande azienda familiare coinvolgendo Francesca e noi nipoti. Diventa presidente dell'Istituto Regionale della vite e del vino e incomincia a dirottare il denaro pubblico ottenuto verso la ricerca e l'innovazione, portando in Sicilia studiosi famosi come Giacomo Tachis, l'enologo, e Attilio Scienza."

Oscar "Giacomo Tachis e Attilio Scienza hanno davvero fatto la storia del vino in Italia. Abbiamo sentito i loro nomi da molti produttori eccellenti."

Alessio "È Vero. Così la cooperativa Settesoli diventa un colosso da 500.000 ettolitri di vino per seimila ettari di vigneto, senza contare le altre attività agroalimentari. Questo è un pezzo di Sicilia che, grazie alla sua vocazione agricola, non garantiva troppo denaro, ma liberava le persone dal bisogno. Qui siamo sempre stati abbastanza lontani dai vizi tremendi dell'isola."

Continua Francesca.

Francesca "Fino al 1985 in questa zona si coltivavano prevalentemente due vitigni, il trebbiano e il catarratto. Quando parte il campo sperimentale dei Planeta si cominciano a coltivare fino a trentacinque varietà, sia autoctone, sia internazionali."

Alessio "Per Menfi la Settesoli è come la Fiat per Torino. L'enologo di quei tempi era un piemontese di Alba, Torrengo, e a Menfi l'enologo era come il parroco, il sindaco e il farmacista messi insieme. Noi eravamo ancora parte della cooperativa ma stavamo cominciando a staccarci. Ti do un numero: avevamo 90 ettari coltivati a carciofi. Un'esagerazione!"

In questo preciso momento arriva in tavola l'insalata e la curiosità passa dal vino all'olio. I Planeta fanno un ottimo extravergine. Ma sull'olio dovrei scrivere un altro libro, perché l'olio è come il vino, unisce la terra al cielo.

Alessio "Avevamo dei terreni proprio sul mare. Ti lascio immagina-

re le tentazioni a trasformare quei terreni in villette a schiera. Noi invece, abbiamo piantato 100 ettari di ulivi con il frantoio al centro e lì facciamo il nostro olio." Ecco un esempio di coraggio: rinunciare a un facile guadagno immediato, per investire sul futuro. Ho un sacco di curiosità sull'olio siciliano, sugli ortaggi, sugli agrumi ma non posso divagare: "Che fatturato fate oggi?"
Alessio "13 milioni."
Oscar "Molto. Siete stati bravi, partendo da zero!"
Alessio "Siamo soprattutto stati bravi nel lanciare molti progetti, nell'innovare."
Oscar "Guadagnate soldi?"
Francesca "Sì, ma li reinvestiamo."
Oscar "Non pagate dividendi?"
Francesca "Il minimo indispensabile per pagare i nostri stipendi, gli altri li reinvestiamo. I soci, le zie e gli zii, vivono sobriamente. Il vero grande privilegio è poter vivere qui, in questo paradiso! Vivere qui ti dà tutto! La vita costa meno e godi di valori molto più grandi."
Oscar "Come è andata la prima parte dell'anno?"
Alessio "In Italia siamo a pari con l'anno scorso, che è già un miracolo. All'estero invece cresciamo del 30%, ma non penso che terremo questo ritmo per tutto l'anno."
Ascolto attentamente degustando gli oli che mi hanno fatto trovare sul tavolo. Sono davvero buoni. Sanno di pomodoro verde. Uno in particolare, l'Ulmo, mi piace più degli altri, in bocca sembra un "cuore di bue" condito. Ma il racconto attira tutta la mia attenzione di albese Doc.
Alessio "Nel 1989 il nostro vecchio enologo ci lascia perché decide di tornare dalle sue parti, che poi sono anche le tue. In quel momento Diego è in giro per l'Australia e, in Australia, trova un enologo straordinario, lo convince a tornare in Italia. Si chiama Carlo Corino, nativo di, non ci crederai, Alba."
Oscar "Anche lui! Trovato in Australia! Fantastico, noi albesi siamo come il prezzemolo. E poi, cosa succede?"
Alessio "Corino ha una bella storia, ha viaggiato e lavorato nel mondo, in Etiopia prima, in Australia poi. Nasce nel 1940, è della stessa generazione di Gaja, di Antinori, e anche di Diego. E ha l'esperienza giusta per Planeta, perché unisce l'approccio piemontese e il rispetto per il vino, tipico vostro, all'esperienza sviluppata

in Australia, nel Sud del mondo. Tra l'altro suo padre, Mariano, ha dedicato una vita alla traduzione dal latino del Bocci *Storia naturale del vino*."
Oscar "Incredibile, la fortuna di Planeta, una delle aziende vinicole di maggior successo in Italia, è stata possibile grazie all'intervento di ben due Albesi! Ne sono davvero orgoglioso!"

Ragazzi, che ne dite se compriamo un'azienda a Noto?

A questo punto, sempre alternandosi, i cugini raccontano le ragioni del loro successo: "Abbiamo gestito il passaggio generazionale mantenendo il giusto rapporto tra di noi e ognuno rispettando il ruolo dell'altro."
Oscar "La vostra famiglia sembra perfetta. Quasi difficile da credervi. Come si ottiene un risultato così? Lavorando sull'educazione dei bambini, o solo grazie al naturale rispetto per i legami familiari?"
Alessio "Noi facciamo così: ci riuniamo e sottoponiamo le scelte a tutti gli azionisti parenti. Come quando abbiamo comprato a Noto. Abbiamo chiesto se andava bene e loro hanno risposto 'C'è un progetto? Allora va bene!'"
Velocità e fiducia. Mi piace.
Oscar "Dai, andiamo avanti con la storia."
Francesca "Nasce la prima cantina, per la quale nel 1995 investiamo un importo pari a tutto il fatturato dell'azienda agricola. Un coraggio che ci ha ripagato. E poi si pone la questione della scelta del nome. Planeta, d'accordo, ma con o senza titolo nobiliare? Senza!"
Oscar "Bravi. Informali ma autorevoli. La scelta che avete fatto è frutto del vostro modo di intendere la vita e il rapporto con gli altri. Una decisione così, presa da siciliani, è strana. In genere il troppo orgoglio vi penalizza. Rinunciare al blasone sull'etichetta è l'indice di un orgoglio misurato. Ma siete stati tutti d'accordo o è stata un'imposizione di tuo papà?" Mi rivolgo a Francesca.
Francesca "Tutti d'accordo. Io per prima. Avevo già vent'anni, con una voglia matta di occuparmi di comunicazione. Non me ne fregava niente del blasone. Volevo parlare del vino."
Oscar "Perché puntate sul vino e non su un altro prodotto agroalimentare?"

Alessio "Chicca, posso rispondere io? Perché il vino scorreva da sempre forte nelle vene della famiglia. Era l'asse portante della nostra attività, anche se allora era vino sfuso, senza etichetta."

Senza debiti non c'è stimolo a crescere

Ci raccontano la storia del finanziamento dell'investimento. Un'intuizione felice di Francesca (che da questo punto della chiacchierata in poi Alessio chiama Chicca). Si trova a Torino per uno stage, a ventidue anni, prende contatto con il responsabile di Continente (grande distribuzione del gruppo Garosci) e con lui e Alessio organizzano una vendita diretta, dal campo al negozio, di agrumi siciliani con il marchio Planeta che, visto il successo, durerà per quattro anni.
Oscar "Quindi Planeta prima di essere vino è arance. Non sarà mica che dalle vostre arance 'spremute' sgorga la liquidità necessaria per la nuova grande cantina?"
Francesca "Sì. Devo dire che siamo stati intraprendenti. Certo non sono bastate le arance da sole, ma grazie a loro ci siamo fatti meno debiti."
Evidentemente erano tante quelle arance. Tonnellate e tonnellate. Stiamo parlando del 1993, io avevo trentanove anni e lavoravo su Torino. Ne avrò mangiate pure io di quelle arance. È la terza volta che il Piemonte entra positivamente nella storia dei Planeta.
Avanti con i numeri, i due cugini non hanno esitazioni. Li ricordano perfettamente. Nel 1996, 100.000 bottiglie; nel 1997, 120.000 e avanti così, per arrivare nel 2012 a 2 milioni e 200.000, 45% in Italia e 55% all'estero.
Francesca "Schizziamo da subito come un tappo di Champagne! Nel 1998 siamo azienda dell'anno per il Gambero Rosso."
Calcolo che crescendo per 16 anni di fila di un 20%, si passa proprio da 100.000 a 2 milioni. Non sarà stata così regolare la crescita ma la media è questa.
Oscar "E i ruoli tra voi due?"
Alessio "Io facevo l'enologo perché nel frattempo Corino ci seguiva solo come consulente. Ci aveva lasciato e si era trasferito in Toscana."

Francesca "Io andavo in giro a vendere, quando il vino siciliano non era affatto benvisto. Ero costretta a raccontare che nel nostro vino c'era più merlot che nero d'Avola perché il nero d'Avola allora non era richiesto. Sai, le famose bugie bianche dette a fin di bene!"

Non ho le unghie da fighetta milanese

Alessio "Decidiamo anche di non restare confinati nella Sicilia orientale e così ci espandiamo sin dal 1996: prima Vittoria, poi Noto nel 1998, poi sull'Etna nel 2006, infine Milazzo nel 2010.
Oscar "Comperate vigne?"
Francesca "No. Comperiamo terreni. Siamo gelosi. Ci piace fare tutto noi. A noi piace mettere le mani sotto terra e scavare. Guardami le unghie! Non sono da fighetta milanese!"
Come si sta bene sotto questa pergola. Già si sono svuotate due bottiglie di Planeta, tra cui un Etna rosso, così buono, che mi ha fatto drizzare le orecchie. E ora, tanto per non farci mancare niente, ci prepariamo a degustare i quattro vini che ho portato per loro. D'altra parte è l'ultima visita. Giuro che da domani mi metto in dieta alcolica, niente vino per una settimana almeno. Ho bevuto così bene in questo giro d'Italia che voglio ricordarmeli tutti questi vini (appunto) memorabili.
Il primo è il Pietracalda, un Fiano di Feudi di San Gregorio, fiano al 100%. Racconto le ragioni dei vini portati e chiarisco la mia totale contrarietà verso le degustazioni cieche: bisogna sapere cosa si beve perché è importante valorizzare, anche durante la degustazione, i valori immateriali che il produttore sa infondere ai suoi vini.
Alessio è un grande estimatore di questo vitigno che viene anche coltivato in Sicilia e da loro stessi. Sostiene che è un vitigno importante destinato a diffondersi moltissimo nel mondo nei prossimi venti anni. Anche se la resa è completamente differente se coltivato nei terreni argillosi vicino al mare o tra le rocce vulcaniche come in Campania. Francesca si dichiara una bianchista convinta e assaggia il vino dimostrando grande competenza. Mentre aspettiamo il verdetto di Shigeru mi faccio raccontare la storia delle vigne di Vittoria e Noto, alla ricerca dei vitigni autoctoni.

Prima di comprare un terreno ci andiamo cinquanta volte

Alessio "Mentre a Menfi siamo innovatori, altrove siamo tradizionalisti, solo vitigni locali. A Vittoria solo cerasuolo di Vittoria che è l'unico Docg siciliano di quel territorio. Lì, abbiamo comprato il primo terreno fuori casa, poi abbiamo piantato i vitigni e, con calma, iniziato a fare il vino. Dopo Vittoria, Noto, l'angolo più a sud della Sicilia, che è la zona originaria del nero d'Avola."
Francesca "Proprio il contrario di quello che io stavo chiedendo all'azienda. Nessuno voleva il nero d'Avola. Io chiedevo chardonnay e merlot e loro piantavano il nero d'Avola. Ma alla fine è andata bene così!"
Oscar "Avevate capito che la biodiversità italiana vi avrebbe premiato!"
Alessio "In realtà noi siamo andati alla scoperta di quel grande continente del vino che è la Sicilia. Noto era un tappeto di vigna fino agli anni sessanta, poi la viticoltura è scomparsa perché non è nata la cooperazione. Noto è ancora l'unico posto in Italia dove si trovano veri palmenti, cantine nelle quali gli agricoltori possono portare le proprie uve a pigiare e ritirare il mosto dopo ore, anche una nottata, d'attesa. Una tradizione siciliana."
Oscar "Ma voi due siete coscienti del fatto di essere responsabili della diffusione del Nero d'Avola? Noi del Barolo siamo incazzatissimi perché ormai un sacco di gente al ristorante ordina il Nero d'Avola. È un vino di moda. La colpa è dei Planeta!"
Alessio e Francesca "Semmai è un merito! E poi non c'è paragone sul prezzo medio con il vostro Barolo! Il Nero d'Avola è più popolare, più democratico." E mi prendono pure in giro questi nobili siciliani, a me, che sono figlio di un partigiano.
Nel frattempo Shigeru è pronto e così il nostro litigio campanilista si conclude immediatamente senza feriti.
Shigeru "Intanto dico che questo vino è del 2011 ed è fatto vicino a Napoli ma in un luogo dove non c'è clima mediterraneo, più clima di montagna. Il colore che vedo è giallo paglierino intenso. Al naso sento camomilla, albicocca, pera matura. In bocca è asciutto, sapido, fresco e ben bilanciato. Un Fiano di questo tipo si può abbinare con crostacei alla griglia, con funghi porcini alla piastra e salsa verde, con mozzarella di bufala fresca, olio di oliva e pepe bianco."

Questo Fiano piace a tutti. Potrebbe essere un vino da spiaggia, o almeno, visto il caldo, è quello che penso oggi.
Oscar "Il prossimo vino è un Friulano e lo fa il mio socio americano, Joe Bastianich. Lo produce sui colli orientali del Friuli." L'evocazione di Joe Bastianich rivela l'attrazione fatale di Francesca per Joe. La prendo un po' in giro: "Sei gelosa perché è diventato una star televisiva e ha meno tempo per gli amici!".
Reagisce ridendo, ma anche in questo trova una incondizionata solidarietà in Alessio che la difende con vigore dai miei attacchi scherzosi. Questa coesione non si riesce proprio a scalfire!
Shigeru "Anche questo è un vino di monovitigno, il friulano. Si chiama Plus ed è del 2008. È un vino da 14 gradi, un vino da meditazione direi. Il colore è giallo dorato carico. Al naso esprime frutto maturo e mela cotta, agrumi e miele. In bocca il sapore è pieno e strutturato ma anche elegante e fine. È un vino potente. Mi immagino di abbinarlo con un risotto alla milanese. Se penso alla cucina giapponese lo berrei con *shiabu-shiabu* di maiale nero e salsa di semi di sesamo. Ma è perfetto anche senza cibo, dopo cena."
Oscar "Ma dietro questo vino c'è un'idea geniale... non ce l'hai raccontata!"
Shigeru "Ah, sì, chiedo scusa!" Lo dice in modo così onesto, così giapponese direi, che sembra pronto all'*harakiri*.
Shigeru "Una parte delle uve sono appassite: così facendo, ha inventato un vino bianco ottenuto con un processo simile a quello usato per l'Amarone. Solo Bastianich lo fa così!"
Abbiamo mangiato, bevuto vini, siamo diventati più amici, ma la conversazione a volte non scivola. Siamo forse troppo pieni di voglia di dirci cose. Io vorrei sapere da questi ragazzi la ragione della loro ansia di espansione territoriale, in Sicilia. E loro cercano di trasmettermi il senso della ricerca di avventura.
Alessio "La cosa bella è la progettualità!"
Francesca "È bello diversificare. Vinificare sul territorio in modo che nessun vino cannibalizzi l'altro!" Ciò che appare chiaro è che i due hanno una voglia matta di crescere, quindi decido d'impulso di seminare qualche dubbio.
Oscar "Cosa pensate della decrescita felice?"
Ma mentre la formulo mi accorgo che è una domanda sbagliata nel posto sbagliato. Infatti nessuno mi risponde. E il silenzio è la risposta.

Qui si può crescere, ci sono terreni brulli, paesaggi incantevoli con ancora troppo poco turismo, risorse in generale non sfruttate. Non è ancora ora di parlare di decrescita. Semmai di crescita consapevole e sana… E poi lo sanno tutti che, secondo me, la decrescita felice è una cavolata. Non può esistere. La decrescita è sempre infelice perché in questa società colpisce quasi solo le classi meno abbienti. Ma ecco che Alessio dice una cosa forte che rimette a posto la conversazione.
Alessio "Noi stiamo tentando di redimere questa terra! Si deve fare, Si può fare! Per noi questa sarebbe crescita vera."
Con questo anelito ottimista i Planeta guardano a tutta l'isola e costruiscono vigne e cantine ovunque, tornando a valorizzare i vitigni autoctoni: a Vittoria il cerasuolo, a Noto il nero d'Avola, sull'Etna i bianchi e rossi dell'Etna, a Milazzo, l'ultimo dei progetti, ancora incompiuto, il mamertino, il vino di Giulio Cesare. Anche loro sono "in fuga". Hanno preso il largo pedalando verso Vittoria, poi sulle colline di Noto e ora continuano a tirare sulle irte salite dell'Etna, già pronti per la velocissima discesa che li porterà a Milazzo.

Nei posti belli si fa il vino buono

Mentre parlavamo dell'Etna, Francesca ci stordisce con una battuta bellissima.
Francesca "Nei posti belli si fa il vino buono."
Li ispira il *genius loci* dei latini, l'orgoglio di appartenenza a questa terra, la voglia d'intraprendere, di innovare, di passare alla storia. Ma anche la ricerca di bellezza: paesaggi, vigne, etichette, capsule, bottiglie, cartoni. E poi il vino che c'è dentro, che deve essere bello pure lui. È vero: il vino buono si fa nei posti belli! Lo penso anch'io e lo vedo in Langa. A proposito, l'Etna rosso assomiglia molto al Nebbiolo. Me lo hanno servito con la pasta. Molto buono.
Siccome di fronte all'insalata ho sostenuto che in Sicilia conviene venire anche solo per mordere dentro un pomodoro, Francesca ha cominciato a decantare una qualità particolare di pomodori che i Planeta coltivano a Vittoria.
Francesca "Si chiama Kamarino. È piccolo ma non come il Pachino. È dolce, ma anche salato. È buono da morire e poi noi non ci mettiamo niente di chimico."

Non ne aveva a portata di mano ma avrebbe telefonato non so dove per farsene portare un po' da assaggiare. Da quando lo ha detto non ho mai smesso di pensare a quei pomodori… che non arrivavano.
La mia golosità è nota. Ma, quando mi decantano tanto una materia prima, a me prende una voglia irrefrenabile di provarla. È molto più di golosità, è quel che si dice "gola". L'hanno messa tra i peccati capitali, ma io non sono d'accordo. Mentre noto che Francesca prende a cuore il mio problema, telefono alla mano, decido di ingannare l'attesa dei pomodori con un'altra cosa che mi piace tanto: i numeri.
Oscar "Forza ragazzi ditemi un po' di numeri per capire meglio il pianeta Planeta (non è male pianeta Planeta, ma chissà quante volte gliel'avranno detto), ma provate a dirmeli con il cuore più che con la testa o con il portafoglio." Un invito a nozze per i cugini. Alessio parte a raffica, Francesca sospende bruscamente la telefonata e si unisce, alternandosi al socio-cugino. Temo per i miei pomodori.
Alessio e Francesca "Quindici i cugini, 120 i collaboratori, 370 gli ettari di vigna, sei le aziende, cinque le cantine, 2.200.000 le bottiglie, 55% il venduto all'estero, settanta i Paesi. Dieci i giorni di vacanza all'anno – ma quelli che possono vivere in posti come questi sono sempre in vacanza, penso cattivo. Sessantacinquemila, i chilometri all'anno in macchina ciascuno. Cento, i giorni all'anno all'estero per vendere."
Shigeru è stordito, Simona scrive freneticamente nel timore di perdersi qualche numero, io godo: i numeri per me sono armonia. Questi poi, detti così, diventano musica per le mie orecchie. Talmente preso dai numeri che non mi sono neanche reso conto che erano entrati in scena i pomodori.
Oscar "Gran bei numeri. Ma, a parte i valori, mi è piaciuto molto l'ordine in cui li avete detti e poi la rapidità. Vuol dire che conoscete bene i vostri numeri." E via con il mio solito polpettone sull'importanza di conoscere i propri numeri a memoria, la testa e il cuore, la supremazia della matematica… bla, bla, bla. Ma loro sono attenti. Ridono quando racconto che Walter Massa ha messo nell'elenco anche il numero delle banche con cui ha debiti.
Oscar "Me lo fate assaggiare 'sto pomodoro o devo solo sognarlo?"
Francesca "Oscar, vedi tu: è un'ora che rompi con 'sti pomodori e, ora che sono arrivati, non li caghi?"
Il cestino, pieno delle rosse meraviglie, è lì in centro tavola dove qualcuno lo ha posato. Non parlo. Prendo e addento, come fosse

una mela. Niente sale, né olio. Me ne mangio due, così, nudi e crudi come mamma (la Sicilia) li ha fatti.
Oscar "I più buoni della mia vita!"
Lella (Costa) dice che io lo dico ogni volta per ogni cosa. Ma, a parte gli scherzi, questi Kamarino sono proprio incredibili: dolci, si sente il sole dentro, ma anche squisitamente salmastri, si sente la terra buona vicino al mare.
Oscar "Shigeru, che mi fai bere con questi pomodori?"
Shigeru "Il Bric du Luv, Barbera d'Alba del 2007 del tuo amico Beppe Caviola."
Che fortuna, penso. Conosco come le mie tasche questa Barbera. Siamo a livelli altissimi. Beppe Caviola, oltre a produrre i suoi vini, mi fa da consulente in quattro cantine. È un fenomeno.
Shigeru "Il colore è rosso rubino con riflessi violacei. Al naso si sente viola, prugna, cassis e ribes. In bocca è ricco, avvolgente, con una giusta acidità. Questo vino è ottimo da abbinare con bagna cauda e patate giapponesi. Perfetto con maiale al forno all'olio d'oliva e salsa di soia. E poi è il vino ideale per tutti i formaggi stagionati come il pecorino toscano o il Bra duro".
Oscar "Ideale anche con il pomodoro Kamarino dei Planeta. Questo l'hai dimenticato, provali!"
Torno sui numeri. Quante vendemmie avete fatto voi due?"
Alessio "Dal 1991, ventitré vendemmie. Ma la raccolta da noi dura cento giorni, da inizio agosto a fine ottobre."
Francesca "Io diciannove. Insieme fanno quarantadue."
Oscar "Come Angelo Gaja, in due fate come lui. Ragazzi, vivete in un posto fantastico. Io sono innamorato della Sicilia: la amo tanto ma se ci penso mi arrabbio. Siete Regione autonoma (da abolire secondo me, tutte le Regioni autonome), avete 30.000 forestali, il debito alle stelle, il clientelismo..." Attacco.
Alessio "La nostra avventura è iniziata negli anni più brutti della Sicilia. E da allora si può dire che lo sviluppo della viticoltura e del mercato del vino è l'unica cosa positiva successa da queste parti: una vera boccata d'ossigeno per l'immagine della nostra isola."
Oscar "Crocetta vi piace? La Sicilia ce la può fare a uscire da questa situazione?"
Francesca "Crocetta ci piace. Prima di diventare presidente era sindaco di Gela e ha veramente cambiato l'immagine della città."

Alessio "In Sicilia si va avanti per choc. Gran parte degli assessori di Crocetta è bella gente. La Sicilia ce la farà."
Oscar "Sì, lo penso anche io!"
Intanto Shigeru si è dato da fare. Ha versato un altro rosso nei nostri bicchieri, lo ha degustato, e ora ci guarda in attesa di capire il momento giusto per poter intervenire. L'occasione gliela servo io, passando dalla Barbera di Beppe al... "Shigeru, ma ci fai bere francese ora?"
Shigeru "Ecco, sì! Cioè no. Scusate, volevo dire che questo vino è 100% merlot. Però a farlo è il Castello di Ama, una delle più belle aziende toscane. Si chiama L'Apparita, è un 2006. Il colore è rosso rubino intenso. Il profumo è di ciliegia, di sottobosco e sento anche note di caffè, cacao e cioccolato amaro. In bocca è ricco, pieno, caldo. Questo merlot è uno degli esempi migliori di come può diventare questo vitigno e viene da un cru che è un vero gioiello. Io ci sono stato! Sta benissimo con una bistecca di Kobe-Beef e salsa al pepe verde, oppure andrei su un Parmigiano Reggiano di almeno 60 mesi."
Oscar "Anch'io sono stato da Marco e Lorenza Pallante al Castello di Ama, a proposito di posti belli e vino buono. Loro poi sono grandi amanti dell'arte. La loro cantina è praticamente una galleria d'arte, un concentrato di bellezze così, un mix di paesaggio, vino buono e arte, non l'avevo mai visto.

L'Etna rosso per Eataly? Si può fare

Se la Sicilia ce la può fare, io voglio esserci! Amo tutti i vini siciliani ma in particolare sono attratto dall'Etna Rosso che sa di nebbiolo. Me ne sono innamorato, ma ero già ben disposto.
Oscar "Facciamo un Etna Rosso insieme, per la distribuzione attraverso Eataly, sono pronto a qualsiasi soluzione. Ma ciò che preferirei è vigna e cantina in società. Voi lo fate e io lo distribuisco. Non vi sembra una possibilità interessante per tutti? E vorrei anche trovare nuovi canali distributivi per il vino. Ho già cominciato a venderlo nelle librerie: bel mondo, bella gente! Per farle vivere bisogna vivacizzare la bottega, far crescere il giro dei clienti, il vino è un bel tramite. Sono sicuro che insieme troveremo la formula migliore per

tutti. Poi, vi confesso un segreto. Gaja, sì proprio lui, il mitico Angelo, mi ha confessato che farebbe volentieri qualcosa con me. "Mi aspetto una tua proposta", mi ha detto. Magari mettiamo anche lui nell'affare, se vi piace. Avere Angelo con noi sarebbe un valore aggiungo enorme."
Alessio "Oscar, se tu vuoi lo facciamo! Parola!" E Francesca sorride accettando la prospettiva... Quando hanno sentito il nome di Gaja i loro occhietti si sono illuminati.
Non ci resta che degustare l'ultimo vino. Francesca e Alessio hanno scelto il loro Santa Cecilia 2009, un Nero d'Avola in purezza di cui vanno molto orgogliosi. Mi dicono che è il loro vino di punta. Pensavo che Francesca mi volesse fare assaggiare uno dei suoi bianchi. Quando siamo arrivati Simona le ha chiesto quale fosse il nome di un cespuglio fiorito di giallo che stava intorno al lago Arancio. "Alastro, come il nostro vino!" ci ha detto. E poi ha confessato la sua passione per i bianchi. Dunque m'aspettavo un bianco e invece fanno una scelta classica, puntando sul loro cavallo di razza.
Shigeru si prende ancora qualche minuto per finire la sua personale degustazione. E io ne approfitto per pensare che il rapporto di affetto tra questi cugini, il legame familiare forte e sincero è la cifra di questa company. Dico il mio pensiero ad alta voce, aggiungendo: "Non ve lo dico per romanticismo ma per una considerazione economica. La creazione di armonia è la chiave del successo delle aziende. Le aziende di successo creano lavoro. L'armonia è un gioco di equilibri plurimi: giusto impasto umano, giusto dosaggio di creatività e organizzazione, giusta ricerca di innovazione senza dimenticarsi le tradizioni, giusta attenzione al guadagno ma senza perdere di vista i valori etici."
Francesca "Noi ci vogliamo bene!"
Oscar "Esatto, si vede e si sente nei vostri vini che vi volete bene. Quindi, alla tua bellissima frase di prima, aggiungerei che i vini buoni sono fatti da gente che si vuole bene."
Alessio "Vorrei sapere cosa pensa il signor Hayashi del nostro Nero d'Avola..."
Shigeru "Certo, sono pronto! Il colore è rosso rubino intenso con riflessi violacei. Al naso sento prugna, amarena, agrumi e liquirizia. In bocca è strutturato, potente, ma anche vellutato. È un vino equilibrato e piacevole con un finale molto lungo. Sembra più giovane.

Io consiglio di abbinarlo con cuscus di carne, con agnello alla griglia e senape giapponese, oppure con tagliata di manzo e salsa di soia. Il nero d'Avola è un vitigno eccezionale, tra i rossi migliori d'Italia!"
Oscar "Adesso non esagerare!... Vitigno eccezionale – gli faccio il verso –, certe affermazioni vanno riservate al nebbiolo!"
Per poco non mi becco un Kamarino in fronte. Francesca agguanta un pomodoro e fa il gesto del lancio... ma ride. Alessio come al solito è più posato.
Alessio "E invece io, come puoi immaginare, sono d'accordo con Shigeru. Ti do una bottiglia di questo 2009, te la dimentichi in cantina per cinque o sei anni e poi lo bevi. Aspetto una tua telefonata nel 2019."

Da un paradiso all'altro

Ti chiamerò prima, Alessio, vedrai. Questa proposta sui vini dell'Etna non la lascio cadere. Lo penso senza dirlo. Mi piace l'idea che da questo viaggio per il libro possa nascere una nuova iniziativa imprenditoriale.
E qui il viaggio finisce: iniziato nel paradiso della Valle d'Aosta, termina nell'Eden siciliano, dopo essere passati attraverso altri paradisi, in otto regioni d'Italia, una meraviglia dopo l'altra. Ci sono molte considerazioni che si possono fare per concludere. Ma una su tutte mi riempie la mente. È un pensiero di gratitudine verso il partner più importante che tutti noi italiani abbiamo: il territorio.
Intendo il paesaggio, la natura, la terra, il mare, l'arte, la storia, le civiltà che vi si sono sviluppate. Un partner che ha diversificato molto bene i suoi investimenti. Oggi questo partner non può essere molto soddisfatto del ritorno ottenuto. In certi casi abbiamo avvelenato e abbruttito il paesaggio, spesso trascuriamo i nostri musei, le nostre chiese, i nostri castelli, lasciamo incolti terreni preziosi, dimentichiamo le tradizioni della nostra gastronomia e non sempre le sappiamo valorizzare, la capacità di accogliere i turisti non è all'altezza delle nostre bellezze. La buona politica deve trovare il bandolo per rimediare a queste carenze, perché il nostro partner ci lascerebbe lavorare sul patrimonio e come remunerazione vorrebbe solo veder crescere il valore intrinseco di questo Paese.

Ma la politica da sola non basta. Anzi, vorrei che non fosse troppo invasiva. Deve solo creare le condizioni perché le potenzialità dei singoli si liberino. Siamo noi a doverci rimboccare le maniche. Noi imprenditori, i lavoratori tutti. Dobbiamo smettere di lamentarci, di aspettare che qualcuno ci salvi, di urlare "piove, governo ladro!". Dobbiamo mettere tutti, io per primo, più impegno nel lavoro, più coraggio. E ciò avverrà, ne sono sicuro. Il nostro partner, il territorio, troverà le parole giuste per spronarci. Intanto non partiamo da zero. Questo viaggio mi ha dimostrato che esistono persone piene di coraggio. Gente che cammina in avanti a testa alta, ma che ogni tanto la gira all'indietro per ricordarsi da dove veniamo.

Schede enologiche dei vini degustati
con Francesca e Alessio Planeta
Shigeru Hayashi

Fiano di Avellino Pietracalda 2011 Feudi di San Gregorio
Tipologia bianco
Uve 100% fiano
Vinificazione e affinamento fermentazione a temperatura controllata, affinamento di 4-5 mesi in acciaio sui propri lieviti
Zona di produzione Campania

Colore giallo paglierino intenso. Al naso esprime camomilla, albicocca, pera matura ed erbe di campo (camomilla). Cenni minerali gradevoli. In bocca è asciutto, sapido, fresco e ben bilanciato.

Si può abbinare con antipasti caldi di pesce, per esempio crostacei alla griglia. Lo vedo bene con funghi porcini alla piastra e salsa verde. Provatelo anche con mozzarella di bufala, olio di oliva e pepe bianco.

Che bello questo vino e che bella la sua storia! Lo conoscevano già gli antichi romani, infatti fiano deriva da "apianum", cioè "api", perché è un'uva dolce che piace agli insetti!
Siamo a 40 minuti da Napoli ma sembra di essere in montagna, il clima mediterraneo è lontanissimo e i bianchi hanno grande acidità: quasi come in Alto Adige!

Plus Bastianich 2008
Tipologia bianco
Uve 100% friulano
Vinificazione e affinamento il 10% dei grappoli è sottoposto a un periodo di appassimento per concentrare le note di frutta e gli aromi
Zona di produzione Friuli Venezia Giulia

Colore giallo dorato carico. Al naso esprime frutto maturo e mela cotta, agrumi e miele. Bella nota ammandorlata nel finale. In bocca il sapore è pieno, strutturato, potente ma anche elegante e fine. Chiusura lunga.

Abbinare con risotto alla milanese e midollo. Io lo berrei con *shiabu-shiabu* di maiale nero e salsa di semi di sesamo. Ma è perfetto anche con culatello di Zibello e formaggi a pasta dura, oppure senza cibo.

Uno spettacolare Tocai (anche se non possiamo chiamarlo così). Geniale l'idea di Joe di appassire una parte delle uve: così facendo, ha inventato "l'Amarone bianco"! È l'unico vino bianco da meditazione che conosco.

Barbera d'Alba Bric du Luv 2007 Ca' Viola
Tipologia rosso
Uve 100% barbera
Vinificazione e affinamento 15-18 giorni di macerazione a temperatura controllata, 16-17 mesi di barrique
Zona di produzione Piemonte

Colore rosso rubino con riflessi violacei. Al naso emergono subito viola, prugna, cassis e ribes. Avverto un cenno di cioccolato bianco sul finale olfattivo. In bocca è ricco, avvolgente, con una giusta acidità, rotondo e persistente.

Abbinare con bagna cauda e patate giapponesi. Perfetto con maiale al forno all'olio d'oliva e salsa di soia. Formaggi stagionati come pecorino toscano.

Beppe Caviola è uno degli enologi più bravi e famosi d'Italia
(lo conoscono anche in Giappone) e racconta sempre che essere
un enologo lo ha aiutato a fare i suoi vini migliori! Il Bric du Luv
è una Barbera "contemporanea": diretta, morbida, raffinata.

L'Apparita 2006 Castello di Ama
Tipologia rosso
Uve 100% merlot
Vinificazione e affinamento 4 settimane a contatto con le bucce,
18 mesi di affinamento in barrique per metà nuove, per metà
di secondo passaggio
Zona di produzione Toscana

Colore rosso rubino intenso. Al naso si colgono ciliegia, cenni
di sottobosco, marasca, note di caffè, cacao e cioccolato amaro.
In bocca è ricco, pieno, caldo. Finale avvolgente.

Abbinare con fritto misto di carne e funghi porcini. Con una
bistecca di Kobe-Beef e salsa al pepe verde sarebbe perfetto.
Oppure andrei su un Parmigiano Reggiano di almeno 60 mesi.

Il più famoso, celebrato e ricercato (e caro!) merlot d'Italia.
Un gioiello per chi ama questo grande vitigno. Castello di Ama
voleva dire al mondo che in Toscana non c'è solo il Chianti,
e dal cuore del Chianti è riuscito a farsi sentire.

Noto Santa Cecilia 2009 Planeta
Tipologia rosso
Uve 100% nero d'Avola
Vinificazione e affinamento 12 giorni a contatto con le bucce,
14 mesi in barrique di rovere di Allier di secondo e terzo passaggio
Zona di produzione Sicilia

Colore rosso rubino intenso con riflessi violacei. Al naso riconosciamo prugna, amarena, agrumi, liquirizia e grafite.
In bocca è strutturato, potente, ma anche vellutato e molto piacevole. Tannini freschi e finale lungo.

Abbinatelo con cuscus di carne, con agnello alla griglia e senape giapponese o con tagliata di manzo e salsa di soia. Perfetto anche con formaggi di media stagionatura.

Un grande rosso siciliano! C'è tutta l'anima del nero d'Avola in questo vino indimenticabile. Sa di terra, di mare e di storia.
Io dico: con il nebbiolo e il sangiovese, il nero d'Avola è l'uva rossa più grande d'Italia.

Riassunto

Ho sempre provato un amore sfrenato per i riassunti. Fare sintesi è ormai diventata quasi una debolezza per me. Ho già confessato nei capitoli precedenti di aver fatto un uso spasmodico dei "Bignami", in tutte le materie possibili, da studente. Confesso di aver preparato interrogazioni ed esami anche solo con quei mitici libricini. E non con scarsi risultati. Alla fine di ogni riunione, è più forte di me, prendo un foglio bianco e faccio il riassunto. Le cose che abbiamo deciso, solo il titolo, naturalmente, in ordine di importanza. Questa è una caratteristica vitale dei buoni riassunti: ordine di importanza, oppure ordine di esecuzione, oppure ancora un altro ordine logico, in funzione di capire, di ricordare e poi eseguire le cose decise. Il riassunto poi deve essere breve e semplice. Quindi anche questo riassunto, che non posso risparmiarvi (ma giuratemi di non leggerlo prima degli altri capitoli!), dovrà avere le caratteristiche dei riassunti utili: breve, semplice e ordinato. Di punti me ne sono venuti dieci, ma per non peccare di presunzione li numero da uno a nove... poi c'è il punto zero.

1. Il vino: oggi per me è ancora più importante di quando sono partito. È diventato vitale. E, mi sono convinto, il vino è vitale per il futuro, l'identità e il successo del nostro Paese.

2. Il coraggio: questi produttori sono delle belle persone, che sentono il dovere di agire per il bene dell'Italia. Sono generosi, hanno visione. Hanno capito le regole misteriose del processo che porta alla bellezza e possono far da traino al Nuovo Rinascimento Italiano. Ci hanno raccontato storie di coraggio, messo in campo in situazioni di

partenza diverse tra loro. E perciò utili a tutti noi per imparare a diventare coraggiosi. Il coraggio è contagioso.
3. La terra: ecco il nostro vero partner. Abbiamo avuto la fortuna di nascere nel più bel posto del mondo. Ora dobbiamo farcela perdonare, questa fortuna. Al nostro partner dobbiamo rispetto. Ascoltiamo ciò che la terra ci dice. Siamone orgogliosi, raccontiamola al mondo.
4. L'orgoglio: ho trovato un orgoglio coinvolgente. Nato dai valori delle civiltà e della storia che ci hanno segnato! Il giusto orgoglio dona la capacità di capire la strada da percorrere, con la testa alta, forti delle nostre bellezze, verso il futuro.
5. La follia: ho riscontrato una poetica che può apparire follia. Ma che invece è poesia. Chiamiamola pure follia. La verità è che questa visione così "aperta" del processo primordiale che porta alla creazione del vino è figlia di radici storiche e di una buona cultura umanistica, ma convive con un'ottima conoscenza dei numeri. Un'identità, apparentemente dicotomica, che è simpatica al mondo.
6. Le generazioni: figli e figlie che diventano padri e madri e poi nonni. Intanto il vino cresce in qualità. Rapporti più o meno difficili tra generazioni nate e vissute in scenari diversi, il cui obiettivo è creare il vino perfetto… Che sarà sempre quello della prossima vendemmia. Anche lui figlio dei passaggi generazionali. Il 2008 è figlio del 1982, che a sua volta è figlio del 1961.
7. La politica: c'è attenzione alla politica da parte dei maestri del vino, che hanno coscienza di compiere già gesti politici, creando un prodotto identitario nazionale e andando in giro per il mondo a raccontarlo e venderlo. Alcuni di loro sono pronti, secondo me, a mettere a disposizione capacità ed esperienza a tutto il territorio, non solo alle vigne.
8. Il passato: non esiste futuro senza una profonda conoscenza e un sano rispetto del passato. Il passato è un patrimonio immenso di idee semplici e vissute, da mettere a disposizione del futuro.
9. Il futuro: c'è ottimismo, c'è speranza. C'è consapevolezza che il futuro è il mondo. Sette miliardi di esseri umani che saranno sempre più pronti a godere della bellezza unica dell'Italia. I produttori di vino italiano di qualità sono un modello per il futuro.
…Ma prima di tutto:
0. L'amore: c'è amore. C'è tanto amore in chi fa vino di qualità. È un amore potente verso la terra, i padri, le madri… i figli. Un amore così grande che mi fa dire: "Vino, ti amo".

Le cose dette in questo libro
Memorabilia

"Sono diventato enologo davanti allo specchio."
(Cit. Costantino Charrère), p. 40

"Fare, saper fare, saper far fare, far sapere."
(Cit. Clotilde Rei Gaja), p. 59

"Un elefante e un moscerino non possono fare all'amore."
(Cit. Angelo Gaja), p. 65

"Alla base della qualità c'è la scarsità."
(Cit. Beppe Rinaldi), p. 75

"Il vino è un equilibrio sopra la follia."
(Cit. Walter Massa), p. 101

"La terra è l'unico bene che non si può incrementare."
(Cit. Marilisa Allegrini), p. 132

"La natura ci dà tutto, ogni tanto ha il diritto di prendere."
(Cit. Josko Gravner), p. 161

"Finché mi diverto continuo a lavorare."
(Cit. Piero Antinori), p. 188

"La mia aspirazione è trovare un cavallo come Ribot!"
(Cit. Niccolò Incisa della Rocchetta), p. 216

"Dobbiamo pensare locale e agire globale."
(Cit. Ampelio Bucci), p. 229

"Quel gusto del vino, che ci ricordiamo bene, è la nostra *madeleine*."
(Cit. Teresa Severini), p. 256

"Meglio rovesciarsi il cappotto che togliere soldi all'azienda."
(Cit. Chiara Lungarotti), p. 258

"Mia madre mi ha insegnato il sorriso."
(Cit. José Rallo), p. 277

"Tentiamo di redimere la nostra terra."
(Cit. Alessio Planeta), p. 293

"Nei posti belli si fa il vino buono."
(Cit. Francesca Planeta), p. 304

Infine, eccovi
Sei persone che mi aiutano ad avere più coraggio

"Soffrire di coraggio.
È la più bella malattia."
Renato Zero

"Ti porto via con me.
Ribalteremo il mondo."
Lorenzo Jovanotti

"Siamo in pochi a far l'amore, a buttarci dentro il cuore. Io lo vedo che ci sei e per la vita che ci resta ti vorrei."
Gianna Nannini

"Bisogna avere coraggio per dire che certi criteri ideologici debbono venir meno."
Matteo Renzi

"C'era un tale che camminava dritto e deciso in avanti, ma spesso girando la testa all'indietro. Gli chiedono perché. 'Se non mi guardo indietro, non posso andare nella direzione giusta'."
Tonino Guerra

"Ciò che ci salverà non sarà mai quel che abbiamo tenuto al riparo dai tempi, ma ciò che abbiamo lasciato mutare, perché ridiventasse se stesso in un tempo nuovo."
Alessandro Baricco

I vini (e le birre) degustati

Alta Langa Contessa Rosa Brut Riserva 2008 Fontanafredda, p. 98

Alto Adige Gewürztraminer Sanct Valentin 2011 San Michele Appiano, p. 266

Amarone della Valpolicella Classico 2008 Allegrini, p. 244

Baladin Terre 2010, p. 99

Barbaresco 2008 Gaja, p. 74

Barbaresco Santo Stefano 2004 Castello di Neive, p. 145

Barbera d'Alba Bric du Luv 2007 Ca' Viola, p. 312

Barbera d'Alba Superiore Rocche del Santo 2011 Brandini, p. 267

Barolo Cannubi San Lorenzo-Ravera 2009 Giuseppe Rinaldi, p. 100

Barolo Casa E. di Mirafiore Riserva 2004, p. 222

Barolo La Rosa 2008 Fontanafredda, p. 196

Barolo Ornato 2008 Pio Cesare, p. 290

Barolo Riserva 1961 Borgogno, p. 172

Barolo Riserva 1967 Borgogno, p. 172

Barolo Riserva 1978 Borgogno, p. 171

Barolo Riserva 1982 Borgogno, p. 73

Bolgheri Sassicaia 2010 Tenuta San Guido, p. 223

Bolgheri Vermentino Solosole 2007 Poggio al Tesoro, p. 146

Breg Anfora 2005 Gravner, p. 120

Brunello di Montalcino 2007 Mastrojanni, p. 52

Castel del Monte Chiancarosa 2011 Agricola del Sole, p. 243

Chardonnay 2009 Planeta, p. 98

Civitella Rosso 2010 Sergio Mottura, p. 97

Contessa Entellina Mille e una notte 2007 Donnafugata, p. 52

Costa del Vento 2006 Vigneti Massa, p. 122

Dolcetto di Dogliani Vigna del Pilone 2010 San Romano, p. 243

Fiano di Avellino Pietracalda 2011 Feudi di San Gregorio, p. 311

Franciacorta Brut Cabochon 2008 Monte Rossa, p. 220

Friulano Vigne 50 anni 2008 Le Vigne di Zamò, p. 196

Gavi del Comune di Gavi Monterotondo 2009 Villa Sparina, p. 242

L'Apparita 2006 Castello di Ama, p. 313

L'Equilibrista Vintage 2011 Birra del Borgo, p. 121

Lambrusco PM Horonable 2011 Cleto Chiarli, p. 221

Langhe Nebbiolo Sorì Tildìn 2004 Gaja, p. 197

Lune Riserva Teo Musso 2010 Baladin, p. 173

Montello e Colli Asolani Il Rosso dell'Abazia 2006 Serafini & Vidotto, p. 72

Montepulciano d'Abruzzo Marina Cvetic 2008 Masciarell, p. 120

Noto Santa Cecilia 2009 Planeta, p. 314

Otello Nerodilambrusco Cantine Ceci, p. 144

Passito di Pantelleria Ben Ryé 2010 Donnafugata, p. 291

Plus Bastianich 2008, p. 312

Ribolla Gialla Anfora 2006 Gravner, p. 174

Riviera Ligure di Ponente Braie 2011 Durin, p. 288

Roero Arneis Arnus 2011 Castello di Santa Vittoria, p. 267

Rosso di Clausura 2009 Certosa di Belriguardo, p. 268

Rosso di Torgiano Rubesco 2009 Lungarotti, p. 268

Roycello Fiano 2010 Tormaresca, p. 119

Sagrantino di Montefalco 25 Anni 1999 Arnaldo Caprai, p. 144

Solaia 2009 Marchesi Antinori, p. 198

Sterpi 2009 Vigneti Massa, p. 221

Tignanello 2009 Marchesi Antinori, p. 72

Torgiano Rosso Rubesco Vigna Monticchio Riserva 2005 Lungarotti, p. 53

Trento Brut Perlé 2006 Ferrari, p. 289

Valle d'Aosta Chardonnay Cuvée Bois 2009 Les Crêtes, p. 71

Valle d'Aosta Fumin 2008 Les Crêtes, p. 54

Verdicchio dei Castelli di Jesi Classico Superiore 2011 Fulvia Tombolini, p. 195

Verdicchio dei Castelli di Jesi Classico Villa Bucci Riserva 2004, p. 245

Verdicchio dei Castelli di Jesi Classico Villa Bucci Riserva 2008, p. 289

Vermentino di Sardegna Opale 2011 Mesa, p. 51

Viognier 2011 Calatrasi e Micciché, p. 143

Le immagini del volume sono state gentilmente fornite da Eataly che ne ha autorizzato la pubblicazione.

*Questi produttori sono delle belle persone, che sentono il dovere
di agire per il bene dell'Italia. Sono generosi, hanno visione.
Hanno capito le regole misteriose del processo che porta alla bellezza
e possono far da traino al Nuovo Rinascimento Italiano.
Ci hanno raccontato storie di coraggio, messo in campo in situazioni
di partenza diverse tra loro. E perciò utili a tutti noi per imparare
a diventare coraggiosi. Il coraggio è contagioso.*

Costantino Charrère
"Ricco" figlio di una cultura povera

Costantino Charrère
che mi indica il "paradiso".

Angelo Gaja
La qualità fatta persona

Angelo Gaja all'Università di Scienze
gastronomiche di Pollenzo:
"Gli agricoltori sono orgogliosi del loro lavoro".

Beppe Rinaldi
Beato tra le "femmine"

Beppe Rinaldi nel suo giardino:
"Le barrique non c'entrano niente con le Langhe".

Walter Massa
*Gli occhi che ridono,
le braccia che abbracciano*

Walter Massa nella cucina di casa sua.
Eravamo già al sesto vino.

Marilisa Allegrini
*A diciotto anni ho detto a mio padre
che non poteva contare su di me*

Marilisa Allegrini tra noi,
nella sala dei "Mascheroni" di Villa della Torre:
"Il mondo del vino italiano è bello".

Josko Gravner
Poco è buono: aveva ragione mio padre

Josko Gravner nella sala degustazione della sua cantina:
"Questo è un posto dove sono passate tante guerre".

Piero Antinori
*Sono stato fortunato
a vivere i quarantacinque anni più belli
della storia del vino*

Piero Antinori tra noi,
nella nuova cantina di Bargino:
"C'è il mondo intorno a noi".

Niccolò Incisa della Rocchetta
*Vivo nella speranza
di tirare fuori un altro Ribot*

Niccolò Incisa della Rocchetta
nella grande sala di accoglienza della sua cantina di Bolgheri.
Ho fatto bere il Lambrusco al padre del Sassicaia.

Ampelio Bucci
Morbido come le sue colline

Ampelio Bucci nella tenuta Pongelli di Ostra Vetere:
"Solo chi è un po' matto come me compra vigne vecchie".

Teresa e Chiara
Il miracolo della complementarità

Teresa Severini e Chiara Lungarotti
nella sala degustazione della loro cantina di Torgiano:
"Abbiamo la stessa mamma. Siamo *demi-sœurs*".

José Rallo
Il canto del vino

José Rallo che canta nella barricaia
della sua cantina di Marsala:
"Sono migliorata grazie al canto".

Ferdinando-Bacco

"Il piccolo Ferdinando, figlio di José,
ripreso che avrà avuto meno di un anno, accoccolato
in un mare di grappoli del nero d'Avola appena raccolto.
Nudo, come Dio l'ha fatto. Una foto magistrale.
Chiedo a José di mandarmela,
la vorrei usare perché rappresenta un'immagine mitica:
la vita e la vite che si incontrano" (cit. p. 277).

Francesca e Alessio Planeta
Nei posti belli si fa il vino buono

Francesca e Alessio Planeta nella tenuta di Ulmo,
a Sambuca di Sicilia: "Mangiate una pasta?".

*C'è tanto amore in chi fa vino di qualità.
È un amore potente verso la terra, i padri, le madri… i figli.
Un amore così grande che mi fa dire: "Vino, ti amo".*

Oscar Farinetti da Antinori, con i bicchieri sempre vuoti.

Shigeru Hayashi da Planeta attento e concentrato come un giapponese.

Simona Milvo fotografata da Franco Borrelli a Eataly Torino.
È mattina, sta per cominciare il corso di educazione alimentare
per i bambini.